De la Poétique du mal à l'Écriture de l'épidémie dans *La Peste* d'Albert Camus et *Le Hussard sur le toit* de Jean Giono

STUDIEN ZU DEN ROMANISCHEN LITERATUREN UND KULTUREN

STUDIES ON ROMANCE LITERATURES AND CULTURES

Herausgegeben von Olaf Müller, Christian von Tschilschke, Ulrich Winter und Samia Kassab-Charfi

BAND 14

Zu Qualitätssicherung und Peer Review der vorliegenden Publikation

Die Qualität der in dieser Reihe erscheinenden Arbeiten wird vor der Publikation durch Herausgeber der Reihe oder andere unabhängige Fachgutachter geprüft.

Notes on the quality assurance and peer review of this publication

Prior to publication, the quality of the work published in this series is reviewed by editors of the series or by other external referees.

Senda Souabni Jlidi

De la Poétique du mal à l'Écriture de l'épidémie dans *La Peste* d'Albert Camus et *Le Hussard sur le toit* de Jean Giono

PETER LANG

Information bibliographique de la Deutsche Nationalbibliothek
La Deutsche Nationalbibliothek a répertorié cette publication dans la Deutsche Nationalbibliographie; les données bibliographiques détaillées peuvent être consultées sur Internet à l'adresse http://dnb.d-nb.de.

Illustration de la couverture : « Le lion et le rat » by Gustave Doré

ISSN 2511-9753
ISBN 978-3-631-83183-0 (Print)
E-ISBN 978-3-631-83335-3 (E-PDF)
E-ISBN 978-3-631-83336-0 (EPUB)
E-ISBN 978-3-631-83337-7 (MOBI)
DOI 10.3726/b17481

Peter Lang – Berlin · Bern · Bruxelles · New York · Oxford · Warszawa · Wien

Il a été revu par des pairs avant sa publication.

www.peterlang.com

Le choléra ou la peste sont également des dieux en chair et en os.
Jean Giono

Après tout, écrire ou lire un roman sont actions insolites.
Albert Camus

Table des matières

Éditions de référence

Les citations d'Albert Camus renvoient :

a. Aux éditions Gallimard, NRF, collection « Bibliothèque de la Pléiade », sous les titres : *Albert Camus. Théâtre, Récits, Nouvelles.* Édition établie et annotée par Roger Quilliot, 1962.
Albert Camus. Essais. Édition établie et annotée par Roger Quilliot et Louis Faucon, 1965.

b. Aux *Carnets* (Mai 1935–février 1942), Paris, Gallimard, coll. NRF, 1962.

Carnets (Janvier 1942–mars 1951), Paris, Gallimard, coll. NRF, 1964.

Les citations de *La Peste* seront suivies du numéro de la page entre parenthèses.
Les citations de Jean Giono renvoient :

a. Aux éditions Gallimard, NRF, collection « Bibliothèque de la Pléiade », pour les volumes suivants :

Jean Giono. Œuvres romanesques complètes III. Édition établie par Robert Ricatte avec la collaboration d'Henri Godard, Janine et Lucien Miallet et Luce Ricatte, 1974.

Jean Giono. Œuvres romanesques complètes IV. Édition établie par Robert Ricatte avec la collaboration de Pierre Citron et d'Henri Godard, 1977. *Le Hussard sur le toit* est publié dans ce tome.

Jean Giono. Œuvres romanesques complètes VI. Édition établie par Robert Ricatte avec la collaboration d'Henri Godard, Janine et Lucien Miallet et Luce Ricatte, 1983.
Journal, Poèmes, Essais. Édition publiée sous la direction de Pierre Citron avec la collaboration de Laurent Fourcaut, Henri Godard, Violaine de Montmollin, André-Alain Morello et Mireille Sacotte, 1995.

b. Aux *Entretiens avec Jean Amrouche et Taos Amrouche.* Édition d'Henri Godard, Paris, Gallimard, coll. Blanche, 1990.
c. À Jean Giono, *La Chasse au bonheur*, Paris, Gallimard, coll. Folio, 2006.

Les citations du *Hussard sur le toit* seront suivies du numéro de la page entre parenthèses.

Introduction générale

Une image se retrouve de texte en texte, de poème en roman, pendant les années de guerre et celles qui leur font immédiatement suite : celle de l'épidémie dévastatrice. La peste et le choléra s'imposent comme symboles[1] dans l'imaginaire littéraire. En 1943, sous le pseudonyme de François la Colère, Aragon s'insurge :

J'écris dans un pays dévasté par la peste
Qui semble un cauchemar attardé de Goya[2]

Albert Camus publie *La Peste* en 1947 et l'annonce dès le titre même. Une année plus tard, Maurice Blanchot dans *Le Très-Haut* raconte la même épidémie mais la résout en une Épiphanie. Jean Giono commence en 1946 l'écriture du *Hussard sur le toit* et met en scène l'autre variante du fléau, aussi mobilisatrice pour l'imaginaire que la peste : le choléra. Le roman paraît en 1951.

La coïncidence est frappante mais guère troublante. L'imaginaire littéraire est contaminé par l'imaginaire collectif qui, en temps de grande peur, quand l'homme est menacé, révèle – comme les thèses de Gilbert Durand l'ont montré – la prégnance des structures archaïques de la représentation dont l'épidémie fait partie. La maladie contagieuse étant imprévisible, inévitable, aveugle soumet l'homme à une violence qui devient significative de toutes les violences qu'il pourrait subir. Le Mal est alors dit par le fléau épidémique. Il entre dans la littérature comme dans l'Histoire ou faut-il dire qu'il réapparaît dans les textes parce qu'il devient l'histoire. Sartre délimite dans *Qu'est-ce que la littérature ?* le moment de l'histoire littéraire où le mal s'impose comme une thématique nécessaire du roman :

> Le destin de nos œuvres elles-mêmes était lié à celui de la France en danger : nos aînés écrivaient pour des âmes vacantes, mais pour le public auquel nous allions nous adresser à notre tour, les vacances étaient finies : il était composé d'hommes de notre espèce qui, comme nous, attendaient la guerre et la mort. À ces lecteurs sans loisirs, occupés

---

1 Paul Ricœur en donne cette définition : « J'appelle symbole toute structure de signification où un sens direct, primaire, littéral, désigne par surcroît un autre sens indirect, secondaire, figuré qui ne peut être appréhendé qu'à travers le premier. » *Le Conflit des interprétations*, Paris, Seuil, 1969, p. 16.

2 Louis Aragon, *Le Musée Grévin* in Louis Aragon, *Œuvres poétiques complètes I*, Paris, Gallimard, coll. Bibliothèque de la Pléiade, 2007.

> sans relâche par un unique souci, un unique sujet pouvait convenir : c'était de leur guerre, de leur mort que nous avions à écrire[3].

La Peste et *Le Hussard sur le toit* s'inscrivent donc dans un état de la pensée qui considère que la question du Mal est, plus qu'à aucune autre époque passée, pressante. Mais ils s'inscrivent aussi dans la cohérence de deux œuvres qui accordent à cette thématique une importance évidente.

Dans tout le « cycle de l'absurde », Camus montre des personnages en qui le mal s'exprime sans qu'ils ne cherchent à le combattre. Caligula se déclare peste à la place de la peste[4] et Martha tue, dans l'espoir d'un bonheur futur. Meursault, étranger au bien comme au mal, tue et sera condamné à être tué, commettant l'irréparable et le subissant. Ils illustrent ce que *Le Mythe de Sisyphe* démontre : l'équivalence des actes dans une existence qui ne les soumet à aucune « échelle de valeurs[5] ». Mais l'Histoire intervient et la pensée de l'absurde pourrait conduire à des dérives nihilistes dangereuses en des temps qui s'annoncent être ceux de la négation de l'homme. Camus révise sa pensée. Il le fait dans la deuxième « Lettre à un ami allemand » datant de décembre 1943 : « Si rien n'avait de sens, vous seriez dans le vrai. Mais il y a quelque chose qui garde du sens[6]. » Camus écrit *La Peste* et tout le « cycle de la révolte » pour dire que ce « quelque chose » c'est l'homme.

Giono laisse le mal s'exprimer de manières diverses dans toute son œuvre. Les romans d'avant-guerre témoignent de la foi que l'auteur met en l'homme capable de juguler le mal dans la nature et de lui imposer un ordre qui, sans son intervention, retournerait à une anarchie première. L'action réparatrice sur la nature redresse aussi la nature humaine. Mais l'Histoire bouleverse la vie de Giono. Il est condamné à deux emprisonnements successifs : pour pacifisme d'abord, pour faits de collaboration, ensuite. L'injustice subie lui ouvre les yeux sur ce que les premiers romans tempéraient : le mal est surtout dans l'homme. Les *Chroniques* font l'inventaire des mille visages que le mal peut prendre et le bonheur qu'il y a à s'y adonner. *Le Hussard sur le toit*, écrit dans les

---

3 Jean-Paul Sartre, *Qu'est-ce que la littérature ?*, Paris, Gallimard, coll. Folio essais, 1993, p. 215.

4 Caligula : « Je vis, je tue, j'exerce le pouvoir délirant du destructeur, auprès de quoi celui du créateur paraît une singerie. » *Caligula* (V, 13), *Théâtre, Récits, Nouvelles*, p. 106.

5 « La croyance au sens de la vie suppose toujours une échelle de valeurs, un choix, nos préférences. La croyance à l'absurde, selon nos définitions, enseigne le contraire. » *Le Mythe de Sisyphe, Essais*, p. 142–143.

6 *Lettres à un ami allemand, Essais*, p. 228.

intervalles des *Chroniques*[7], est un hymne paradoxal au bonheur de constater le pouvoir du mal sur les hommes et d'en excepter un seul.

Soumis à l'Histoire, Camus et Giono en tirent deux morales contraires. La Résistance apprend au premier la révolte exigeante et la solidarité nécessaire pour redonner à l'homme la dignité et le bonheur que lui disputent toutes les tyrannies. Le second ne croit plus qu'en l'exception d'êtres rares que la contagion du mal épargne et qui, ne voulant pas se mêler à la commune humanité, s'en tiennent à distance – au moins morale. *La Peste* et *Le Hussard sur le toit* naissent de cette disposition d'esprit de leur auteur.

L'écriture de l'épidémie dans les deux romans permettra de cerner, par une approche comparative, le traitement romanesque que Camus et Giono font du mal. Quelques études ont confronté les deux romanciers. Jean Arrouye reconnaît dans *La Peste* un infra-texte d'*Un roi sans divertissement*[8]. Alan-J. Clayton précise les points communs entre les textes d'avant-guerre de Giono – essentiellement *Les Vraies richesses* – et certains écrits de Camus dont « Le vent à Djémila », nouvelle de *L'Exil et le Royaume* et *Noces*[9]. Il rapproche également pour leur « incurable besoin de pureté » « le révolutionnaire sceptique Angelo et le terroriste-poète Kaliayev », « idéalistes impénitents tous les deux[10]. » Jacques

7 Rédaction heurtée et chaotique. Pierre Citron en retrace les étapes : « Giono va laisser l'œuvre décanter, et il se consacre successivement à *Un roi sans divertissement*, du 1er septembre au 10 octobre [1946], et à *Noé*, commencé le 20 novembre et qui l'occupera jusqu'au 12 juillet 1947. » « *Le Hussard sur le toit*. Notice », *Œuvres romanesques complètes* IV, p. 1305–1370, p. 1316.

« En décembre 1948, Giono commence les *Âmes fortes*, qui l'occuperont jusqu'à la fin d'avril 1949. En mai 1949, peu après avoir terminé ce dernier roman, il revient à son grand œuvre. » *Ibid.*, p. 1326.

8 Jean Arrouye, « Les divertissements d'Auld Reekie ou l'infra-texte gionien » in *Jean Giono. Imaginaire et écriture*, Actes du colloque de Talloires (4, 5, 6 juin 1984), Aix-en Provence, Édisud, 1985, p. 141–154. Arrouye affirme : « Tandis que Camus prétendait écrire le roman d'un saint laïque, Giono rédige la chronique d'un Christ athée. » p. 152.

9 Alan J. Clayton, « Sur une filiation littéraire : Giono et Camus », Brian T. Fitch (dir.), *Sources et influences. Albert Camus 4*, Paris, *Revue des Lettres Modernes*, n° 264–270, 1971, p. 87–96. Il insiste sur l'importance du corps pour les deux auteurs : « Il suffit de juxtaposer les textes pour que ressortent immédiatement les éléments communs : mise en veilleuse de la réflexion, sensation d'ubiquité née de la dispersion du moi, perméabilité aboutissant à l'absorption du monde par l'être, joie physique intensifiée en conséquence. » p. 90.

10 *Ibid.*, p. 91.

Chabot reconnaît dans l'œuvre de Camus – dans *Caligula* particulièrement – le thème gionien de l'ennui et établit un parallèle entre *La Peste* et *Le Hussard sur le toit* pour opposer à la sobriété du premier, le traitement spectaculaire que le second fait du choléra[11]. Dans « La mort noire de *La Peste*, la mort gaie du *Hussard sur le toit*[12] », Jean Sarocchi abonde dans le même sens et, insistant sur la légèreté de ton du roman de Giono, conclut : « Camus [...] ne se résigne pas – c'est sa faiblesse et sa force – au divertissement[13]. » JeanYves Guérin, dans « De la peste et du choléra. Roman, histoire et épidémie[14] », s'intéresse essentiellement au contexte historique qui préside à l'écriture des deux romans et souligne que « La raison et l'espoir sont morts chez Giono poète du chaos, pas chez Camus[15]. » Dans *Albert Camus. Littérature et politique*[16], Guérin fait encore un parallèle rapide entre les deux romans du point de vue de la stratégie narrative. Aurélie Palud, dans une thèse de doctorat intitulée *La Contagion des imaginaires : lectures camusiennes du récit d'épidémie contemporain*, confronte la lecture de l'histoire dans les deux romans[17].

Traiter la question de l'écriture de l'épidémie dans *La Peste* et *Le Hussard sur le toit* aura pour but de montrer que les deux romanciers dépassent l'immédiateté du contexte historique – même s'ils y inscrivent nécessairement leur fiction – pour une portée plus large. Véronique Gély affirme avec raison : « [...] la poétique ne se dissocie qu'artificiellement de la politique et de la philosophie[18]. » Camus le proclame : « L'objet de l'art, malgré les regrets des

---

11 Jacques Chabot, *Albert Camus, « la Pensée de midi »*, Aix-en Provence, Édisud, 2002. p. 130–136 pour le parallèle entre *La Peste* et *Le Hussard sur le toit*.

12 Jean Sarrochi, « La mort noire de *La Peste*, la mort gaie du *Hussard sur le toit* » in Laurent Versini (dir.), *Les Écrivains devant la mort, Travaux de littérature XXV*, Genève, Droz, 2012, p. 443–460.

13 *Ibid.*, p. 460.

14 JeanYves Guérin, « De la peste et du choléra. Roman, histoire et épidémie » in Vincent Laisney (dir.), *Le Miroir et le chemin : l'univers romanesque de Pierre-Louis Rey*, Paris, Presses Sorbonne Nouvelle, 2006, p. 235–245.

15 *Ibid.*, p. 244.

16 JeanYves Guérin, *Albert Camus. Littérature et politique*, Paris, Champion Classiques, coll. Essais 18, 2013, p. 162–163.

17 Aurélie Palud, *La contagion des imaginaires : lectures camusiennes du récit d'épidémie contemporain*. Literature. Université Rennes 2, 2014. French. <NNT: 2014REN20016>. <tel- 01077943> Parallèle p. 73–76.

18 Véronique Gély, « Mythes et littérature : perspectives actuelles », *Revue de littérature comparée*, 2004/3, n° 311, p. 329–347, p. 334.

pasticheurs, s'est étendu de la psychologie à la condition de l'homme[19]. » Dans une optique contraire, Giono a beau regretter que des diktats étrangers à la littérature viennent envahir le domaine du roman, *Le Hussard sur le toit* pense la condition humaine. La question du mal donne à cette réflexion une acuité plus grande. « Comment l'homme peut-il encore être justifié vu le mal qu'il a laissé commettre et qu'il a commis[20]? » Cette interrogation à laquelle Robert Theis essaye de répondre en discutant la théorie de Hans Jonas sur la problématique conciliation de l'existence de Dieu avec celle du mal dans l'expression extrême qu'elle a prise pendant la deuxième guerre – Camus et Giono la posent et y répondent en en faisant l'axe central de leur roman, mais dans un univers sans dieu. Suivre la trajectoire des deux romans de la manière dont le mal y est figuré à la conception du roman – et le rôle que cette conception suppose à la littérature dans le monde réel – sera le but de cette étude, développée en trois étapes.

Il s'agira d'abord de montrer que le temps épidémique est le temps paroxystique où la souffrance liée à la déchéance physique et au sentiment accru de la mort prochaine « bafoue la vie telle qu'elle devrait être[21] ». Aussi est-il le temps propice à une expression spectaculaire du mal. Il faudra reconnaître, dans l'histoire vécue par les personnages de *La Peste* et ceux du *Hussard sur le toit*, la part du mal que l'homme subit, celle à laquelle il prend part ou qu'il s'empêche de faire. De fait, confronter l'homme à la maladie et à la contagion c'est aussi évaluer sa part d'implication et de responsabilité. Il faudra montrer également qu'en mettant leurs personnages dans une telle situation extrême, l'intention des deux romanciers est de redéfinir l'homme en le soumettant à des conditions d'action et de réflexion qui redéfinissent à leur tour une conduite et une morale.

Mais le roman est d'abord l'espace de l'invention. La réflexion s'y fait par le truchement de la fiction. Elle prend par ce biais une forme concrète qui la rend plus accessible. Camus s'interroge : « L'abstraction est le mal. Elle fait les guerres, les tortures, la violence, etc. Problème : comment la vue abstraite se

19 Albert Camus, « Révolte et art », *L'Homme révolté* in *Essais*, p. 677.

20 Robert Theis, « Dieu éclaté. Hans Jonas et les dimensions d'une théologie philosophique après Auschwitz », *Revue philosophique de Louvain*, volume 98, année 2000, p. 341–357. http://www.persee.fr/doc/phlou_0035-3841_2000_num_98_2_7303# [consulté le 30 novembre 2016].

21 Bertrand Russell : « Tout un monde de douleur, de misère et de solitude bafoue la vie telle qu'elle devrait être. » *Autobiographie (1872–1967)*, Paris, Les Belles lettres, coll. Le goût des idées n° 30, 2012, p. 9.

maintient en face du mal charnel […][22]. » Il s'agit de trouver une forme d'expression qui dise l'horreur du mal en la rendant plus frappante et le mal plus scandaleux. L'allégorie s'y prête parfaitement. Giono fait dire au médecin-philosophe du *Hussard sur le toit* : « Quand il s'agit de peste ou de choléra, les bons ne meurent pas, jeune homme ! » (606) Comment mieux dire en effet la portée symbolique du roman ? C'est pourquoi il sera nécessaire de mettre en évidence les choix d'écriture qui permettent la transposition romanesque du mal dans les deux romans.

Deux esthétiques du mal se dessinent qu'il s'agira de définir d'autant que le contexte d'écriture des deux romans est un et que les réactions qu'y apportent Camus et Giono sont radicalement opposées. En effet, une fois le nazisme défait et la menace totalitaire écartée, les intellectuels – qu'ils aient vécu l'horreur concentrationnaire ou qu'ils y aient été confrontés indirectement – se rendent compte qu'ils doivent apporter une réponse à la question du mal. Gageure pour beaucoup tant la tentation du silence face à l'indicible et à l'impensable est grande ; tant la possibilité de formuler l'horreur s'avère dérisoire dans un monde où le fait brutal a réduit au silence des millions de victimes. La remise en question de toute littérature – y compris celle de témoignage – rend absurde, voire indécente, toute prise de parole et encore plus toute volonté de mise en intrigue du mal. Robert Antelme avoue cette impuissance à laquelle se sont résignés les survivants des camps :

> Il nous paraissait impossible de combler la distance que nous découvrions entre le langage dont nous disposions et cette expérience que, pour la plupart, nous étions encore en train de poursuivre dans notre corps. […] À peine commencions-nous à raconter, que nous suffoquions. À nous-mêmes, ce que nous avions à dire commençait alors à nous paraître inimaginable[23].

Maurice Blanchot voit dans cette expérience de l'extrême la fin même de la pensée :

> L'holocauste, événement absolu de l'histoire, historiquement daté, cette toute-brûlure où toute l'histoire s'est embrasée, où le mouvement du Sens s'est abîmé, où le don, sans pardon, sans consentement, s'est ruiné sans donner lieu à rien qui puisse s'affirmer, se nier, don de la passivité même, don de ce qui ne peut se donner. Comment le garder, fût-ce dans la pensée, comment faire de la pensée ce qui garderait l'holocauste où tout s'est perdu, y compris la pensée gardienne[24] ?

---

22 *Carnets II*, p. 133.

23 Robert Anteme, *L'Espèce humaine*, Paris, Gallimard, 1957, p. 9.

24 Maurice Blanchot, *L'Écriture du désastre*, Paris, Gallimard, coll. NRF, 1980, p. 143.

Il sera utile de positionner *La Peste* et *Le Hussard sur le toit* par rapport à ce débat afin de définir, pour chacun des deux romanciers, à partir de la poétique du mal qui se déploie dans son oeuvre, sa conception du roman et, pour reprendre Georges Bataille, la relation nécessaire entre « la littérature et le mal ».

Première Partie La question du mal dans *La Peste* et *Le Hussard sur le toit*

Introduction

La littérature entretient avec le mal des liens que, depuis les écrits de Georges Bataille, il n'est plus nécessaire de démontrer : « La littérature n'est pas innocente, et, coupable, elle devait à la fin s'avouer telle[25]. » Qu'elle soit l'espace dans lequel l'auteur se compromet, dépasse les interdits, les défie, repousse les limites du tolérable social pour atteindre une intensité de vie inédite est ce qu'illustre l'auteur de *La Littérature et le mal.*

Cependant, même sans adopter la position de la transgression ouverte, il suffit que l'auteur traite de la question du mal pour atteindre des lieux ardus de la pensée et, d'une certaine manière, provoquer non pas la société mais l'entendement humain. Car le mal est ce qui défie la raison. Il suffit que la littérature se penche sur la question du fondement ontologique du mal inscrit dans l'Être même de l'homme pour déranger en s'attaquant à ce qui est, d'une certaine manière, un tabou de la pensée. Car le mal est « l'impensable » qu'il s'agit de ne pas laisser échapper à la pensée[26]. Dans un article au titre significatif de cette transgression : « Le scandale du mal », Paul Ricœur en donne une définition qui montre bien que la réflexion qui s'y attache conduit effectivement aux confins de la pensée : « Le mal, c'est ce qui est et ne devrait pas être, mais dont nous ne pouvons pas dire pourquoi cela est[27]. » Il développe l'idée que le mal est révoltant parce que l'homme ne peut justifier qu'il soit, ne pouvant trouver d'explication à la souffrance ni à la mort que la raison, autant que le corps,

25 Georges Bataille, *La Littérature et le mal*, Paris, Gallimard, coll. Idées, 1957, p. 8.

26 Nous empruntons cet adjectif à Martin Legros qui intitule un article « Le mal impensé », *Philosophie magazine*, *Le mal*, hors-série n° 37, 2018, p. 26–29.

27 « Le scandale du mal », *Esprit*, juillet–août 1988, p. 57–63, p. 62.

refusent. Ricœur pense le mal comme une question qui se pose à chacun de façon individuelle – dans le sens où chaque individu se doit de lui trouver une réponse – mais qui se pose également à tous et pour laquelle la communauté doit apporter une solution[28].

La Peste et *Le Hussard sur le toit* déclinent le mal et l'illustrent dans ses trois manifestations : métaphysique, moral et historique. Dès que l'épidémie envahit l'espace matériel – Oran ou la Provence – elle occupe l'espace mental des personnages. Elle devient leur préoccupation première, l'idée obsédante qui les habite. Confrontés à l'imminence de la mort, ils sont contraints à un face-à-face qui exacerbe l'angoisse de devoir vivre un temps, désormais compté, dans l'éclairage cru de leur fin prochaine. Cette lucidité imposée conduit à des réactions et à des actions qui posent le problème du mal moral – celui que l'homme accomplit ou auquel il s'interdit de succomber – et qui vient, dans le contexte des deux romans, en réponse à celui qu'il subit. Les situations imaginées dans la fiction renvoyant à l'Histoire récente – explicitement pour *La Peste* et de façon détournée pour *Le Hussard sur le toit* –, la réflexion sur le mal trouve une résonnance historique et se charge de références aux concrétisations politiques du mal : la guerre et le nazisme pour Camus, les débordements de la révolution communiste pour Giono.

La représentation du mal induit une représentation de l'homme. En situation de péril extrême, où aussi bien le corps de l'homme que son être même se trouvent menacés, la manière dont le personnage réagit et agit face au fléau dévastateur décide d'une conception de l'héroïsme elle-même significative de la vision que le romancier se fait de l'homme parce qu'elle traduit le degré d'estime et de confiance dans lequel il le tient. L'action – héroïque ou modeste – ayant pour but de supprimer les causes ayant détruit l'équilibre antérieur au surgissement du fléau, doit conduire au rétablissement des conditions du bonheur et à leur redéfinition. La gageure est alors de confronter les personnages à la tentation nihiliste et éprouver leur résistance à l'attrait du mal.

---

28 « Je ne voudrais pas toutefois séparer ces expériences solitaires de sagesse de la lutte éthique et politique contre le mal, qui peut rassembler tous les hommes de volonté. » *Ibid.*, p. 63.

Chapitre Premier Les représentations du mal dans *La Peste* et *Le Hussard sur le toit*

a. Le mal métaphysique

> Il n'est jamais arrivé qu'un « mortel » ne meure point, échappe à la loi commune, accomplisse ce miracle de vivre toujours et de ne disparaître jamais, que la longévité, passant à la limite ou allant à l'infini, devienne éternité : car l'absolu est d'un tout autre ordre que la vie. Alors pourquoi la mort de quelqu'un est-elle toujours une sorte de scandale ? Pourquoi cet événement si normal éveille-t-il chez ceux qui en sont les témoins autant de curiosité et d'horreur ? Depuis qu'il y a des hommes, et qui meurent, comment le mortel n'est-il pas encore habitué à cet événement naturel et pourtant toujours accidentel ? Pourquoi est-il étonné chaque fois qu'un vivant disparaît, étonné comme si pareil événement arrivait pour la première fois[29] ?

Ces questions sont particulièrement pertinentes dans le contexte de l'épidémie parce que la pensée de la mort, qui pouvait ne pas être permanente, le devient et se fait encore plus angoissante. Les Oranais, qui vivaient une vie calme et comme endormis, se réveillent horrifiés quand la peste s'abat sur la ville parce qu'ils se rendent compte, dans une prise de conscience effarante, que la mort frappe et le fait en aveugle ; et que, de même que rien ne certifie que chacun, indifféremment, puisse être la prochaine victime, rien ne garantit non plus le contraire. C'est cette concrétisation de l'idée de la mort – jusque-là vague et quasi abstraite – en une réalité douloureuse et obsédante[30] qui commande le tragique dans le roman. La mort devient alors une affaire personnelle parce qu'à, tous les instants, possible. Jankélévitch utilise les expressions « mort propre[31] » et « concernement personnel[32] » pour dire l'implication individuelle

29 Vladimir Jankélévitch, *La Mort*, Paris, Flammarion, coll. Champs Essais, 1977, p. 8.

30 Jankélévitch affirme : « Apprendre en sachant déjà et à l'avance ce qu'on apprend, c'est brusquement savoir d'un savoir vécu, d'une gnose concrète et toute chaude d'émotion, intensément et passionnément endossée, ce qu'auparavant on savait sans le comprendre ; ce que nous connaissions du bout de la pensée, voici que nous le comprenons avec l'âme tout entière […]. » *Ibid.*, p. 17.

31 *Ibid.*, p. 22.

32 *Ibid.*, p. 16.

c'est-à-dire l'appréhension charnelle de la finitude qui s'impose alors en termes d'« Effectivité » et d'« Imminence[33] ». De fait, la mort est horrifiante parce qu'elle est ce contre quoi l'homme lutte mais pour être finalement terrassé. L'agonie de Tarrou est significativement la confrontation de l'homme avec ce qui le dépasse. Elle est la résistance vaine à ce qui le soumet, aussi déterminé soit-il. Dans ce duel inégal, l'issue est connue d'avance : « Tarrou luttait, immobile. Pas une seule fois, au cours de la nuit, il n'opposa l'agitation aux assauts du mal, combattant seulement de toute son épaisseur et de tout son silence. » (1454) Dans un autre endroit du roman, la mort est signifiée par une métaphore filée : le naufrage, par une nuit d'orage et toute assistance exclue. Assistant son ami dans son agonie, Rieux observe impuissant les progrès de la maladie et « cette forme humaine qui lui avait été si proche » qui « s'immergeait à ses yeux dans les eaux de la peste et il ne pouvait rien contre ce naufrage. » (1457). La condition humaine est commune à tous mais la lutte finale est solitaire et désespérée. Tout homme est alors rendu à sa faiblesse. Le corps, par sa vulnérabilité, concrétise cette fragilité. En effet, l'atteinte du corps soumet le personnage à ce que Julia Kristeva appelle les « pouvoirs de l'horreur ». L'âpreté de la confrontation avec la maladie, la violence du face à face avec la mort sont des conditions extrêmes qui mettent l'homme « à la limite de [sa] condition de vivant[34] ». Giono peint l'homme qui se vide de « ces humeurs, cette souillure, cette merde[35] » dans une débâcle du corps qui est un état de transition entre le corps glorieux et sain qu'il n'est déjà plus et le corps souillé, le cadavre déchu qu'il ne tardera pas à être. Le médecin-philosophe du *Hussard sur le toit* qui fait du cholérique un « impatient » pressé de se défaire des pesanteurs du corps décrit à Pauline et Angelo incrédules, avec une fantaisie qui n'enlève rien à la gravité de ses propos, l'espérance pathétique du cholérique de pouvoir transcender les limites humaines. La métaphore filée de l'exploration des profondeurs marines qu'il utilise signifie le dépassement de l'état de soumission à une condition injuste. Cette représentation de l'homme, confronté au non-sens de l'existence, en aventurier libéré des contraintes spatiales se retrouve également dans *Le Mythe de Sisyphe* puisque Camus fait du conquérant une des figures de l'homme absurde. La conquête n'est plus géographique ; elle a le sens pour but :

---

33 *Loc.cit.*

34 « Ces humeurs, cette souillure, cette merde sont ce que la vie supporte à peine et avec peine de la mort. J'y suis à la limite de ma condition de vivant. De ces limites se dégage mon corps comme vivant. » Julia Kristeva, *Pouvoirs de l'horreur. Essai sur l'abjection*, Paris, Le Seuil, coll. Tel Quel, 1980, p. 11.

35 *Loc.cit.*

> Jusqu'ici la grandeur d'un conquérant était géographique. Elle se mesurait à l'étendue des territoires vaincus. Ce n'est pas pour rien que le mot a changé de sens et ne désigne plus le général vainqueur. La grandeur a changé de camp. Elle est dans la protestation et le sacrifice sans avenir[36].

De fait, la pensée de l'absurde est au centre des deux romans. Et comment ne le serait-elle pas quand, pour emprunter les mots de Jankélévitch, « ce qui supprime la vie en compromet le sens ; ce qui anéantit l'être mine et nihilise l'essence de cet être[37] » ? Peste et choléra imposent donc le non-sens et l'arbitraire caractéristiques de l'univers absurde. Ils sont, par là même, la manifestation du mal métaphysique. Car qu'est-ce que le mal sinon la détresse qui se saisit de l'homme dans l'absence « d'une unité heureuse, contre la souffrance de vivre et de mourir[38] » ?

Oran, que la peste soumet, est un microcosme dans lequel se réalisent les conditions d'un monde régi par le non-sens, définies par Camus dans *Le Mythe de Sisyphe*. Dès l'irruption du fléau, les personnages sont confinés dans un espace-temps qui accroît la détresse de ne plus s'appartenir. En faisant régner la mort, le fléau dispose des êtres. « Ainsi, chacun dut accepter de vivre au jour le jour, et seul en face du ciel. » (1279) La claustration spatiale, imposée par la quarantaine, se double d'un enfermement dans une temporalité rendue tragique par l'idée obsédante de la fin inévitable. Le présent anxiogène devient la seule dimension temporelle envisageable puisque l'avenir est aléatoire et le passé douloureux : « Sans mémoire et sans espoir, [les Oranais] s'install[ent] dans le présent. » (1367) Durée étale et sans relief du fait de la répétition infinie et insensée de l'horreur[39], il est régi par le hasard qui fait que ce qui advient aurait pu ne pas être, rendant toutes choses égales par ailleurs et toute action illusoire – au moins au début de l'épidémie où les morts, toujours plus nombreuses,

---

36 *Le Mythe de Sisyphe, Essais,* p. 166.

37 Vladimir Jankélévitch, *La Mort, op.cit.*, p. 72. Jankélévitch parle de la mort comme de « l'ombre menaçante du non-sens, la nuit de l'absurdité et de l'inintelligibilité qui obscurcit l'existence. La mort représente la précarité, la fondamentale inconsistance de tout ce qui est humain : loin de fournir à une vie essentiellement infondée le fondement et l'assiette qui lui manquent, elle creuse dans cette vie, tout au contraire, le trou et le vide problématique du non-sens ; la mortalité achève de rendre fugace, poreux, fantasmatique ce devenir déjà privé de consistance. » *Ibid.*, p. 69.

38 Dans *L'Homme révolté*, Camus précise : « [...] La révolte métaphysique est la revendication motivée d'une unité heureuse, contre la souffrance de vivre et de mourir. » *L'Homme révolté, Essais*, p. 436.

39 Rambert : « Non, vous n'avez pas compris que [la peste] consiste à recommencer. » (1350)

décourageaient les secours. Or, cette équivalence des actes est une des lois du monde absurde[40]. L'équivalence des destinées également puisque succomber à la maladie n'est pas plus justifié qu'échapper à la contagion. Le narrateur évoque les « caprices de la maladie » (1391) qui pouvait se prolonger longtemps ou s'arrêter sans raison. Il raconte « l'efficacité mathématique et souveraine » (1440) du fléau qui fait intervenir la mort avec une régularité mécanique. Il décrit la mise au pas des Oranais obligés de se rendre à l'évidence de l'inanité de toute tentative de rationalisation des « curieux événements » (1220) qu'ils subissent. Les expressions du doute se glissent dans le texte pour dire l'abdication de la raison devant l'absurde[41]. La morne habitude de vivre et de mourir dans l'incompréhension confirme l'homme dans l'idée de l'injustice de la condition qui lui est faite. Dans un « feuillet volant » retrouvé avec le manuscrit de *La Peste* et que reproduit Roger Quilliot[42], Camus écrit :

> Elle [la peste] généralise l'absurdité un peu plus essentielle de la vie, la rend plus immédiate et plus pertinente. Si cette peste peut avoir un effet sur l'homme, c'est de le fortifier dans l'idée qu'il se fait de son existence et dans le jugement qu'il porte sur elle[43].

De même, dans l'univers du *Hussard sur le toit*, le choléra est « la présence continue de la mort » (605) qui guette et qui terrasse, sans pitié et sans distinction, petits et grands. Le récit donne à comprendre qu'une force malveillante a voulu le choléra : « Angelo se demanda tout à coup s'il n'y avait pas quelque part, mêlée à l'univers, une énorme plaisanterie. » (296)

La précision de manière dit le surgissement de l'absurde dans une conscience qui s'éveille au non-sens du monde. Cette prise de conscience est le début du cheminement absurde. Angelo emploie un des mots clés par lesquels Camus signifie l'absurde en parlant d'« un atroce malentendu général. » (316) Il se rend compte que le monde tel qu'il marche n'est pas satisfaisant. Mais Angelo n'est sensible aux aspects inintelligibles du monde ravagé par le choléra que de façon

---

40 Camus affirme commentant le « Tout est permis » d'Ivan Karamazov : « Tout est permis ne signifie pas que rien n'est défendu. L'absurde rend seulement leur équivalence aux conséquences de ses actes. […]. De même, si toutes les expériences sont indifférentes, celle du devoir est aussi légitime qu'une autre. » *Le Mythe de Sisyphe, Essais*, p. 150–151.

41 « On était obligé seulement de constater que la maladie semblait partir comme elle était venue. » (1440) « On avait seulement l'impression que la maladie s'était épuisée […]. » (1441)

42 *Théâtre, Récits, Nouvelles*, p. 1954–1955.

43 *Ibid.*, p. 1954.

intermittente et comme atténuée. Il est habité par une passion : la liberté et porté par un objectif : rejoindre l'Italie pour reprendre la lutte. Le choléra et les bouleversements qu'il produit ne sont qu'une péripétie dans une longue et enthousiasmante aventure. Il n'est donc pas le personnage par qui le romancier signifiera le non-sens de l'existence. C'est au médecin français, malgré sa très rapide disparition, qu'il revient de véhiculer la conscience de l'absurde. Sa lutte vaine contre le choléra et la cruelle insatisfaction dans laquelle il meurt de n'avoir sauvé aucun malade sont révélatrices de l'impossibilité d'éradiquer le mal. Le texte parle de « la terrible ironie marquée sur son visage d'agonisant » (287) et insiste : « il était ainsi terriblement ironique ». (287) L'ironie est signe de clairvoyance. Le médecin meurt conscient de l'inanité de vivre et de lutter et Angelo lui imagine cette clairvoyance jusque dans la tombe : il « devait vainement, là-bas, retrousser ses babines contre les renards, ou la chaux vive du capitaine. » (294) L'adverbe « vainement » dit cette équivalence dans le monde absurde de la lutte et du renoncement que Camus dans *Le Mythe de Sisyphe* désigne par « équivalence des actes ». Giono, plus radical, avoue la ruine de la raison : « Tout bien connaître ou ne rien savoir revient au même. » (402) Angelo lui-même, pourtant peu enclin à la cogitation, finit par envier aux soldats la simplicité avec laquelle ils font face à l'existence : « Ils savaient qu'on se faisait un abri magnifique en ne pensant à rien. » (403) Tout le roman témoigne de cette abdication de la pensée face à l'absurde. Les villageois rivalisent dans l'invention de causes au surgissement du choléra. Les superstitions resurgissent et les interprétations obscurantistes pallient l'impossibilité de rationaliser un phénomène aussi incompréhensible. Angelo, pour sa part, définit ainsi le choléra : « Quelque chose qu'on ne connaît même pas vous attrape par les oreilles comme un lapin dans un clapier, vous flanque un bon coup sur la nuque et vous êtes cuit. » (495) La forme négative qui frappe le verbe *connaître* est significative de cette impuissance de la raison face à l'inintelligible. Toute la citation dit l'absurdité de la condition humaine. Cette même réaction face à la mort absurde fait dire à Angelo, revenu à l'auberge et retrouvant le cadavre d'une des femmes qui y faisaient la fête et qui l'avaient pourtant dégoûté et fait fuir : « Elle a bien fait. » (318) Face à l'absurde, il faut, dit Camus, « s'épuiser[44] ».

44 Justifiant les exemples d'hommes absurdes (Don Juan, le comédien et le conquérant) qu'il choisit de traiter dans *Le Mythe de Sisyphe*, Camus écrit : « Je choisis seulement des hommes qui ne visent qu'à s'épuiser ou dont j'ai conscience pour eux qu'ils s'épuisent. » *Le Mythe de Sisyphe*, *Essais*, p. 150–151.

Par ailleurs, la parenté entre les deux romans est manifeste quand le choléra est évoqué dans des termes qui rappellent ceux que Camus emploie pour décrire la peste : arbitraire et non-sens, incompréhension et lassitude :

> C'était parfaitement inutile. Frictionner des moribonds était parfaitement inutile aussi. Le pauvre petit Français n'avait sauvé personne. Il n'y avait pas de remède. Au début de l'épidémie on avait vu mourir comme des mouches des malades autour desquels tout le monde se dévouait ; d'autres qui s'étaient cachés pour étouffer leurs coliques sortaient parfois frais comme l'œil. Le choix se faisait ailleurs. (394)

Ce « choix [qui] se faisait ailleurs » signifie l'incompréhensible du mal. Pierre Citron affirme que « le choléra établit […] la souveraineté de l'inintelligible[45]. » Or, ce que l'homme ne peut comprendre c'est ce qui défie les exigences de la raison, ce qui produit, au niveau de l'ordre rationnel, une fausse note, une dissonance – terme qui renvoie à l'étymologie même du mot *absurde*. Camus définit encore l'absurde en termes de « divorce entre l'esprit qui désire et le monde qui déçoit[46] ». Ce monde qui déçoit en ne répondant pas à l'appel humain[47] est pour Giono, plus spectaculairement, un monde de la dévastation.

Le Hussard sur le toit s'ouvre sur la description d'un état cataclysmique de la nature. Tout y est monstrueux parce que détourné de sa fonction première. Une présence invisible et malveillante véhicule une violence dont les personnages sont les victimes impuissantes. D'emblée, le décor est posé pour que puisse se dérouler l'étrange et monstrueuse aventure du choléra. Devenue milieu hostile, la nature est complice de l'épidémie et participe à l'instauration de ses lois particulières. Les animaux se transforment en alliés entreprenants du fléau. Non seulement ils profitent du choléra en se repaissant des cadavres mais ils s'en font aussi les pourvoyeurs tels les oiseaux charmeurs qui, toute une nuit, tentent d'entrainer dans la mort Pauline et Angelo :

> Angelo leur jeta des pierres sans réussir à les faire taire ou à les éloigner. Ils avaient une patience d'ange. Ils disaient ce qu'ils avaient à dire avec application et beaucoup d'âme. Cela semblait avoir pour eux un sens d'une logique incontestable. Après s'être exprimés sans détour et de façon assez autoritaire, ils se taisaient et attendaient qu'on se rende à leurs vœux. (484)

---

45 Pierre Citron, « Notice », *Œuvres romanesques complètes* IV, p. 1305–1370, p. 1326.

46 « Cette évidence, c'est l'absurde. C'est ce divorce entre l'esprit qui désire et le monde qui déçoit, ma nostalgie d'unité, cet univers dispersé et la contradiction qui les enchaîne. » *Le Mythe de Sisyphe, Essais*, p. 135.

47 « L'absurde naît de cette confrontation entre l'appel humain et le silence déraisonnable du monde. » *Ibid.*, p. 117–118.

Pauline cèderait à la tentation si elle n'était retenue par Angelo qui a lui-même subi maintes fois l'attaque des oiseaux, essentiellement lors de son séjour sur les toits de Manosque. Tout un bestiaire fantastique et monstrueux est mis en scène dans cette fantasmagorie de l'horreur. L'inintelligible, dont parle Pierre Citron, est donc cette subversion de la nature dans tous ses aspects devenue étrange et donc étrangère aux lois de la raison et qui se reconnaît tout à la fois dans le corbeau qui roucoule comme une colombe pour séduire Pauline et dans l'absence de différence entre des animaux aussi différents, pourtant, qu'un rat et un papillon, devenus également charognards. Cette subversion généralisée est constatée par une raison devenue impuissante à réguler le monde. Elle est attribuée à un Dieu qui, s'il est source du mal, n'est ni le secours ni le recours que les hommes peuvent espérer.

Si Dieu est désigné comme origine du mal dans les deux romans, il l'est en des termes différents. Pour le père Paneloux, la peste est la colère terrible d'un Dieu pourtant bon et juste, qui rappelle régulièrement les pêcheurs à la voie droite[48]. Mais d'avoir assisté à la terrible agonie du petit garçon imprime à son deuxième prêche une inflexion qui lui fait distinguer « le mal apparemment nécessaire et le mal apparemment inutile. Il y avait don Juan plongé aux Enfers et la mort d'un enfant. » (1402) Cependant même si, aux yeux du prêtre, les voies de Dieu restent impénétrables, les raisons du mal après la mort de l'enfant ne sont plus aussi claires pour ce personnage pourtant le moins susceptible de douter de la justice divine. Pour Camus, le mal est injustifiable et inconciliable avec l'idée d'un dieu bon ; ce qui est une manière de conclure qu'il ne peut y avoir de justification à l'existence du mal fait à l'homme de par sa condition d'homme. Pour le narrateur du *Hussard sur le toit*, il y a, à l'origine des débordements grotesques auxquels il assiste amusé, un Dieu lui-même grotesque. Il évoque des « ivresses dont Dieu est le cabaretier » (F 142) et « mêlée à l'univers, une énorme plaisanterie. » (81) Goguenard, il est persuadé qu'« il y a certainement quelque part quelqu'un qui doit bien rire. » (132) Il mêle « aux aspects terrifiants de la malédiction d'avant les temps » (191), les grimaces des moribonds et les déjections dans lesquelles ils rendent l'âme. Les rares personnages qui renvoient au monde de la religion sont discrédités soit par le comique qu'ils véhiculent – telle la nonne – soit par la rapacité et l'absence de charité chrétienne dont ils font preuve à l'égard des internés des camps de quarantaine dont ils ont la charge. Le

48 « La première fois que ce fléau apparaît dans l'histoire, c'est pour frapper les ennemis de Dieu. » (1296)

comportement grotesque ou répréhensible rejaillit sur la conception que l'auteur a de la religion et la discrédite.

Mais si le mal métaphysique est lié à la condition humaine et ne peut être de ce fait évité, il n'est pas l'unique forme de mal fait à l'homme. Car, ce que la raison ne peut accepter c'est que l'homme se laisse contaminer par le fléau et que le mal métaphysique se trouve relayé par le mal moral. Avec la peste et le choléra réapparaissent les peurs anciennes et les terreurs jamais vaincues. Surgissent, en réaction à cela, les instincts mauvais : égoïsme et mensonge. Le monde se trouve rendu à un état qui favorise la résurgence d'un mal jamais éradiqué en l'homme. *La Peste* autant que *Le Hussard sur le toit* déclinent ce mal moral et illustrent la réaction-réponse que les hommes peuvent ou doivent lui apporter.

b. Le mal moral

La question du mal présent en l'homme se pose dès lors que consentent au mal les hommes que le fléau n'a pas encore touchés ; dès lors qu'au spectacle de la mort ou de la souffrance de l'autre, ne répond pas un sursaut de solidarité ; dès lors que le fléau trouve dans les personnages ses acolytes les plus zélés. Dans *La Peste* autant que dans *Le Hussard sur le toit*, Camus et Giono créent une situation extrême où l'homme ne peut que réagir, c'est-à-dire laisser – malgré soi parfois – arriver à la surface de son être, ce qu'il tenait caché en son être le plus profond. Maurice Weyembergh affirme que « […] comment se conduire […] est d'après Camus le problème par excellence[49]. » La question est tout aussi importante pour Giono dont le héros se demande en permanence s'il a bien ou mal agi et réagi face au danger :

> Il en était même à penser que, non seulement il était vulgaire et bas, mais encore que son visage devait être devenu vulgaire et bas ; que toute son attitude, sa façon de monter à cheval, même sa désinvolture, étaient vulgaires et basses. (299)

Cependant, si la recherche d'une « conduite » à tenir face au mal est une thématique essentielle des deux romans – sinon la thématique essentielle –, celle-ci est différemment traitée par les deux romanciers. Pour Camus, cette mise à l'épreuve est de nature à grandir l'homme. Giono montre, au contraire, le

49 Maurice Weyembergh, « L'analyse camusienne du terrorisme est-elle encore actuelle ? », *Albert Camus 22. Camus et l'Histoire*, Paris, Minard, coll. *La Revue des Lettres modernes*, 2009, p. 135–147, p. 138. Weyembergh cite en note un très court extrait d'une interview de Camus à *Servir* : « Ce qui m'intéresse, c'est de savoir comment il faut se conduire. »

scepticisme le plus profond quant à une possible manifestation d'une nature honorable de l'homme, excepté pour quelques rares personnages et, à leur tête, Angelo.

Il est intéressant de retrouver sous la plume de Roland Barthes parlant de la peste la même image que Giono utilise pour évoquer le choléra. Le premier définit le fléau comme un « réacteur[50] », « un test expérimental[51] » qui permet à Camus de livrer sa vérité sur l'homme. Giono dit du choléra qu'il est un « réactif[52] » donc un révélateur puissant de la véritable nature humaine en ce sens qu'il ne fait que grossir ce que l'homme porte en soi de bien et de mal. Il écrit dans ses *Carnets* : « [...] Le brigandage/l'égoïsme/la lâcheté/le dévouement/le choléra est une loupe/on voit les passions beaucoup plus grosses [...][53]. » Dans la « Postface à *Angelo* », le romancier explique :

> C'est le moment où les passions humaines sont brusquement hypertrophiées par le danger mortel. Les lâchetés sont mille fois plus lâches, les cruautés mille fois plus cruelles. L'égoïsme n'est plus de bonne compagnie mais se rue de tous les côtés comme un mastodonte. La peur est si générale qu'on a pris l'habitude, pour échapper aux remords, de la considérer comme une vertu. La bravoure et le don de soi sont également démesurés. L'homme est vu à la loupe[54].

En effet, le choléra édicte de nouvelles lois : loi de l'égoïsme, de la cupidité et de l'opportunisme puisque l'épidémie est pour beaucoup (aubergistes, gendarmes, les sœurs du couvent...) l'occasion de tirer profit de la détresse des malheureux. Loi de la laideur aussi qui fait paraître comme miraculeux le charme et la sérénité de certains moments telle la messe sur la colline ou la beauté de certains visages (412). Il est significatif que la beauté réapparaisse dans le roman dans des moments – fort rares – où des relations « normales » entre les personnages se trouvent rétablies : quand la mère prend sur ses genoux son enfant ou quand la prière retisse la communauté des croyants. Le narrateur se plaît, en effet, à montrer la déliquescence des liens familiaux quand les survivants

50 Roland Barthes écrit : « Dans ce monde de la litote, la peste n'est finalement qu'un réacteur [...]. » « *La Peste*. Annales d'une épidémie ou roman de la solitude ? » in *Œuvres complètes*, tome I (1942–1965), Paris, Seuil, 1993, p. 452–456, p. 454.

51 « Le fléau est presque un test expérimental qui nous permet de voir réagir une humanité moyenne [...]. » *Loc.cit.*

52 Pierre Citron : « C'est qu'il fallait à Giono un puissant "réactif " (c'est le mot qu'il emploie) qui agît sur la population entière, pour montrer l'homme à nu. » « Notice », *Œuvres romanesques complètes* IV, p. 1358.

53 Cité par Pierre Citron, *ibid.*, p. 1321.

54 *Ibid.*, p. 1175.

d'une famille se débarrassent de leurs morts en les jetant dans les ruelles obscures. Mais l'exemple le plus frappant reste celui du vieillard dont la fille ou la belle-fille rapporte qu'il n'a jamais été aussi heureux qu'après avoir pris au malade agonisant – son fils ou son gendre ? – sa pipe. Il s'en montre heureux d'un bonheur qui n'est pas imputable au seul gâtisme. La société des hommes est tout entière bouleversée quand des liens qui semblent indéfectibles et allant de soi se trouvent détruits. Dans *La Peste*, la crainte est, au contraire, de devoir se séparer des malades :

> Mais les parents avaient alors fermé leur porte, préférant le tête à tête avec la peste à une séparation dont ils connaissaient maintenant l'issue. Cris, injonctions, interventions de la police et, plus tard, de la force armée, le malade était pris d'assaut. (1292)

La peur de mourir qui pousse les personnages de Giono à l'infamie fait des personnages de Camus des héros ordinaires. Il en résulte deux univers moraux antagoniques.

La différence essentielle qui les place aux deux extrêmes d'une même humanité est la confrontation avec la mort, devenue un face à face de tous les instants. Plus concrète et donc plus menaçante et de ce fait encore plus redoutée à chaque nouveau cas de peste ou de choléra, la mort décide des comportements et, plus profondément, reconfigure la vie sociale et les relations humaines. Dans *Le Hussard sur le toit*, la crainte de mourir est si grande que la peur devient un fléau aussi redoutable que la maladie. Le narrateur parle de façon constante d'une « épidémie de peur » (605) dont il fait le pendant moral du choléra[55]. Le chroniqueur de Camus évoque, pour sa part, une « atmosphère de panique » (1306). Les deux expressions disent l'opposition des points de vue qui séparent les deux romanciers. Giono met dans les mots utilisés une ironie qui désigne les hommes non en tant que victimes mais en tant que coupables. En utilisant le terme « épidémie », il signifie que ce sont les personnages qui propagent par leur lâcheté, leur égoïsme, leur cupidité, leur cruauté un mal aussi redoutable que le fléau qui s'attaque à leur corps. Ils sont responsables de la contagion de bassesse et de mesquinerie que la peur les pousse à accomplir. Ils ajoutent au mal au lieu de le combattre. Inversement, Camus considère les hommes doublement victimes de la peste et de la peur. L'expression qu'il utilise ne rejette pas le tort de la

55 Dans ses entretiens avec Taos et Jean Amrouche, Giono confirme : « L'épidémie dont je veux parler c'est une épidémie des prosélytismes, c'est-à-dire qu'on se passe le choléra par la parole. [...] c'est-à-dire par la peur. » *Entretiens avec Jean Amrouche et Taos Amrouche*. Édition d'Henri Godard, Paris, Gallimard, coll. Blanche, 1990, Entretien 22, p. 300.

contagion sur les hommes. Cette « atmosphère de panique » est générée par un état de fait étranger à leur volonté. Ils sont d'autant plus dignes de compassion qu'ils redoutent un fléau aveugle et injuste, et leur « panique » est justifiée[56]. La situation tragique les rend plus humains. Certes, le spectacle de la souffrance et l'angoisse de la contagion induisent des comportements nouveaux, parfois répréhensibles, mais le narrateur ne se désolidarise pas de ses « concitoyens » :

> Certains de nos concitoyens en effet, perdant la tête entre la chaleur et la peste, s'étaient déjà laissé aller à la violence et avaient essayé de tromper la vigilance des barrages pour fuir hors de la ville. (1305)

L'envie de quitter Oran est désespérée et compréhensible. Elle est pathétique, non comique ni méprisable, comme dans *Le Hussard sur le toit* où le désarroi et l'affolement réveillent les instincts les plus vils. Par ailleurs, l'égoïsme même est mesuré :

> [...] il semblait que le cœur de chacun se fût endurci et tous marchaient ou vivaient à côté des plaintes comme si elles avaient été le langage naturel des hommes. (1310)

Cette surdité à la souffrance de l'autre, qui pourrait être tenue pour de l'indifférence, est un repli protecteur pour pouvoir continuer la lutte et soulager cette souffrance. Elle rappelle la lassitude des équipes sanitaires :

> En fait, les hommes des formations sanitaires n'arrivaient plus à digérer cette fatigue. Le docteur Rieux s'en apercevait en observant sur ses amis et sur lui-même les progrès d'une curieuse indifférence. (1373)

Si cette « indifférence » est « curieuse » c'est parce qu'elle est paradoxale. Ces hommes que la douleur ne semble plus émouvoir sont engourdis par trop de compassion. La fatigue de jours sans repos et la lassitude de devoir mener une lutte qui ne fait pas reculer le fléau, les installent dans l'habitude mais n'émoussent pas la révolte. La détermination à vaincre la peste est aussi forte qu'aux premiers jours de combat contre le fléau. Les protagonistes mettent, au-dessus de toute autre considération, la conviction que le mal est l'affaire de tous et ne peut être vaincu que par les efforts de tous[57]. Et même si tous ne font pas partie des formations sanitaires mises en place par Tarrou, il n'y a pas trace

---

56 La thématique de la peur est quasi absente dans *La Peste* mais est très présente dans *L'État de siège* où la référence politique est plus prégnante. Dans le roman, les personnages subissent leur condition d'hommes tous également et sont, de ce fait, tous dignes de pitié du fait même qu'ils sont humains et mortels.

57 « Parce que la peste devenait ainsi le devoir de quelques-uns, elle apparut réellement pour ce qu'elle était, c'est-à-dire l'affaire de tous. » (1327)

de cet individualisme forcené que Giono généralise jusques aux moribonds. Commentant l'interprétation que le vieux médecin donne du choléra qui, selon lui, ouvre des espaces intérieurs infinis, Jean-Yves Laurichesse affirme :

> [...] le médecin-moraliste va développer une sorte de théorie fantastique dans laquelle le cholérique, oubliant tous les attachements humains, se précipite vers le fabuleux spectacle de la mort qui ouvre en lui ses abîmes[58].

Le cholérique meurt détaché des siens. Les survivants ont hâte de se débarrasser de son cadavre. L'homme est égoïste mort ou vif. Nul rachat possible dans le monde que lui imagine Giono.

De fait, ce qui décide de l'univers moral des deux romanciers et fait qu'ils sont radicalement opposés est la part de l'égoïsme dans le comportement de leurs personnages. Kant dit de l'égoïsme qu'il est « la source de tout mal[59] » ; Giono qu'il est « un mastodonte[60] » qui écrase tout sur son passage[61]. Il le désigne comme l'origine de toutes les turpitudes auxquelles se livrent ses personnages. Le roman étant tout entier conçu selon la restriction de champ et la prédilection de la narration pour la focalisation interne, le constat est, en grande partie, fait par Angelo. L'immersion dans le choléra est certes pour lui un face à face terrifiant avec la mort. Mais l'expérience est pénible non pas tant parce que le choléra est un terrible fléau que parce qu'il est obligé d'ouvrir les yeux sur le fait que l'homme est plus redoutable que le choléra. Bien des endroits du roman le montrent aux prises avec l'incompréhensible du comportement humain. Quand un jeune garçon, qui est censé lui montrer la route, lui vole son cheval et l'abandonne dans la nuit au milieu de nulle part, la réflexion lui vient que l'homme est plus redoutable que la mort[62]. Giono met son personnage dans des conditions extrêmes qui lui font découvrir aussi bien la laideur des corps que celle des âmes. Angelo est un personnage que le choléra instruit et sa confrontation avec l'épidémie est une école particulièrement rude dans le sens où peu d'illusions concernant l'homme peuvent résister à cette terrible mise à

58 « Giono et le moraliste imaginaire », *Fabula/Les colloques*, Les moralistes modernes, URL : http://www.fabula.org/colloques/document1333.php, page consultée le 02 janvier 2017.

59 Cité par André Comte-Sponville in « Un mot, des maux... », *Philosophie magazine*, *Le Mal*, Hors-série n° 37, 2018, p. 12–15, p. 15.

60 Giono, « Postface à *Angelo* », *Œuvres romanesques complètes IV*, p. 1175.

61 Il note de façon elliptique dans son Journal le 28 novembre 1943 : « [...] l'égoïsme de ces temps extraordinaires que nous vivons. » « *Journal de l'Occupation* », *Journal, Poèmes, Essais*, p. 371.

62 « Cela lui paraissait plus inquiétant que la mort. » (316)

nu de la nature humaine. Il confie ironiquement à Pauline : « Ces temps exceptionnels ont libéré beaucoup de passions exceptionnelles. » (378). Les camps de quarantaine constituent le lieu propice à la révélation de la nature profonde de l'homme. Tels qu'ils sont imaginés par les deux romanciers, ils permettent de mieux cerner la vision que chacun d'eux se fait de l'humanité. Dans *Le Hussard sur le toit*, ils sont un microcosme[63] dans lequel les passions trouvent à s'exacerber. L'enfermement fait de l'épidémie un « réactif » particulièrement virulent. L'individualisme forcené – devenu pure monstruosité – qui s'empare des personnages les conduit aux actions les plus basses. Les chargés des camps – souvent hommes et femmes de Dieu – loin de toute charité chrétienne, profitent sans vergogne de l'aubaine que représente le choléra. Angelo y redoute par-dessus tout pour Pauline la contagion morale : « Dans cinq jours nous serons loin mais, si nous n'étions pas loin, nous serons au point où il faudra devenir comme eux ou rester ce que nous sommes. » (544) Le fléau n'est donc pas uniquement craint pour les ravages qu'il produit sur les corps mais également pour sa capacité à dévaster l'âme. C'est pourquoi Angelo est moins surpris par le choléra que par le consentement de l'homme à l'abjection. Giono fait du *Hussard sur le toit* le répertoire des différents comportements faits de cruauté, de lâcheté, de cupidité et d'égoïsme que les personnages adoptent pour se prémunir de la contagion ou pour tirer profit de l'épidémie. Angelo, le médecin français et quelques comparses sans grande importance au niveau de l'histoire constituent des exceptions de générosité, de courage et d'altruisme. Les proportions se trouvent ainsi renversées par rapport au monde de *La Peste* où seul Cottard se distingue négativement.

En effet, dans le récit de Camus, les hommes restent dignes même dans les quarantaines. Quelques évocations de ces camps d'isolement interviennent dans le récit[64] mais les lieux et les internés ne sont décrits que parcimonieusement – à l'occasion de la visite que Tarrou et Rambert y font – comme si la décence interdisait de se complaire dans l'évocation de la détresse humaine. Les personnages sont habités par la peur, soumis à une loi qui les contraint à la séparation et à la séquestration, oubliés de ceux pour qui la vie continue au-delà des limites du camp[65], proies désignées d'une mort capricieuse qui peut se saisir

63 Angelo et Pauline sont « accueillis » dans le camp par un personnage entreprenant : « Ce personnage les mit au courant des nouvelles de cet endroit particulier, c'est-à-dire des nouvelles du monde. » (541)

64 *Cf.* p. 1414–1417 et p. 1430–1431.

65 « Quant à ceux qui les aiment, ils les ont oubliés aussi parce qu'ils doivent s'épuiser en démarches et en projets pour les faire sortir. » (1416)

d'eux à chaque instant comme elle peut les épargner. Dans cette expectative, ils rongent leur frein et ils expérimentent ce dont ils se doutaient déjà, que Tarrou énonce en ces termes : « La vie est difficile à vivre. Et ceux-ci le savent bien. » (1416) L'épreuve du confinement exacerbe l'angoisse liée autant à la vie qu'à la mort. L'épidémie fait réfléchir à la triste condition de l'homme.

Par ailleurs, la peste n'est pas arrivée, comme le choléra, à bout des sentiments. Le récit camusien insiste sur la douleur de la séparation et de l'exil. La souffrance partagée raffermit les liens. Les Oranais sont tous victimes du mal et ne pactisent pas avec lui – sauf Cottard que la peste délivre de la peur d'être arrêté pour des délits antérieurs à l'irruption du fléau dans la cité. Ainsi, si le fléau épidémique est considéré par les deux romanciers comme un révélateur de la véritable nature de l'homme, il l'est aussi de deux conceptions de l'homme radicalement différentes. Rieux décide d'écrire la chronique de la peste pour faire une révélation : « Dire simplement ce qu'on apprend au milieu des fléaux, qu'il y a dans les hommes plus de choses à admirer que de choses à mépriser. » (1473) Le sens du roman peut se résumer à ce constat. Camus raconte l'aspiration de ses personnages au Bien et insiste sur l'énormité de la tâche qui leur incombe pour y parvenir. La peste impose la définition de valeurs et l'obligation, pour que le monde reste humain, de s'y conformer. Dans l'absence de la croyance en Dieu et de la morale qui en découle, il est nécessaire que les hommes, unis dans l'adversité, définissent une éthique c'est-à-dire des limites et une conduite respectant ces limites. Sylvie Doudet affirme :

> La morale se métamorphose ainsi en éthique à l'époque moderne. Si les deux termes signifient la même chose dans l'Antiquité puisque la morale est la traduction latine de l'éthique grecque, l'époque contemporaine a introduit une distinction tout à la fois pour se dégager de la connotation religieuse voire moralisatrice du premier terme et pour souligner la différence entre l'absolu et le relatif. Ce n'est pas parce qu'il n'y a plus de Morale absolue qu'il ne saurait exister des éthiques relatives fondées par les hommes, les sociétés, voire les professions[66].

Giono quant à lui n'a aucune envie de redresser le monde. Il laisse ses personnages à leurs mouvements premiers qui les inclinent au repli égoïste et au rejet de l'autre. Le choléra est l'occasion de rendre le monde à une anarchie première

---

66 « Faire mal et faire le Mal. Les « méchants » chez Camus » in Ève Morisi (dir.), *Camus et l'éthique*, Paris, Classiques Garnier, coll. Rencontres 95, 2014, p. 103–116, p. 105–106.

et l'homme à sa nature mauvaise. Les dérèglements physiques que provoque la maladie et qui se traduisent en coliques et en vomissements sont accompagnés de débordements de conduite qui sont leur pendant moral dans la déchéance. L'abjection morale est signifiée par l'abjection physique et la mort sale. Cette souillure des corps est symboliquement révélatrice de la noirceur des âmes. L'humanité montrée est laide parce que le choléra révèle les maladies de l'âme encore plus qu'il n'attaque les corps.

Dans la biographie qu'il consacre à Jean Giono, Pierre Citron évoque longuement les persécutions injustement subies et considère que *Le Hussard sur le toit* est un exutoire à la rancœur que Giono en a conçue :

> [...] dans son évocation des âmes noires, convergent et culminent tous les sentiments qu'il a découverts de 1939 à 1945 : conscience de l'existence d'une foule d'êtres ignobles qui se détestent les uns les autres, mépris et haine pour une humanité mesquine et égocentrique. C'est ici le Giono le plus dur et le plus grand, celui des contrastes et de l'écartèlement[67].

Denis Labouret estime également que :

> L'action du *Hussard sur le toit* se déroule bien en grande partie à Manosque, et Giono se venge indirectement de l'hostilité de ses compatriotes à la Libération en les faisant mourir par centaines dans le choléra de la fiction[68].

Giono écrit à la date du 8 avril 1948 :

> L'hitlérisme a un mérite. Il a lâché sur le monde des monstres de cruauté. Et on a pu s'apercevoir que ces monstres n'étaient pas exotiques, ni même allemands, mais qu'ils étaient aussi de notre pays, de notre village, de notre rue et même de notre maison. Je ne crois même plus à moi. On a vu le fond de notre turpitude...[69].

Quant à Camus, il tire leçon des charniers de l'Histoire mais se refuse à désespérer de l'homme malgré les preuves accumulées contre lui : « Que vaut l'homme ? Qu'est-ce que l'homme ? Toute ma vie il me restera, après ce que j'ai vu, une méfiance et une inquiétude fondamentale à son égard[70]. » Il avoue

---

67 Pierre Citron, *Giono*, Paris, Seuil, coll. Écrivains de toujours, 1995, p. 136.

68 Denis Labouret, « Angelo ou le comble du Hussard » in Marc Dambre (dir.), *Les Hussards. Une génération littéraire*, Paris, Presses de la Sorbonne Nouvelle, 2000, p. 279–295, p. 288.

69 Cité par Jean Amrouche dans *Entretiens avec Jean Amrouche et Taos Amrouche*, *op.cit.*, p. 234–235.

70 *Carnets II*, p. 198.

même : « Juger que l'homme est perfectible est déjà sujet de discussion. Mais, juger après avoir vécu, que l'homme est bon…[71] » Étienne Barilier souligne le profond enracinement de la pensée du romancier dans son temps et la gageure qui consiste, pour lui, à continuer de croire en l'homme :

> La première moitié du XXème siècle, avec son accumulation d'horreurs, a multiplié les preuves contre l'homme ; nulle morale, nulle religion, nulle philosophie n'ont pu faire que l'homme ne soit un loup pour son semblable. Le seul espoir de surmonter l'horreur, ou d'empêcher qu'elle se renouvelle, c'est de donner à l'homme une image ontologique de lui-même, d'une évidence irrécusable, à laquelle il puisse non point se conformer, mais s'ordonner. C'est placer l'homme devant le spectacle de son humanité possible, de le montrer, sans parvenir à le démontrer, que l'homme n'est pas un loup pour l'homme […][72].

Giono montre qu'il est, au contraire, ce loup ; bien plus, qu'il n'y a pas de monstres mais des hommes ordinaires et qu'ils ne peuvent être que des loups. Clairement, la morale qu'il tire de l'Histoire est différente. Tout l'univers des *Chroniques* – écrites dans l'immédiat après-guerre – le prouve ; celui *d'Un roi sans divertissement* en particulier, en faisant du loup un *alter ego* de M.V et de Langlois. Ce dernier, très symboliquement, recourt à une même mise en scène pour tuer l'un et l'autre, les identifiant l'un à l'autre, et pour essayer – sans succès – de taire en lui la fascination pour le mal. Giono parle à son propos de « la vanité de sa résistance aux appels mystérieux de la condition humaine[73] ». Comment dire plus explicitement que l'homme est condamné à répondre au mal par le mal ? En le mettant dans une situation où la mort est hyperboliquement présente à son esprit, comme c'est le cas dans *Le Hussard sur le toit*, il le pousse à des extrémités de réaction et d'action de nature à prouver qu'il n'est pas logiquement envisageable d'espérer encore en lui.

Dans *La Peste*, le scepticisme croissant de Camus ne trouve qu'une place discrète. La voix dominante du narrateur ne se résout pas facilement à ternir l'image de l'homme dont il ne veut retenir que le courage dans la lutte contre le mal. Rieux rapporte néanmoins la conversation qu'il eut avec Tarrou, celui-ci étant persuadé que l'homme est mauvais et que la lutte, pour vaincre le mal en soi, doit être de tous les instants et qu'elle est épuisante :

---

71 *Ibid*, p. 337.

72 « La création corrigée » in *Cahiers Albert Camus 5. Albert Camus : Œuvre fermée, œuvre ouverte?*, Paris, Gallimard, « NRF », 1985, p. 147–148.

73 Jean Giono, « Un loup qui s'ennuie », *Jean Giono. Bulletin n° 9*, Automne-Hiver 1977, p. 71–76, p. 76.

> Ce qui est naturel, c'est le microbe. Le reste, la santé, l'intégrité, la pureté, [...] c'est un effet de la volonté qui ne doit jamais s'arrêter. [...] c'est bien fatigant d'être un pestiféré. Mais c'est encore plus fatigant de ne pas vouloir l'être. (1426)

Camus, partagé entre le besoin de croire en l'homme et la conviction profonde que l'homme ne subit pas seulement le mal mais y participe, fait endosser son trouble à Tarrou. Mais il préfère faire croire à Rieux que « l'ignorance » est la cause du mal[74], non la méchanceté que Giono dit innée en l'homme. Ainsi, quand à la fin du roman, Rieux monte sur la terrasse pour voir la ville fêter sa délivrance, les pensées qui lui viennent concernant les hommes au temps des fléaux ne sont pas celles qui viennent à Angelo, retranché au-dessus des toits de Manosque pour ne pas être lynché par une foule en délire. Dans la position de l'observateur détaché – ou presque –, les deux personnages témoignent, l'un pour l'homme, l'autre contre lui. Quand l'un se réjouit de voir ses concitoyens enfin heureux, l'autre est forcé de constater que, si les villageois déchaînés le trouvent, ils le tuent.

L'auteur de *La Peste* écrit un hymne à l'homme ; celui du *Hussard sur le toit* une cinglante et glaçante diatribe contre lui. Le mal est insurmontable pour Giono parce qu'il ne croit qu'en un homme mauvais et égoïste. Pour Camus, au contraire, le bien peut contrebalancer le mal en l'homme. C'est en ce sens que les deux romanciers sont des moralistes mais l'un croyant dans le combat de ses personnages et dans leur engagement qui sont aussi les siens, l'autre spectateur détaché et ironique d'une Histoire dont il a décidé qu'elle se ferait sans lui[75].

c. Le mal dans l'Histoire

L'ancrage de *La Peste* dans l'Histoire se révèle dès la première phrase de l'incipit du roman. La date évoquée – « 194. » – renvoie clairement aux années de guerre. Camus note dans ses *Carnets* la prééminence de la portée historique sur la signification existentielle du roman :

> Je veux exprimer au moyen de la peste l'étouffement dont nous avons tous souffert et l'atmosphère de menace et d'exil dans laquelle nous avons vécu. Je veux du même coup étendre cette interprétation à la notion d'existence en général. La peste donnera

---

74 Rieux affirme : « Mais ils ignorent plus ou moins, et c'est ce qu'on appelle vertu ou vice [...]. » (1326).

75 Alain Tissut affirme : « De tous les écrivains de sa génération, Giono est sans doute celui qui se montre le plus soucieux de s'abstraire de l'Histoire. » « Guerre » in *Dictionnaire Giono*, Paris, Classiques Garnier, coll. Dictionnaires et Synthèses 9, 2016, p. 433–435, p. 433.

> l'image de ceux qui dans cette guerre ont eu la part de la réflexion, du silence – et celle de la souffrance[76].

Quant à l'action du *Hussard sur le toit*, quoiqu'elle se situe en 1832, elle est pour Giono, à ses propres dires, l'occasion de « décrire [son] temps[77] ». Il affirme également avoir voulu écrire sur des « thèmes permettant la critique des temps modernes[78] ». Ainsi, si les deux récits mettent en scène le mal métaphysique et moral, ils le font en le contextualisant c'est-à-dire en racontant l'irruption de la violence dans l'histoire qui leur est strictement contemporaine : nazisme, guerre et révolution.

Le narrateur de Camus utilise des expressions telles que « notre condition de prisonniers » (1277) et, pour parler de ses « concitoyens » – qu'il désigne par la périphrase « les prisonniers de la peste » (1280) – de « leur vie de prisonniers » (1280) et du caractère scandaleux du mal qui leur est fait, « [...] condamnés, pour un crime inconnu, à un emprisonnement inimaginable. » (1301) Dans une note des *Carnets* qui rapporte un projet de roman, l'auteur utilise ces mêmes registres de l'impuissance aussi bien physique qu'intellectuelle face au déferlement de la barbarie nazie :

> Histoire de l'ancien déporté qui rencontre des prisonniers allemands à Lourmarin. [...]. Il essaie de parler au prisonnier allemand pour essayer de s'expliquer de ça [les coups devenus « du quotidien, du normal, du naturel » dans les camps]. Mais l'autre est prisonnier, on ne peut pas lui parler de cela. Pour finir l'autre disparaît, il ne lui aura jamais parlé. À la réflexion, il sent qu'aucun homme n'est jamais assez libre pour pouvoir éclaircir cela. Ils sont tous prisonniers[79].

À la lumière de cette citation, l'emprisonnement dont parle Rieux pourrait bien être la difficulté pour l'esprit de se départir de tous les *a priori* positifs concernant l'homme pour essayer, en toute liberté, de penser cette question qui défie l'entendement humain : les camps de concentration, ce qui les a rendus possibles et ce qui s'y est passé. Car le mal dans l'histoire ce sont d'abord les camps de concentration nazie.

---

76 *Carnets II*, p. 72.

77 « Je n'avais pas du tout envie de m'essayer dans une reconstitution historique. Ce qui m'importait c'était de décrire mon temps. » « Postface à Angelo », in *Œuvres romanesques complètes IV*, p. 1163–1182, p. 1163.

78 Cité par Pierre Citron, « Notice générale », *Œuvres romanesques complètes IV*, p. 1113–1151, p. 1127.

79 *Carnets II*, p. 176.

Dans *La Peste* autant que dans *Le Hussard sur le toit*, le fléau représente l'incursion de la violence dans la Cité. Rapporté à l'Histoire contemporaine de la rédaction des deux romans, il ne peut pas ne pas faire songer au Nazisme. Les morts par la peste ou par le choléra sont, de ce fait, la transposition dans le roman, des morts des camps. L'effroyable barbarie à laquelle ceux-ci furent soumis vivants et qui visait à leur dénier leur qualité d'humains visait aussi à les en priver dans leur mort par la mort qui leur était donnée[80]. C'est pourquoi également dans les deux romans, la mort est brutale et les conditions où elle survient, inhumaines. Les malades arrachés à leur famille, les corps jetés à la hâte dans des fosses communes remplies de chaux ou dans les fours, les trains ou les charrettes qui les y acheminent sont le rappel de cette terrible tragédie[81]. Les conditions innommables dans lesquelles les victimes des camps sont mortes font que leur mort devient par son atrocité exemplaire du scandale que représente toute mort. C'est pourquoi le fléau épidémique, par la brutalité à laquelle se trouvent soumis les condamnés autant que les survivants, est la meilleure figuration de la violence nazie. Pour Laurent Fourcaut, le choléra symbolise la « barbarie dans l'histoire[82] ». Hans-Peter Lund parle de « la peste en tant qu'Histoire meurtrière[83] ».

---

80 Hannah Arendt affirme : « Les camps de concentration, en rendant la mort elle-même anonyme (en faisant qu'il soit impossible de savoir si un prisonnier est mort ou vivant) dépouillaient la mort de sa signification : le terme d'une vie accomplie. En un sens ils dépossédaient l'individu de sa propre mort, prouvant que désormais rien ne lui appartenait et qu'il n'appartenait à personne. Sa mort ne faisait qu'entériner le fait qu'il n'avait jamais existé. »

Le Système totalitaire, Paris, Seuil, coll. Points Essais, 2005, p. 190.

81 Pierre Citron précise à propos du *Hussard sur le toit* : « Malgré la discrétion que s'est imposé Giono – présenter ouvertement la comparaison au lecteur lui aurait semblé contraire à toute l'idée qu'il se faisait d'une œuvre d'art – la similitude perce parfois dans le texte. » « Notice », *Œuvres romanesques complètes IV*, p. 1305–1370, p. 1361.

Maurice Weyembergh affirme à propos de *La Peste* : « Le thème des camps de concentration est présent chez Camus plus qu'on ne le croirait à première vue. […]. « Dans *La Peste*, les enterrements, le four crématoire et les camps d'isolement ne font que renvoyer aux réalités concentrationnaires. » « L'obsession du clos et le thème des camps » *Cahiers Albert Camus 5, Albert Camus : Œuvre fermée, œuvre ouverte ?, op. cit.*, p. 361–375, p. 361–363.

82 Laurent Fourcaut, « Giono (Jean). 1895–1970 », *Encyclopaedia Universalis*, Paris, 1990, p. 471–474, p. 473

83 Hans-Peter Lund, « Camus dans les convulsions de son temps : autour de *La Peste* » in Jean-Louis Meunier (dir.), *Albert Camus, le temps, la peur et l'Histoire*, Avignon, Éditions Barthélémy, 2012, p. 57–73, p. 65 note 1.

Cependant, même si les deux œuvres sont bien inscrites dans leur temps, et même si elles s'en font l'écho à des degrés divers – *La Peste* étant plus explicite[84] que *Le Hussard sur le toit* – l'évocation des camps restent discrète. Marie-Thérèse Blondeau, à l'issue d'une étude génétique du roman, montre que « dès le dactylogramme Camus gomme toute allusion trop directe au conflit[85]. » C'est ainsi que le mot « peste » remplace le mot « guerre ». Il est rare que l'équivalence soit explicitement établie comme dans la séquence qui suit :

> Les fléaux, en effet, sont une chose commune, mais on croit difficilement aux fléaux lorsqu'ils vous tombent sur la tête. Il y a eu dans le monde autant de pestes que de guerres. Et pourtant pestes et guerres trouvent les gens toujours aussi dépourvus. (1247)

Dans le roman de Giono, le choléra y renvoie également[86]. Cependant, de façon plus précisément politique, s'associent dans le roman choléra et révolution. De manière récurrente, les deux termes sont assimilés par l'emploi des conjonctions *et* et *ni*[87]. Plusieurs personnages – mêmes secondaires – affirment cet amalgame tel le gendarme qui sauve Angelo de la foule qui voulait le pendre : « Le choléra est une saloperie, mais le reste est une saloperie encore pire. » (331) Par « reste », il entend les révolutionnaires. À Jean et Taos Amrouche, Giono précise : « [...] Angelo, en rentrant d'Italie, se trouve aux prises avec la révolution, comme il se trouvait aux prises avec le choléra. Et c'est à peu près la même épidémie[88]. » Les aventures politiques du héros sont racontées dans *Le Bonheur fou* dont l'épigraphe – empruntée à Mérimée – ne laisse plus aucun doute : « Le choléra n'est plus épidémique, il est devenu constitutionnel. » De même, dans les carnets préparatoires à la rédaction du roman, Giono consigne : « Tout ce qui fait du choléra l'équivalent de la révolution. »

---

84 JeanYves Guérin : « Camus a transposé, c'est-à-dire à la fois éloigné et disséminé le référent événementiel, il ne l'a pas escamoté. » « Jalons pour une lecture politique de *La Peste* », *Roman 20-50.*, n° 2, décembre 1986, p. 7–25, p. 10.

85 Marie-Thérèse Blondeau, « *La Peste*, roman de la Résistance », *Albert Camus 22. Camus et l'Histoire*, *La Revue des Lettres modernes*, 2009, p. 41–65, p. 43.

86 Sylvie Vignes : « [...] l'horreur des tranchées se lit en filigrane de l'épidémie de choléra du *Hussard sur le toit.* » « Mémoire » in *Dictionnaire Jean Giono*, *op.cit.*, p. 578–580, p. 579.

87 « Mais la révolution et le choléra peuvent également te tromper comme des femmes si tu n'es pas habile ! » (370) « Il voyait ici un pays sans choléra ni révolution mais il le trouvait triste. » (515)

88 *Entretiens avec Jean et Taos Amrouche*, *op.cit.*, p. 33.

La dimension politique du *Hussard sur le toit* est endossée par le personnage de Giuseppe. Frère de lait d'Angelo, il est aussi, comme lui, un carbonaro. Il est l'incarnation du révolutionnaire et le mal que la révolution pervertie peut faire aux hommes. Angelo finit par comprendre qu'il se sert du choléra pour asseoir son pouvoir en faisant empoisonner les fontaines et en accusant le gouvernement de vouloir exterminer « les ouvriers ». La question que lui pose Angelo : « Tu as appris à trahir ? » (467) révèle la corrélation entre choléra et révolution qui sous-tend le récit et, par voie de conséquence, entre le mal métaphysique et le mal moral, quand des hommes « trahissent » d'autres hommes et se font les complices du fléau. Au début du chapitre VIII, apparaissent des groupes d'ouvriers armés dont la présence et le comportement étonnent Angelo à son arrivée sur « la colline des amandiers », dans un camp où se sont retranchés Giuseppe, sa femme Lavinia et des villageois ayant fui le choléra. Ce camp – même occupé par des civils – a des allures de camp militaire[89]. Des hommes armés encadrent très étroitement les villageois tout en étant aimables et même serviables. Ils veillent à l'approvisionnement et se montrent fort efficaces lors de la menace d'inondation. Mais ils ordonnent et imposent : « N'importe quel homme de la milice arrivait avec son fusil en bandoulière et disait : il faut. » (460) Le mot est dit : « ces gardes en blouse » (446) sont les soldats de la révolution que Giono désigne en employant le terme le moins neutre, celui que l'histoire récente avait chargé d'infamie : « milice ». Les substantifs « ouvriers » et « blouse » se trouvent sémantiquement contaminés par son voisinage et deviennent équivoques à leur tour. Par le seul emploi de ce terme, le romancier amalgame les collaborateurs et les communistes[90] et jette l'opprobre qui frappe les premiers sur ceux qui sont à l'origine de ses déboires d'après-guerre. Les miliciens révolutionnaires qui veillent sur le camp dirigé par Giuseppe rappellent d'autres miliciens qui veillaient à pourvoir d'autres camps en victimes. La fiction romanesque fait se rejoindre dans l'infamie communistes et collaborateurs.

---

89 Henri Godard en précise la signification politique : « Ce campement militarisé, tout entier dans la main invisible et efficace de Giuseppe, est une bonne illustration de la manière dont un révolutionnaire sait tirer parti des moyens que le choléra met à sa disposition. » *D'un Giono l'autre*, Paris, Gallimard, 1995, p. 141.

90 JeanYves Guérin dit à propos de Giuseppe : « Derrière le libéral de 1840 se profile le stalinien de l'après-guerre, bête noire de Giono. » « De la peste et du choléra. Roman, histoire et épidémie » in Vincent Laisney (dir.), *Le Miroir et le chemin : l'univers romanesque de Pierre-Louis Rey*, Paris, Presses Sorbonne Nouvelle, 2006, p. 235–245, p. 243.

Néanmoins, Angelo est d'abord conquis par « une atmosphère fort chevaleresque » (435). Il est entretenu dans l'incompréhension par les réponses vagues de Giuseppe. Les divergences en ce qui concerne l'attitude à adopter en temps de choléra sont le sujet récurrent de leurs conversations. Giuseppe finit par s'impatienter[91] de ce qu'Angelo ne comprenne pas que le choléra est l'allié des révolutionnaires et qu'il leur offre l'occasion de s'emparer du pouvoir. Il leur permet d'imposer leur loi[92], de faire régner l'ordre tel qu'ils le conçoivent et de mettre en place un régime totalitaire qui ne tolère pas la dissidence. Le durcissement des révolutionnaires est dit de façon frappante dans la phrase : « Angelo remarqua leur visage : il se stupéfiait. » (460) La forme pronominale – elle-même stupéfiante – souligne l'action réflexive du verbe et insiste sur cet engourdissement intellectuel qui fait des miliciens endoctrinés des bourreaux zélés. Elle insiste sur le consentement à l'abjection auquel peut mener le fanatisme politique :

> On obéissait au doigt et à l'œil aux miliciens qui mettaient de l'ordre autour de la fontaine. Sur leur figure rougeaude et très matérielle il y avait maintenant une assurance grave, presque spirituelle. (462)

Les hommes de Giuseppe sont sans état d'âme et accomplissent les tâches les plus viles telles que le bannissement d'une femme dont le mari et le fils sont morts du choléra et dont Angelo reconnaîtra plus tard le cadavre dévoré par les charognards ou l'éloignement des victimes « emportées avant même d'être mortes » (462). Dans leur cerveau « stupéfié », l'humanité la plus élémentaire qui consiste dans la solidarité face au mal est considérée comme nuisible et même meurtrière. Giono montre, sans l'expliciter, que la pente de la compromission est la plus simple à emprunter et que les hommes s'y laissent conduire aisément.

La question de la normalité du bourreau et la possibilité que tous les hommes soient des coupables potentiels est également posée par Camus. Le narrateur de *La Peste* parle des « meurtres quotidiens » exécutés avec « la précision et la régularité d'un bon fonctionnaire[93]. » (1412) Revêtir de banalité le monstrueux

---

91 « Qu'est-ce que tu aurais voulu, au fond, dis-le moi une fois pour toutes ? Sais-tu ce que c'est que la part du feu ? » (459)

92 « On parlait beaucoup de lois » (459) ; « Presque tous les soirs une dizaine de miliciens très gros et très rouges se réunissaient […]. » (460)

93 « Il est à noter que Camus prend l'exemple du fonctionnaire qui refuse d'appliquer certains ordres comme exemple de l'homme révolté : « Un fonctionnaire qui a reçu des ordres toute sa vie juge soudain inacceptable un nouveau commandement. Il se dresse et dit *non.* […]. En somme, ce *non* affirme l'existence d'une frontière. » Remarque sur la révolte », *Essais,* p. 1682.

est le tour de force accompli par les Nazis[94]. Quand Hannah Arendt explique le comportement de l'homme effacé, parfaitement médiocre que fut Eichmann[95], elle utilise l'expression « la banalité du mal[96] » pour montrer que le mal n'est pas la propriété des monstres pervers que l'humanité pour se rassurer met à son ban, mais bien celle possible d'hommes insignifiants. Elle montre ainsi que la tentation du Mal est présente en l'homme comme l'est celle du Bien et qu'il revient à l'homme – en fonction de sa capacité à réfléchir par lui-même et en dehors de tout embrigadement mais également par sa capacité à se représenter son devoir – de choisir de faire le Bien ou le Mal.

C'est précisément sur ce point que l'univers camusien entre en opposition avec celui de Giono. Les personnages de *La Peste* ont une idée claire des valeurs qui doivent dicter leur conduite. Camus, parce qu'il croit en l'homme et parce qu'avant d'être le romancier de *La Peste*, il est l'auteur de cet hymne à la résistance de l'homme face à l'infâme que sont les *Lettres à un ami allemand* – fait faire à ses personnages le bon choix. La décision de lutter contre la peste s'impose à eux comme une évidence, comme l'unique possibilité de comportement face au Mal. Quant aux personnages du *Hussard sur le toit*, leur conduite ne relève pas tant d'un choix délibéré que d'une régression instinctive vers un état premier où la règle morale est encore indéfinie. Le mal est leur penchant naturel et ils ne sont coupables que de le laisser s'exprimer. Angelo lui-même ne combat le choléra que pour se mesurer à lui, dans une satisfaction égoïste de se prouver sa valeur non dans un élan véritablement solidaire et fraternel qui lui ferait entrevoir sa qualité d'homme dans l'autre souffrant. C'est pourquoi ce n'est pas à lui qu'il incombe de porter le poids politique du roman mais à Giuseppe. Celui-ci, charmeur, orateur habile, arrive à convaincre

---

94 Hadrien France-Lanord affirme : « […] un des ressorts les plus pervers du *système* concentrationnaire : alors même que ce qui se déroulait tenait de la plus effarante « anormalité », l'organisation nazie a conçu l'extermination dans les camps comme un processus routinier industriellement géré où tout fonctionne sans faire de bruit. » « Notes du traducteur », *L'Infini. Heidegger : le danger en l'être*, été 2006, n° 95, p. 40–65, p. 60.

95 « Eichmann n'était pas stupide, il était inconscient – ce qui n'est pas du tout la même chose – et seule son inconscience lui a permis de devenir un des principaux criminels de son époque. Cela est banal et même comique : avec la meilleure volonté du monde on ne parvient pas à découvrir en Eichmann la moindre intention profondément diabolique ou démoniaque. » *Eichmann à Jérusalem,* Paris, Gallimard, coll. Folio Histoire n° 32, 1991, p. 314.

96 Arendt parle de « […] la terrible, l'indicible, l'impensable banalité du mal. » *Ibid.*, p. 408.

les villageois qu'en situation de crise, ce qui doit primer est « le bon sens » non le « sentiment » (461). Par des paroles lénifiantes empruntées au lexique de la générosité et de l'altruisme, Giuseppe arrive à rendre concevable – et même raisonnable et moral – l'inacceptable collaboration de l'homme au mal qui lui est fait, l'intolérable collusion entre le mal métaphysique et le mal historique, entre le choléra et la révolution. Même si Angelo est un carbonaro convaincu, cette assimilation de la révolution et du choléra annonce sa désillusion future et sa conviction prochaine que la politique est faite de calculs pour servir de basses ambitions non les idéaux auxquels il croit. Dans le monde de Giono, le salut ne peut venir de la politique. Pierre Citron parle des « vertus théâtrales[97] » qu'elle suppose telle qu'elle est conçue par Angelo. De fait, elle n'est qu'un accessoire parmi d'autres – guère plus que d'autres – pour que le romanesque du personnage trouve à s'incarner. En cela réside le pessimisme de l'auteur concernant l'homme en proie au mal qu'il subit – mais qu'il produit tout autant –, l'action même politique étant incapable de le juguler.

Au contraire de Giuseppe, Tarrou refuse que la fin justifie les moyens. Quand l'épidémie le surprend à Oran, il a déjà tiré toutes les leçons de scepticisme que pouvait lui donner la politique. Il ne se fait plus d'illusions sur les raisons réelles qui poussent certains hommes à vouloir la révolution et à finalement réaliser le malheur des hommes et leurs ambitions propres. Angelo – dont la désillusion se fera en Italie dans *Le Bonheur fou* – est encore entretenu, par ses ambitions de libéral et par Giuseppe, dans le leurre que la révolution pourrait enfin rendre le monde moins laid. Il espère réaliser les rêves de noblesse et même de sublime dans l'action politique que lui a transmis sa mère, la duchesse Ezzia Pardi. La lucidité lui viendra loin de la Provence empestée de choléra. Néanmoins, les scrupules qu'il montre à suivre Giuseppe dans la voie du réalisme politique le font marcher dans les pas des personnages de *La Peste* et du plus politisé d'entre eux, Tarrou. Celui-ci refuse de considérer que le mal n'est pas absolu mais relatif et qu'il y aurait des degrés d'implication et de compromission avec la peste ; qu'il y aurait de « grands pestiférés », irrémédiablement condamnables et de « petits pestiférés » qui auraient des raisons de collaborer temporairement avec le fléau[98] – comme le fait Giuseppe dans le roman de Giono. Il considère que

---

97 Pierre Citron, « Notice », *Œuvres romanesques complètes IV*, p. 1305–1370, p. 1350.

98 « Mais je répondais que les grands pestiférés, ceux qui mettent des robes rouges, ont aussi d'excellentes raisons dans ces cas-là, et que si j'admettais les raisons de force majeure et les nécessités invoquées par les petits pestiférés, je ne pourrais pas rejeter celles des grands. » (1424)

son devoir – qui devrait être le devoir de tout homme – est de ne pas ajouter au mal, de toute façon présent dans le monde[99]. Il considère que tout homme est un « meurtrier innocent » (1426) tant il est naturel à chacun de faire le mal. Porter le bacille de la peste est une fatalité parce que tout homme est enclin au mal et le pratique dès lors qu'il exerce contre l'autre la violence qu'il porte en soi. Mais vivre sur ses gardes pour ne pas respirer dans le visage de l'autre et le contaminer est le pacte que tout un chacun doit passer avec soi-même. Dans le monde voulu par Camus, si la nature humaine est mauvaise, le souci moral est un garde-fou et la politique, quand elle est elle-même morale, est un moyen pour lutter contre le mal. Cependant, dans la confession qu'il fait à Rieux et qui lui fait dérouler sa vie qui se résume à ses prises de conscience politiques successives, Tarrou finit par avouer que la politique devient elle-même peste meurtrière quand elle ne se soucie plus de l'homme mais d'efficacité à tout prix. Camus fait endosser à son personnage les doutes qui s'étaient emparé de lui à la Libération et dont, éditorialiste à *Combat*, ses articles se faisaient l'écho. Une fois convaincu que la lutte commune contre le nazisme allait laisser place à une lutte intestine, Camus comprend que la peste n'est pas que brune et qu'elle peut prendre d'autres couleurs politiques. Tarrou dit cette dérive en déplaçant le symbolisme de la peste du fascisme vers la révolution communiste :

> [...] j'ai fait de la politique comme on dit. Je ne voulais pas être un pestiféré, voilà tout. [...] et il n'est pas de pays en Europe dont je n'aie partagé les luttes. [...] J'ai cru que la société où je vivais était celle qui reposait sur la condamnation à mort et qu'en la combattant, je combattrais l'assassinat. [...]. Bien entendu, je savais que, nous aussi, nous prononcions, à l'occasion, des condamnations. Mais on me disait que ces quelques morts étaient nécessaires pour amener un monde où l'on ne tuerait plus personne. [...]. J'ai compris alors que moi, du moins, je n'avais pas cessé d'être un pestiféré pendant toutes ces longues années où pourtant, de toute mon âme, je croyais lutter justement contre la peste. (1423–424)

Tant que l'action politique recourt à la violence, elle est condamnable même si les militants pensent, à l'instar de Tarrou, œuvrer pour le bien. Cette culpabilité malgré soi est ce que le personnage désigne par l'expression « meurtrier innocent ». Elle rappelle un autre oxymore significatif de la préoccupation éthique de l'auteur. Camus qualifie les premiers révolutionnaires russes de 1905 de « meurtriers délicats[100] » parce qu'ils savent que l'exercice de la violence, s'il est

99 « Je sais seulement qu'il faut faire ce qu'il faut pour ne plus être un pestiféré et que c'est là ce qui peut, seul, nous faire espérer la paix, ou une bonne mort à son défaut. » (1425)

100 Titre d'une sous-section de *L'Homme révolté* qui traite de « la révolte historique ».

nécessaire, ne doit pas rester impuni[101]. De même, l'auteur des *Lettres à un ami allemand* précise au destinataire fictif de ses missives que l'usage de la violence par les Résistants n'est justifié que pour contrer une plus grande violence et pour revenir à une paix que tous les hommes – les Allemands autant que les Français – méritent[102]. Dans ce cas, l'usage du mal est celui du moindre mal. Dans *La Peste*, les formations sanitaires sont poussées par le fléau à se montrer aussi implacables que la peste pour mieux la contrer :

> Numéroter les individus, organiser les quarantaines, arracher les malades à leurs familles, accélérer les enterrements. L'abstraction impose l'abstraction, la violence attire la violence. [...]. Désormais, plus personne n'a les mains nettes[103].

Certes, ni Rieux, ni Tarrou ni leurs compagnons de lutte n'ont les mains totalement nettes de même que n'avaient plus les mains nettes ni les Résistants ni les révolutionnaires russes de 1905 parce qu'il suffit de participer à l'Histoire pour se salir les mains – Hoederer le sait bien – mais rien de commun avec la complicité dénuée de scrupule de Giuseppe et la complaisance qu'il met à contribuer au mal. Il est évident que Giono charge son personnage de toutes les infamies dont il pensait les communistes capables à la Libération. Il les jugeait prêts à toutes les compromissions pour s'emparer du pouvoir, « sans grandeur » dans des « temps sans grandeur[104]. »

Pour Giono, l'Histoire est à l'image des hommes qui la font et ceux-ci étant semblables à eux-mêmes, nulle possibilité de rachat pour l'homme et nul espoir de redressement pour l'Histoire. À Jean et Taos Amrouche, il dit son total désenchantement : « Que les aventures se placent en 1832 ou qu'elles se placent en 1952, pour moi c'est exactement pareil[105]. » *Le Hussard sur le toit* décline, avec une satisfaction non dissimulée, les torts d'une humanité enracinée dans le mal et le propageant avec un naturel qui oscille entre bonhomie et machiavélisme selon que le personnage se laisse conduire par ses instincts mauvais ou qu'il en use pour concevoir et construire un monde dans lequel le choléra peut trouver

101 Camus écrit : « Celui qui accepte de mourir, de payer une vie par une vie, quelles que soient ses négations, affirme du même coup une valeur qui le dépasse lui-même en tant qu'individu historique. » *L'Homme révolté, Essais*, p. 579.

102 Dans la quatrième lettre, Camus écrit : « Nous avons été obligés de vous imiter afin de ne pas mourir. » *Lettres à un ami allemand, Essais*, p. 242.

103 Roger Quillot, *La Mer et les prisons. Essai sur Albert Camus,* Paris, Gallimard, « NRF », 1956, p. 166–167.

104 Giono note dans son journal à la date du 3 juillet 1944 : « Temps sans grandeur. » « Journal de l'Occupation », in *Journal, Poèmes, Essais*, p. 454.

105 Entretien n° 22, *Entretiens avec Jean et Taos Amrouche, op.cit.*, p. 300.

des acolytes. Dans *La Peste*, les personnages, conscients qu'il leur incombe de décider du monde dans lequel ils veulent vivre, mais conscients aussi que le combat collectif contre la peste se double de la lutte de chacun contre le bacille dont il est lui-même porteur, livrent cette double bataille avec naturel comme si « faire son métier d'homme » est, au monde, la chose la plus banale. Entre passion pour le Mal et tension vers le Bien, Giono et Camus décident d'une représentation de l'homme.

Chapitre Deuxième Une conception de l'homme

a. La représentation de l'héroïsme

Témoigner pour ou contre l'homme est l'enjeu de *La Peste* autant que celui du *Hussard sur le toit*. Il en résulte que l'image qui est donnée du héros dans sa lutte contre le fléau épidémique devient significative d'une vision de l'homme. Plus le héros est singulier et solitaire, plus l'humanité ordinaire est stigmatisée. Chevalier « sans peur et sans reproche », Angelo est, par ses qualités, une accusation pour l'humanité. Rieux et ses équipes sanitaires démocratisent, au contraire, la notion d'héroïsme. Ce faisant, ils rachètent tous les hommes.

En créant le personnage d'Angelo, Giono illustre de la manière le plus traditionnellement romanesque, cette qualité traditionnellement indispensable du personnage romanesque : l'héroïsme. L'invention d'Angelo Pardi en tant que héros doté de toutes les qualités propices à son élévation à un rang distinctif dans la typologie des personnages, est abondamment commentée par les critiques et par Giono lui-même. Dans *Noé*, l'auteur le décrit comme une apparition se révélant à lui lors de l'un de ses voyages à Marseille, tel « un épi d'or sur son cheval noir[106] ». Il avoue aimer ce personnage dont il parle comme d'une personne : « C'est le long de ce mur qu'un soir j'ai rencontré un personnage qui devait tenir une grande place dans ma vie[107]. » La première phrase du roman : « L'aube surprit Angelo béat et muet mais réveillé. » (240) est commentée par Jacques Chabot de façon à souligner le caractère exceptionnel et cosmique de la « naissance » de ce personnage : « C'est d'un même mouvement que naissent le jour, le monde, le héros et le récit, quand *Le Hussard sur le toit* commence[108]. »

Les modèles ayant servi à l'invention d'Angelo Pardi sont à trouver autant dans la vie de l'auteur que dans ses lectures. Le grand-père paternel, italien,

106 *Noé, Œuvres romanesques complètes* III, p. 717. Giono affirme également dans la « Postface à *Angelo* » : « Comme je l'ai dit dans *Noé*, à cette époque je descendais assez souvent à Marseille. C'était même sur un trottoir du boulevard Baille que m'était apparu brusquement le cavalier d'or sur son cheval noir. » *Œuvres romanesques complètes* IV, p. 1166.

107 Aux Pelous, ses amis marseillais. Cité par Robert Ricatte, « Notice de *Noé* », *Œuvres romanesques complètes* III, p. 1442.

108 Jacques Chabot, « Rondeur du roman » in *Giono, Beau fixe*, Aix-en-Provence, Publications de l'Université de Provence, 2001, p. 239–264, p. 239.

carbonaro, exilé et rebelle est désigné comme l'inspirateur du hussard[109] et un exemple de conduite et de bravoure pour Angelo, lui-même italien, révolutionnaire et forcé à l'exil pour avoir tué en duel un espion au service de l'Autriche : le capitaine Schwartz. L'inspirateur étant, par ses faits d'arme autant que par sa conduite, un personnage éminemment romanesque – ou rendu romanesque par l'imagination de Giono fasciné par son aïeul –, le héros inventé se doit d'être à la hauteur de ce modèle glorieux. Tout aussi glorieux sont les exemples littéraires auxquels Angelo fait penser. Jean-Yves Laurichesse a montré à quel degré de mimétisme de comportement et de sensibilité avec Fabrice del Dongo, arrive le personnage de Giono[110]. Pierre Citron le place plus largement dans la lignée directe de tous les héros de Stendhal[111]. Denis Labouret souligne la maturation du personnage, fruit de « cette lente germination d'un imaginaire personnel informé par la relecture de Stendhal[112] ». Jean-François Durand le tient pour :

> [...] l'individu absolu, la plus belle figure, dans toute la littérature française du XXème siècle, de la grande mélancolie romantique et shakespearienne, [que Giono] combat d'ailleurs par les feux d'artifice stendhaliens de l'ironie[113].

---

109 Plusieurs textes de Giono évoquent ce grand-père dont un écrit en avril 1956 et publié dans *Club* : « : « Mon grand-père, modèle du *Hussard sur le toit* ? », publié dans *Œuvres romanesques complètes* IV, p. 1183–1184 dans lequel Giono affirme : « [...] mon grand-père [...] était un personnage très curieux, extraordinairement cruel, et qui avait été exilé d'Italie. Il avait été condamné à mort par contumace. C'est celui-là que j'ai essayé de retrouver dans *Le Hussard*. » Dans « Le persil », court texte paru dans *La Chasse au bonheur*, Giono précise : « Mon grand-père était carbonaro, il fut condamné à mort par contumace en Italie ; il passa en France, y retrouva le père d'Émile Zola, carbonaro comme lui, avec lequel il travailla au canal d'Aix, dit canal Zola. Mais à ce moment-là éclate le choléra à Alger. Mon grand-père (et le père d'Emile Zola) s'engagent immédiatement comme de simples infirmiers pour aller soigner le choléra d'Alger. Cet engagement était le complément logique de leur sentiment révolutionnaire. » « Le persil », *La Chasse au bonheur*, Gallimard, Folio, 2006, p. 69–70. Cette dernière précision donne à comprendre que pour Angelo également, la lutte contre le choléra est « le complément logique de [son] sentiment révolutionnaire. »

110 Jean-Yves Laurichesse, *Giono et Stendhal, Chemins de lecture et de création,* Aix-en-Provence, Publications de l'Université de Provence, 1994.

111 *Cf.* « Notice générale » in *Œuvres romanesques complètes* IV, p. 1122.

112 Denis Labouret, « Angelo ou le comble du Hussard » in Marc Dambre (dir.), *Les Hussards. Une génération littéraire, op.cit.*, p. 283.

113 Jean-François Durand, *Giono. Le jeu du condottiere*, Aix en Provence, Édisud, 2007, p. 41.

La référence à Stendhal et au sublime explique la qualité d'héroïsme d'Angelo qui n'est pas seulement affaire de courage – voire de témérité – mais de supériorité d'âme et de distinction aristocratique. Jean-Yves Laurichesse affirme :

> L'être habité par le sentiment du sublime échappe au contrôle de la raison, garante de la cohésion du corps social. Il se situe ailleurs, mais cet ailleurs est un au-dessus. Il est fou, mais sa folie atteste qu'il vit dans une vérité personnelle, et non selon la vérité commune[114].

Les valeurs qui commandent le comportement de ce personnage et l'isolent des autres ne se comprendraient pas sans cette filiation. La « folie[115] », la « désinvolture », la « qualité » dont il est continuellement question pour justifier les réactions d'Angelo et sa conduite intrépide sont stendhaliennes. Ce sont ces mêmes termes – qui disent à la fois un état d'esprit et une manière d'être – que le narrateur désigne habituellement par le substantif « générosité ». Ils servent à expliquer à la fois l'héroïsme du personnage – qui est sa manière de souligner sa différence – et son élévation d'âme et de sentiments qui le garde du choléra qui est aussi une épidémie de médiocrité. C'est pourquoi quand Angelo mécontent de lui-même – et cela lui arrive fréquemment tant il craint de n'être pas à la hauteur de l'exigence qu'il s'impose – se livre à un examen de conscience, il utilise un lexique qui entre en contradiction avec l'idéal stendhalien. Il s'accuse d'être « vulgaire » et « bas » (299) et d'insulter ainsi ses qualités de hussard et de gentilhomme. Il pense n'être courageux que pour plaire et éblouir non par nature profonde[116]. De façon constante, reviennent à son esprit ses lectures de l'Arioste. Les comparaisons qu'il établit le laissent amer quant à sa valeur et à la triste époque à laquelle il appartient. Son but est de pouvoir incarner, aux yeux des autres mais surtout à ses propres yeux, ces valeurs chevaleresques sans équivalent dans le monde dans lequel il évolue. Significativement, il associe le choléra aux habitudes de vie et de penser des bourgeois[117]. Jean-François Durand a bien raison de considérer qu'avec Angelo, Giono « campe un autre type d'hommes, les „ hommes de plein air ", porteurs de générosité et de

---

114 Jean-Yves Laurichesse, *Giono et Stendhal, Chemins de lecture et de création, op.cit.*, p. 146.

115 Jean-Yves Laurichesse parle également de « véritable morale de la folie qui guide la conduite d'Angelo. » *Ibid.*, p. 149.

116 Il s'accuse : « Sans témoin tu ne vaux rien, se disait-il. » (299)

117 « Je sais que je vaux plus que tous ces gens qui avaient des positions sociales, à qui on donnait du « monsieur » et qui vont jeter leurs êtres chers au fumier. » (394)

grandeur, de romanesque et de gratuité, comme un écho de la vieille chevalerie condamnée à périr[118]. »

En lançant Angelo sur son cheval dans la Provence infestée, Giono en fait un antidote à la fois à l'épidémie de choléra et à l'épidémie de laideurs, de petitesses et de vilenies tout aussi dévastatrice que la maladie. Il est un fait qu'en luttant contre l'épidémie, Angelo lutte contre une conception étriquée et mesquine de l'existence. Il se détache, pur et lumineux sur une humanité laide et grossière, généreux et intrépide dans un contexte où l'égoïsme et la lâcheté sont considérés comme les meilleures armes contre le fléau. Pierre Citron souligne ce contraste :

> Un fond de ténèbres, celui d'une terrifiante épidémie à la surface de laquelle se développe la moisissure de la médiocrité, de la lâcheté et de la rapacité humaines, mais au-dessus de laquelle se détachent des protagonistes de lumière[119].

Aussi faut-il comprendre l'héroïsme dans *Le Hussard sur le toit* comme le signe caractéristique d'une élite[120]. Pierre Citron toujours parle du roman comme d'un :

> Roman concerto, […], où sur le ripieno de la pourriture et de la déjection continue, clament les voix pures et victorieuses des instruments solistes, des êtres humains dignes de ce nom […][121].

C'est pourquoi il est la marque distinctive d'une aristocratie de naissance et de caractère et le héros se retrouve symboliquement « sur le toit ». Denis Labouret précise :

> […] la position d'Angelo sur les toits […] métaphorise la distance prise à l'égard du vulgaire. […]. Relégué dans un ailleurs temporel (la Monarchie de Juillet) et spatial (les racines italiennes), il appartient aussi à un ailleurs moral[122].

---

118 Jean-François Durand, *Giono. Le jeu du condottiere, op.cit.*, p. 78.

119 Pierre Citron, *Giono, op.cit.*, p. 119.

120 Henri Godard définit l'univers gionien par le « partage de l'humanité entre les gens de "qualité " et les autres. Le clivage se fait, pour l'essentiel, sur le goût ou le besoin qu'ont les premiers d'une action désintéressée et dangereuse, grande – démesurée si possible – et, pour les meilleurs, totalement généreuse. » « *Angelo.* Notice », *Œuvres romanesques complètes* IV, p. 1217.

121 Pierre Citron, « *Le Hussard sur le toit.* Notice », *Œuvres romanesques complètes* IV, p. 1370.

122 Denis Labouret, « Angelo ou le comble du Hussard » in Marc Dambre (dir.), *Les Hussards. Une génération littéraire, op.cit.*, p. 287.

On comprend alors que l'action ne soit pas voulue pour sauver les hommes mais pour se sauver de la médiocrité qui les caractérise. Angelo le sait et le narrateur livre ses pensées lucides sur lui-même, sur les autres et sur l'inanité de l'action accomplie :

> Quand il était sur une place publique déserte, en pleine nuit, dans cette ville si complètement terrorisée que la lâcheté la plus ignoble y paraissait naturelle, seul avec la nonne, que quatre ou cinq cadavres nus étaient alignés dans le rond de leur lanterne et qu'ils lavaient ces cadavres en allant chercher de l'eau à la fontaine il se disait : « On ne peut pas m'accuser d'affectation. Personne ne me voit et ce que je fais est parfaitement inutile. Ils pourriraient aussi bien sales que propres. On ne peut pas m'accuser de chercher la croix. Mais ce que je fais me classe. » (394–395)

L'insistance sur cette distinction élitiste est telle dans beaucoup de romans de Giono, qu'Henri Godard estime nécessaire de remarquer qu'« il y a toujours une ambiguïté dans ces mots de qualité et d'aristocratie : sont-ils pris dans un sens moral, ou dans un sens social[123] ? » Point d'« ambiguïté » pour Angelo, aristocrate de naissance – certes de père inconnu – mais fils de la duchesse Ezzia Pardi qui lui a légué le panache et le sens du sublime qui l'habitent et font de lui un aristocrate « dans un sens moral » et « dans un sens social » soucieux de continuellement le prouver.

Cette attention mise à se singulariser est totalement étrangère aux personnages de *La Peste*. Camus rejette dans ses *Carnets*, de la façon la plus nette, le panache et le gratuit qui peuvent s'attacher à l'acte héroïque :

> Nous ne voulons pas de n'importe quel héros. Les raisons de l'héroïsme sont plus importantes que l'héroïsme lui-même. La valeur de conséquence est donc antérieure à la valeur d'héroïsme[124].

Jacques Chabot dit joliment que « Camus se passionne pour l'imparfait de la condition humaine[125] ». On pourrait aussi bien dire qu'il se passionne pour

123 Henri Godard, *D'un Giono l'autre*, *op.cit.*, p. 137. Godard revient sur cette idée dans la « Notice » sur *Angelo* : « [...] Il faut bien reconnaître que la volonté de faire vivre des âmes généreuses et héroïques n'évite pas toujours, dans *Angelo*, de prendre l'apparence – et d'abord le vocabulaire – d'une théorie de l'élite, voire d'une sorte d'aristocratisme. » p. 1214. Il ajoute : « Le choléra arrache Angelo à la contemplation intérieure, il l'oblige à voir et à écouter autrui, non pas un autrui raffiné comme lui, un alter ego de château et d'évêché, mais un peuple innombrable et anonyme, en proie au fléau. » *Œuvres romanesques complètes* IV, p. 1218.

124 *Carnets II*, p. 189–190.

125 Jacques Chabot, *Albert Camus, « La pensée de midi »*, Aix-en Provence, Édisud, 2002, p. 93.

l'imparfait de l'homme et, pour cette raison, ne crée pas de personnage parfait, c'est-à-dire un héros dans le sens traditionnel d'un personnage paré de toutes les qualités et de toutes les vertus et qui se trouverait, de ce fait, au-dessus ou en dehors de l'humaine condition. Au contraire, il démocratise le concept d'héroïsme en mettant en scène une pluralité de personnages sans procéder à une hiérarchisation claire autre que celle qui fait – a posteriori – de Rieux le personnage central du fait qu'il assume la narration. L'héroïsme, devenu collégial, n'est plus l'apanage d'un personnage que ses qualités élisent. Jacques Le Marinel a bien raison de parler d'une « réinvention » de « la notion de héros » par Camus et d'un « cadre moral[126] » qui lui permet cette redéfinition. Il ne s'agit pour Rieux et ses amis ni d'actions d'éclat ni de se distinguer du commun des hommes par une conduite téméraire ni par un destin tragique ni par quoi que ce soit qui classe le personnage comme exceptionnel. S'ils sont exemplaires, c'est par la rectitude morale qu'ils manifestent dans leur lutte contre le fléau et dans l'insistance qu'ils mettent à signifier la valeur éthique de leur combat, le « cadre moral » dans lequel ils estiment nécessaire de le placer. Le narrateur, autant que les personnages, refusent que le terme « héroïsme » leur soit appliqué, procédant ainsi à un réajustement du sens de leur lutte contre le mal, comme pour effacer de l'esprit du lecteur une représentation figée qui serait une idée romanesque – et dans leur cas inappropriée – de l'action. Tarrou précise – et il peut être considéré comme un porte-parole des autres protagonistes : « Il ne s'agit pas d'héroïsme dans tout cela. Il s'agit d'honnêteté. C'est une idée qui peut faire rire, mais la seule façon de lutter contre la peste, c'est l'honnêteté. » (151) Ce terme, récurrent dans la bouche de ce personnage, signifie l'effort continûment exercé sur soi pour ne pas se laisser aller à faire le mal. Cette tâche de vigilance est mise à la portée de tous. Elle est considérée comme banale et allant de soi pour des hommes convaincus que le mal commun ne peut être combattu que solidairement :

> Ceux qui se dévouèrent aux formations sanitaires n'eurent pas si grand mérite à le faire, en effet, car ils savaient que c'étaient la seule chose à faire et c'est de ne pas s'y décider qui alors eût été incroyable. (1327)

En fait, l'action que tentent de mettre en place Rieux et Tarrou – en même temps qu'ils forment les équipes sanitaires – est guidée non seulement par le souci de l'efficacité mais aussi par la volonté de solidarité fraternelle pour contrer un fléau terrible. Il ne s'agit pas de s'illustrer individuellement mais de rendre le

126 « Héros » in JeanYves Guérin (dir.), *Dictionnaire Albert Camus*, *op.cit.*, p. 372.

monde à nouveau vivable, restaurer le sens perdu dès l'irruption de l'épidémie qui s'attaque autant aux corps qu'aux raisons de croire au sens de l'existence. C'est pourquoi si les personnages de *La Peste* sont des héros, leur héroïsme est à définir en termes de révolte métaphysique. Dans *L'Homme révolté*, Camus affirme :

> La révolte métaphysique est le mouvement par lequel un homme se dresse contre sa condition et la création tout entière. Elle est métaphysique parce qu'elle conteste les fins de l'homme et de la création. L'esclave proteste contre la condition qui lui est faite à l'intérieur de son état ; le révolté métaphysique contre la condition qui lui est faite en tant qu'homme. L'esclave rebelle affirme qu'il y a quelque chose en lui qui n'accepte pas la manière dont son maître le traite ; le révolté métaphysique se déclare frustré par la création[127].

De même que Tarrou est frustré de savoir que tout homme est porteur du mal, frustré par l'énormité des efforts à fournir pour simplement ne pas le propager[128], frustré que l'homme soit défini par sa mort. Dans cette volonté de « soulager les hommes et, sinon les sauver, du moins leur faire le moins de mal possible et même parfois un peu de bien » (1425) réside le véritable héroïsme. Tarrou le résume dans une expression qui a fini par devenir emblématique de l'idéal de Camus dans *La Peste* : « le saint sans Dieu[129] ».

Angelo aussi fait preuve d'un don de soi qui le signale comme un personnage à part dans la foule de personnages qui constitue la toile de fond du roman. Sa générosité est qualifiée par Giono d'« immense, hémorragique[130] ». Mais même s'il se mêle aux malades, même s'il frictionne les corps souillés des agonisants et lave les cadavres avec la nonne, il est toujours plongé en lui-même, essayant de saisir le mouvement intérieur de satisfaction qui lui signifie qu'il n'a pas démérité. À aucun moment le souci de l'autre ne prend le pas sur le petit chatouillement d'orgueil que lui procure la satisfaction de se dire qu'il est différent et meilleur. Clairement, la finalité de Giono n'est pas d'en faire un saint :

---

127 *L'homme révolté*, *Essais*, p. 435.

128 « Je sais seulement qu'il faut faire ce qu'il faut pour ne pas être un pestiféré et que c'est là ce qui peut, seul, nous faire espérer la paix, ou une bonne mort à son défaut. » (1425).

129 « Peut-on être un saint sans Dieu, c'est le seul problème concret que je connaisse aujourd'hui. » (1427).

130 Cité par Pierre Citron, « Notice générale », *Œuvres romanesques complètes* IV, p. 1122.

> Quoi qu'on lui mette entre les mains : argent, pouvoir, femme, il ne se servira de ces outils de bonheur que pour en faire ce qu'il lui donne le plus de bonheur, se dévouer. Ce n'est pas un saint, c'est [un égoïste] un sensuel [...][131].

Le dévouement dans les deux romans ne prend pas le même sens. Rieux en parle de façon fort simple en en faisant le vrai « métier » de l'homme. Camus donne à cette expression son sens le plus concret. Elle vient à l'esprit de Rieux quand, songeant aux images horrifiantes de la peste que rapportent l'histoire et la littérature, il entend le bruit d'une scie venant d'un atelier voisin de son cabinet. Ce bruit d'une activité humble et concrète lui redonne confiance : « Rieux se secoua. Là est la certitude, dans le travail de tous les jours. [...] L'essentiel était de bien faire son métier. » (1250) Cette idée est très présente dans *La Peste* de même qu'elle est centrale dans la pensée de Camus. Elle relève de l'éthique car elle est significative d'une conduite à tenir. Elle dit métaphoriquement la responsabilité qui incombe à l'homme dans un univers débarrassé de la transcendance et où nul secours autre que fraternel et humain n'est à attendre. Aussi « faire son métier d'homme » devient l'expression de cette prise en charge de soi et des autres dans un monde rendu plus clément par l'effort conjugué de tous contre un mal commun fait à l'homme de par sa condition d'homme. Maurice Weyembergh le montre bien :

> Comment se conduire alors, sans la grâce, sans justice claire, lorsque le sacré cosmique reste ambigu et que la révolte risque de déboucher dans la violence ? Comment rendre la philosophie de la mesure et sa recherche de l'équilibre entre des pôles antithétiques plus concrètes ? Je crois que la réponse de Camus consiste à dire de bien faire son métier[132].

Le « métier d'homme » c'est aussi de témoigner pour les hommes, montrer leur dignité dans la souffrance. Le narrateur s'astreint à « l'objectivité[133] » dans la relation qu'il fait des bouleversements que le fléau introduit dans la vie de ses concitoyens mais, malgré cette obligation d'exactitude dans le témoignage, il ne porte pas grand-chose à leur discrédit. Par la manière dont il met en scène leurs actes et leurs paroles, il montre qu'il y a effectivement plus de choses à admirer

131 Ibid., IV, p. 1344.

132 Maurice Weyembergh, « Camus et le problème du sacré » in Hubert Faes et Guy Basset (dirs.), *Camus, la philosophie et le christianisme*, Paris, Les Éditions du Cerf, 2012, p. 55–70, p. 68

133 Mot récurrent sous la plume du narrateur.

en eux que de choses à leur reprocher. Le « métier d'homme » consiste donc à se sentir une solidarité indéfectible avec ses semblables.

Dans *Le Hussard sur le toit*, le « petit médecin français » et la nonne font eux aussi leur « métier d'homme ». Mais la fin que le romancier réserve au premier et la manière dont il a imaginé la seconde laissent transparaître le peu de foi qu'il met dans le secours que l'homme peut apporter à son semblable. La religieuse donne à la tâche qu'elle accomplit un côté burlesque totalement incongru dans le contexte dramatique dans lequel elle officie, s'étant fixé la mission de laver les corps afin qu'ils se présentent propres le jour du Jugement Dernier. Aussi n'est-elle intéressée que par les morts bien morts et ne cherche-t-elle pas à soulager la souffrance des vivants. Elle se met même dans une profonde colère quand elle se rend compte qu'elle a entrepris de nettoyer un cholérique qu'elle pensait décédé et qui ne l'était pas tout à fait. Son « héroïsme » tient à l'abnégation qu'elle met dans la mission qu'elle s'est fixée et dans le fait qu'elle manipule les corps contaminés sans que jamais ne la tourmente la peur de la contagion. Mais ce personnage est l'allié de la mort puisqu'il ne s'occupe que des cadavres – et son héroïsme ne peut être appréhendé que comme un succédané de l'action héroïque non comme une action salvatrice et donc véritablement héroïque. Quant au « petit médecin français », il met dans ses efforts à soigner les cholériques un tel dévouement et dans les soins dérisoires qu'il prodigue un tel acharnement, que son impuissance même – puisqu'il n'arrive pas à sauver ne serait-ce qu'un seul malade – devient héroïque. Il meurt désolé de n'avoir pu être d'aucune aide contre le choléra et devient, de ce fait, une figure hautement humaine et pathétique. Son héroïsme modeste rappelle celui des personnages de *La Peste* – Rieux en particulier, vu leur statut commun de médecin. Un parallèle s'impose quand chacun d'eux tente de communiquer sa force et la vie à un enfant qui agonise, mettant dans le sauvetage d'un innocent toute leur raison d'exister[134]. Mais si Camus donne à Rieux la satisfaction de voir la peste vaincue – même provisoirement –, Giono fait mourir son personnage définitivement inconsolé de n'avoir rien pu faire pour les hommes. La mort de ce personnage, à peine entré dans le récit, vaut condamnation de la part de l'auteur pour une conception aussi humble de l'action. Clairement, Giono ne prévoit pas de place dans son univers romanesque pour un héros aussi ordinaire.

134 À propos de Rieux : « Mais une minute réunies, les pulsations de leurs deux cœurs se désaccordaient, l'enfant lui échappait, et son effort sombrait dans le vide. Il lâchait alors le mince poignet […]. » (1395) Par ailleurs, Rieux est bouleversé à la mort de l'enfant à un point tel qu'il « avait envie de crier encore pour dénouer enfin le nœud violent qui lui broyait le cœur. » (1397)

Cependant, paradoxalement, Angelo si féru de romanesque, de panache et d'actions d'éclat, est marqué durablement par le comportement de celui qu'il appelle avec émotion le « petit médecin français ». Le côté dérisoire – parce que totalement inefficace de sa lutte – rejaillit sur ce qu'Angelo entreprend sous ses ordres. Les deux personnages sont alors des personnages de l'échec. Angelo, tant qu'il n'a pas rencontré Pauline et qu'il ne s'est pas mis à son seul service, continue de vouloir sauver les malades, perpétuant la leçon d'abnégation et de modestie que lui a transmise cet attachant personnage. Quand il retrouve Pauline après l'avoir rencontrée et quittée une première fois, le Hussard se détourne d'une lutte dont il a toujours été convaincu qu'elle était vaine, et, redevenu le chevalier de ses lectures, il se met au seul service de sa Dame, le seul vrai « métier » qu'il se reconnaisse. Giono, rédigeant le roman, se met en garde :

> Le Hussard. Attention. Arrivée de Pauline. Nous aurons désormais un Angelo différent ; sinon différent, déformé. Ce qu'il faisait quand il était seul, il ne le fait plus. Il n'est plus généreux qu'avec Pauline (à creuser) [...][135].

Qu'ils comprennent leur « métier d'homme » comme une disposition à être au service de tous ou d'une seule et en dépit des différences fondamentales entre les deux univers romanesques qui imposent deux conceptions de l'héroïsme aux antipodes l'une de l'autre, la finalité aussi bien pour les personnages de Camus que pour le héros de Giono est le bonheur. Dans le cas de ce dernier, l'association entre l'héroïsme et le bonheur est évidente et donne son sens au roman. Dans le cas de Rieux et de ses camarades, une phrase de *Noces* précise que « faire son métier d'homme » est « l'accomplissement ému d'une condition qui, en certaines circonstances, nous fait un devoir d'être heureux[136]. »

Le médecin du *Hussard sur le toit*, désemparé, supplie : « Attends mon vieux, attends mon vieux, [...], je te la donne, va, je te la donne ma morphine. Attends. Il fouillait dans sa poche. Il tremblait avec tant de hâte [...]. » (286)

135 Note à la date du 25 mai 1949. Cité par Pierre Citron, « *Le Hussard sur le toit*. Notice », *Œuvres romanesques complètes* IV, p. 1343.

136 Camus écrit dans *Noces* : « J'avais fait mon métier d'homme et d'avoir connu la joie tout un long jour ne me semblait pas une réussite exceptionnelle, mais l'accomplissement ému d'une condition qui, en certaines circonstances, nous fait un devoir d'être heureux. » « Noces à Tipasa », *Noces*, *Essais*, p. 60.

b. La question du bonheur

Une question essentielle que posent *La Peste* et *Le Hussard sur le toit* est de savoir si le bonheur est possible dans le contexte épidémique ; si, quand le mal sévit et qu'il impose mort et souffrance, il est admissible de se dire heureux – comme Angelo le proclame – ou, au contraire, si se reconnaître dans l'autre souffrant, comme le font les personnages de *La Peste*, – Rambert en particulier – jette un interdit sur le bonheur. Cette interrogation conduit à un autre questionnement sur ce que « être heureux » signifie. Dans le roman de Giono aussi bien que dans celui de Camus, l'apprentissage du bonheur se fait par le malheur et la souffrance. Les épreuves par lesquelles passent Angelo et les personnages de *La Peste* sont de même nature. Elles les confrontent à la vulnérabilité des corps et à la finitude des hommes. Dans le face à face difficile avec le mal et la manière dont il est envisagé apparaissent les conditions qui décident de la nature du bonheur que les protagonistes imaginent pour eux-mêmes et pour les autres.

Angelo se sait hors de portée du choléra. Son invulnérabilité lui vient du fait qu'il refuse de reconnaître la puissance du mal sur les hommes. Dans le duel qui l'oppose au fléau, il se présente fort de sa conviction que rien ne peut nuire à celui qui sait se tenir hors d'atteinte par une vigilance sans faille contre la peur, la lâcheté, le calcul et la cruauté. À Marguerite Taos qui lui fait remarquer qu'« on dirait qu'il bénéficie d'une immunité », Giono explique :

> Voilà, très exactement, ce qui sauve Angelo. C'est la passion pour l'inutile. Au moment où il soigne, où il se rend utile, il n'a aucun intérêt pour ces soins, il le fait par son tempérament. [...]. Disons que c'est un pessimiste joyeux[137].

L'insouciance d'Angelo est donc constitutive de la joie dans laquelle il évolue tout au long du roman, ignorant l'angoisse et le souci comme si le choléra était, au monde, la chose la plus ordinaire. Dans *La Peste*, Tarrou sait, au contraire, que le mal est en chacun et que tout homme est coupable. On est alors tenté de croire qu'il meurt de la peste pour y avoir trop réfléchi. Il finit par attraper la maladie sous ses deux formes – bubonique et pulmonaire – alors que les statistiques montrent que l'épidémie est en régression. Cette contamination tardive ressemble fort à une sorte de revanche prise par le fléau sur celui qui représentait l'ennemi absolu : celui qui non seulement a lutté obstinément contre l'épidémie mais a longuement réfléchi au sujet du mal. En effet, Tarrou se distingue

137 *Entretiens avec Jean Amrouche et Taos Amrouche*, *op.cit.*, p. 305.

des autres membres des équipes sanitaires par sa connaissance des différentes figures du mal et de la violence qu'il exerce sur l'homme. Ses longues conversations avec Rieux de même que les Carnets qu'il lui laisse à sa mort, témoignent d'une existence éprouvée par cette connaissance. C'est dans la lucidité dont il fait preuve et qui fait de lui une sorte de sage que réside ce qui pourrait tenir lieu pour lui de bonheur : la satisfaction d'avoir cherché à réparer, par la sympathie et la compassion, le meurtre, la souffrance et les divisions qui dressent les hommes les uns contre les autres. Son engagement est médité, prémédité, raisonné. Dans le cas d'Angelo, les actions autant que les réactions témoignent de son caractère impulsif. Quand il est embrigadé par la nonne, il est loin de mesurer ce à quoi il s'engage. Souvent, il agit pour agir, persuadé qu'être dans l'action est l'attitude la moins équivoque en temps de choléra. Angelo a minimisé le mal, l'a ignoré, a pris chacune de ses décisions d'une manière instinctive et parfois naïve et celui-ci s'est détourné de lui. C'est pourquoi en plus de l'épargner, le choléra le rend heureux. Jacques Chabot remarque plaisamment qu'Angelo est « "béat mais réveillé" quand il commence sa saison en Enfer, et " au comble du bonheur " quand il s'en sort, comme si de rien n'était[138]. » De fait, *Le Hussard sur le toit* se ferme sur Angelo en route pour l'Italie, fringant et frais, dans une sorte de virginité première face au monde, aux hommes et au mal qui les régit. À la fin de *La Peste*, dans la ville libérée, Rieux se tient déjà prêt, infatigable vigie, pour le moment où le bacille se réveillera à nouveau. La lucidité ou l'inconscience face au mal décident du sens à donner au bonheur dans chacun des deux romans. Pour Angelo, le bonheur est dans la légèreté qui lui fait traverser la Provence infestée et la quitter avec une égale désinvolture à l'égard des hommes et du fléau qui les frappe. Pour le personnage de Camus et ses camarades de lutte, le bonheur ne se conçoit pas sans la solidarité.

Rambert affirme, après avoir compris qu'il ne pouvait quitter Oran sans se tenir rigueur de cette défection : « Il peut y avoir de la honte à être heureux tout seul. » (1389) Le terme *honte* a une valeur particulière dans le roman. Il apparaît à chaque fois que le personnage sait avoir failli au devoir de solidarité ou qu'il risque de le faire. Quand Tarrou confesse son passé politique, il l'utilise : « Cela fait longtemps que j'ai honte, honte d'avoir été, fût-ce dans la bonne volonté, un meurtrier à mon tour. […]. Oui, j'ai continué d'avoir honte […]. » (1425) La *honte* signifie la solidarité rompue. Dans le contexte du roman, elle s'associe à la solitude, c'est-à-dire au repli égoïste et à la recherche d'un bonheur qui s'accommoderait du malheur des autres. Dans *La Peste*, Camus montre que la

138 Jacques Chabot, *Giono, Beau fixe*, *op.cit.*, p. 12.

solitude est un élément du tragique parce qu'elle ajoute à ce qui fait le malheur des hommes. Angelo, au contraire, est « un solitaire qui ne s'intègre pas[139]. » Pour être heureux, il n'a pas besoin des autres ; pas même de Pauline qu'il quitte le cœur léger pour rejoindre l'Italie des carbonari. Son monde intérieur suffit à son bonheur et le spectacle des horreurs qui l'entourent n'entame pas son enthousiasme. L'élan qui le porte vers la Révolution lui fait considérer l'étape provençale comme une halte – certes forcée – mais terriblement exaltante du moment qu'elle lui donne l'occasion de se prouver qu'il peut faire face à l'adversité de quelque nature qu'elle soit. À ses yeux, le bonheur se confond avec l'aventure. Aussi n'est-il pas étonnant que Giono lui fasse confesser : « Je n'ai jamais été aussi heureux, [...], que lorsque je chevauchais à travers les collines françaises empuanties de choléra[140]. » Mais peut-on, sans *honte*, être heureux du malheur des autres ? Ou du moins heureux quand les autres ne le sont pas ? Le bonheur qu'Angelo avoue n'est-il pas coupable parce qu'il représente une défection dans les rangs d'une humanité censée être unie dans le malheur ? La dernière précision que le récit donne sur le héros insiste sur ce bonheur équivoque parce qu'en quittant la France « au comble du bonheur », Angelo n'a pas terrassé le choléra qui continue à dévaster la Provence. Il ne fait que retrouver la voie de l'aventure révolutionnaire qu'il dut quitter, forcé par l'épidémie à emprunter des chemins de traverse qui lui ont fait rencontrer le choléra et se battre contre lui. Vaincre le choléra n'était donc pas son objectif ni en sauver les hommes rencontrés. Néanmoins, Angelo fut heureux de ce que le malheur lui permît de montrer sa valeur et sa différence. Le narrateur signale, à bien des endroits du récit, cette surprenante bonne humeur au milieu des souffrances et de la laideur : « Il avait le goût de la supériorité et la terreur de l'affectation. Il était heureux. » (395). Angelo lui-même souligne cette particularité de sa nature : « N'ai-je pas été parfois magnifiquement heureux avec ma nonne et souvent au moment même où nous tripotions les cadavres sur toutes les coutures. » (510) Il en tire une conclusion en forme d'évidence : « Je pourrais donc jouir du plus vif bonheur au sein de la lâcheté, du déshonneur et même de la cruauté. » (347) André-Alain Morello parle de « cette prédisposition miraculeuse au bonheur [...][141] » comme d'une preuve de la supériorité du personnage. De toute évidence, les scrupules qui finissent par décider Rambert à continuer

139 Pierre Citron, « Notice générale », *Œuvres romanesques complètes* IV, p. 1124.

140 « Postface à *Angelo* », *Œuvres romanesques complètes* IV, p. 1174.

141 André-Alain Morello, « Dans la mémoire heureuse d'Angelo » in Jean-Yves Laurichesse et Sylvie Vignes (dirs), *Giono. La mémoire à l'œuvre*, Toulouse, Presses Universitaires du Mirail, coll. Essais de littérature, 2009, p. 97–110, p. 102.

de se battre contre la peste dans une ville qui lui est pourtant étrangère et qu'il mit toute son énergie à essayer d'en sortir[142] n'entrent pas dans les considérations d'Angelo.

De fait, dans le monde de *La Peste*, monde de l'altruisme difficile et de la tension pour y parvenir, le repli sur soi est considéré comme une trahison inconcevable en temps de tragédie collective. Camus décline de différentes manières cette nécessaire combinaison entre la solidarité et le bonheur. Au cas de Rambert et plus encore peut-être à celui de Rieux dont la femme part mourir dans un sanatorium, il convient d'appliquer ce que l'auteur dit des Résistants pendant l'Occupation : qu'ils « entretiennent jusqu'à la fin la conscience déchirée du bonheur auquel ils renoncent et du devoir qui va les tuer[143]. » Un dialogue entre Tarrou, Rambert et Rieux permet de les saisir dans la plus grande vulnérabilité, c'est-à-dire dépouillés de ce stoïcisme qui pourrait faire croire, à certains moments, qu'ils seraient surhumains : « Rambert dit qu'il avait encore réfléchi, qu'il continuait à croire ce qu'il croyait, mais que s'il partait, il aurait honte. Cela le gênerait pour aimer celle qu'il avait laissée. » (1389) Rieux réplique « que cela était stupide et qu'il n'y avait pas de honte à préférer le bonheur. » (1389) On comprend que Rieux se projette en Rambert et que l'enjeu de cette discussion est tout intérieur. Rieux, prisonnier dans Oran, est prisonnier du devoir de solidarité qu'il s'impose alors que sa femme meurt seule au loin. Voir Rambert refaire le même raisonnement qu'il s'est peut-être tenu un jour quand le bonheur personnel, égoïste mais tellement humain était encore possible, ravive sa douleur – et peut-être ses remords – de n'avoir pas préféré au bonheur de tous le sien propre. Lui et Tarrou savent quel effort de volonté il faut pour ne pas faillir. Ils ont fait plus de chemin que Rambert sur la voie qui conduit du don total de soi au service des hommes. Ce renoncement est dit de manière à souligner l'importance du sacrifice. Le personnage est mû par une volonté supérieure qui le fait se plier à un impératif moral : « Rien au monde ne vaut qu'on se détourne de ce qu'on aime. Et pourtant je m'en détourne, moi aussi, sans que je puisse savoir pourquoi. » (1389) Pierre-Louis Rey parle de cette soumission au devoir de solidarité en empruntant à Kant le concept d'« impératif catégorique » :

142 « […] il avait pu toucher le directeur du cabinet préfectoral et lui avait dit qu'il n'avait pas de rapport avec Oran, que ce n'était pas son affaire d'y rester, qu'il se trouvait là par accident et qu'il était juste qu'on lui permît de s'en aller […]. » (1287–1288)

143 Camus, « Le parti de la résistance », lettre-préface à *Devant la mort* de Jeanne Héon-Canonne, *Essais*, p. 723.

> Militants de la lutte contre l'oppression totalitaire (si on accepte de lire ainsi la fable de *La Peste*), Rieux, Rambert et les autres ne sont pas tant unis par une solidarité interpersonnelle ou par une claire conscience des priorités que par un sens du devoir qui s'impose à la manière d'un impératif catégorique[144].

Jamais Rieux n'a été aussi loin dans la confidence et jamais il n'a été aussi pathétique. Tarrou, quant à lui, n'est plus au stade des interrogations ni du débat intérieur. La remarque qu'il fait « que si Rambert voulait partager le malheur des hommes, il n'aurait plus de temps pour le bonheur » et qu'« il fallait choisir » (1389), prouve qu'il a déjà choisi. C'est peut-être qu'il a déjà atteint cette « sainteté sans Dieu » à laquelle il aspire. Le ton est grave et les personnages se présentent comme des esclaves du devoir.

En effet, ce souci de l'autre se double, dans *La Peste*, de la conscience aigüe et parfois douloureuse, que l'on se doit autant à soi qu'aux autres et qu'il n'est possible d'être en paix avec soi-même que si tout ce qui est dû à l'autre a été réalisé. Faire le bonheur de l'autre c'est donc s'assurer une chance d'être soi-même en paix avec sa conscience donc digne d'être heureux. C'est ce que Camus appelle dans « La pensée de midi » : « l'individualisme altruiste[145] ». Cet oxymore pourrait résumer le dilemme vécu par les protagonistes de *La Peste* obligés de concilier l'aspiration légitime au bonheur individuel – celui qui se vit dans la sphère privée, singulière à chacun – et l'obligation de solidarité qui les projette dans la sphère publique où chacun se doit aux autres. « L'individualisme altruiste » serait l'expression de la subordination du bonheur individuel au bonheur de tous. C'est ce qui expliquerait la forte récurrence du pronom de la première personne du pluriel dans la chronique que Rieux fait des événements. Or, l'usage de ce pronom dans le contexte où il est utilisé – contexte de lutte contre la mort – pose problème. Vladimir Jankélévitch parle du « paradoxe du *Nous* ». Il pose ainsi la question de la participation de l'autre au sentiment tragique que chacun a de sa propre mort. Est-il possible de parler de *notre* mort quand l'expérience de la mort est essentiellement solitaire dans le sens où elle ne peut être vécue solidairement et partagée ? *Nous* désignerait ainsi une coagulation de solitudes : « La tragédie du *Je* éveille un écho dans le *Nous*, mais le *Nous* renvoie

---

144 Pierre-Louis Rey, « Militants amoureux chez Camus » in JeanYves Guérin (dir.), *Fiction et engagement politique. La représentation du parti et du militant dans le roman et le théâtre du XXème siècle*, Paris, Presses Sorbonne Nouvelle, 2008, p. 169–177, p. 170.

145 « La pensée de midi », *L'Homme révolté, Essais*, p. 681–709.

sans cesse à l'expérience solitaire du *Je*[146]. » Le philosophe parle de « solitudes parallèles, chacune sur soi refermée en son soliloque comme dans une ville assiégée[147]. » Cette comparaison pourrait renvoyer à la situation qui prévaut autant à Oran qu'en Provence. Mais si, dans le roman de Giono, ces solitudes restent en effet parallèles en ne se rejoignant pas, dans le roman de Camus, une camaraderie se crée qui est un compagnonnage dans le malheur. « L'individualisme altruiste » dont parle Camus pourrait alors se comprendre comme l'effort fait sur soi pour se donner, malgré l'angoisse métaphysique qui isole et torture, la force de penser encore à l'autre, de le rejoindre dans sa solitude et de l'en sortir en créant des conditions de vie et de bonheur communes. Ce que Jankélévitch présente comme une gageure[148], affirmant que « La tragédie du *Je* éveille un écho dans le *Nous*, mais le *Nous* renvoie sans cesse à l'expérience solitaire du *Je* », Camus le rend possible dans *La Peste*.

Mais si l'univers créé par Camus est exemplaire, il n'est pas surhumain. C'est d'ailleurs ce qui fait sa grandeur. L'abnégation dont les personnages font preuve s'accompagne de souffrance. Une phrase particulièrement le montre. À la mort de Tarrou et de sa femme, Rieux est accablé : « Depuis des mois et depuis deux jours, c'était la même douleur qui continuait. » (1460) Ces « mois » sont ceux de la peste et de la douleur qui a été le lot de tous. Les « deux jours » sont ceux où il voit son ami mourir et où il reçoit le télégramme qui lui apprend le décès de sa femme. La souffrance intime est comme incorporée dans la souffrance collective. Mais ni l'effort de compassion ni la sympathie n'adoucissent le drame personnel. La précision temporelle « depuis deux jours » signale une saillance dans le temps, le redoublement d'une douleur par une autre. Rieux est le réceptacle de la souffrance de tous ceux qu'il a vu mourir, de tous ceux que son métier de médecin préconisant la quarantaine a dû séparer. Son malheur ne l'étonne pas mais l'accable. Le drame personnel s'ajoute à la tragédie collective. Il ne s'y fond pas mais le malheur individuel ne fait pas non plus oublier la souffrance de l'autre. C'est ce dilemme douloureux et insoluble – totalement absent du *Hussard sur le toit* – qui fait tout le poids d'humanité des personnages de *La Peste*.

De manière récurrente, le récit montre que la souffrance intime, personnelle, permet la compassion et aide de ce fait à la cohésion sociale. L'élan vers

146 Vladimir Jankélévitch, *La Mort*, Paris, Flammarion, coll. Champs Essais, 1977, p. 27–28.

147 *Loc.cit.*

148 *Ibid.*, p. 28.

l'autre qui consiste à lui reconnaître les mêmes douleurs et les mêmes bonheurs[149] contribue à garder à la ville d'Oran une structure sociale qui résiste à la panique contrairement à ce qui advient dans la Provence de Giono. En effet, celui-ci insiste sur le délitement de toutes les structures, le relâchement de tous les liens mêmes ceux du sang et de la parenté la plus étroite. Or, la solidarité garde non seulement humain mais également social. Si, dans la Provence frappée par le choléra, le fléau semble invincible c'est parce qu'il est secondé, dans la dévastation qu'il accomplit, par les réactions qu'il éveille. Dans *Le Hussard sur le toit*, le choléra crée une situation de désarroi qui fait de la peur – et donc du rejet de l'autre dont on se méfie et qu'on évite et dont, par voie de conséquence, le bonheur importe peu – un élément destructeur de civilité et de civilisation. Les animaux redevenus sauvages sont la représentation métaphorique de cette régression. La pérennité de la vie sociale exige le respect d'une éthique de l'altérité. Songer au bonheur de l'autre et le faire passer avant le sien est, évidemment, dans ce contexte totalement illusoire. Même si l'« individualisme altruiste » peut également qualifier le comportement d'Angelo lors du choléra, d'évidence, il n'est pas de même nature que celui qui dicte aux personnages de Camus leur conduite. La responsabilité n'y a aucune part. Quand Angelo rencontre Pauline et qu'il décide de l'escorter jusqu'au château de Théus, il ne se sent plus d'obligation qu'envers elle, contrairement à Rieux qui se sépare de sa femme et ne quitte pas la ville ou Rambert qui renonce à rejoindre la sienne. Dans le cas d'Angelo, le mouvement solidaire est spontané et volontiers accompli si la quête du bonheur n'est pas entravée. Le souci de l'autre est aliéné au souci de soi. Bien plus, la manière dont le héros conçoit l'altruisme le sépare des autres plutôt qu'il ne l'en rapproche. Quand, au gré des circonstances, il se met au service des hommes et des femmes que le hasard lui fait rencontrer, c'est paradoxalement pour mieux se désolidariser d'eux : il fait le bien pour se démarquer de tous ceux que le choléra rend encore plus cruels et intéressés ; il est généreux pour mieux mettre en évidence leur égoïsme ; il est intrépide pour mieux mépriser leur peur. L'élan solidaire est certes spontané et sincère mais le regard est trop clairvoyant pour vouloir – ou même pouvoir – s'aveugler sur la nature de l'homme. Giono veille à ce que transparaisse dans l'excellence de son héros – exception éblouissante dans l'imperfection générale – la petitesse

149 Le narrateur constate : « C'est ainsi, par exemple, qu'un sentiment aussi individuel que celui de la séparation d'avec un être aimé devint soudain, dès les premières semaines, celui de tout un peuple, et, avec la peur, la souffrance principale de ce long temps d'exil. » (1273).

de la commune humanité. C'est cet écart entre les autres et lui – que chacune de ses actions creuse un peu plus – qui rend Angelo heureux. Le résultat de son action importe moins à ses yeux que la prouesse accomplie. Aussi ne cherche-t-il pas tant à soulager qu'à agir. Peu importe pour lui s'il s'agit de laver des morts ou de secourir des malades. Les circonstances et les acolytes – nonne ou médecin – décident de l'action à mener. Dans tous les cas, il s'agit de se montrer brave. Car, pour Angelo, se porter au secours de l'autre est l'occasion d'appliquer les leçons d'héroïsme apprises dans l'Arioste. À ses yeux, le bonheur ne se mérite que quand le modèle chevaleresque tant convoité est imité. La part de représentation et de panache qui caractérise les actions accomplies consolide la joie ressentie à se distinguer. C'est aussi, pour Angelo, le moyen de se préserver de ce que Julia Kristeva nomme les « pouvoirs de l'horreur[150] ». Le héros, assailli par l'abjection que représentent la dépravation des cœurs et la souillure des corps, se réfugie dans le monde de ses lectures, dépassant l'ici et le maintenant régis par « l'horreur » pour un monde autre où il est un chevalier « sans peur et sans reproche », pur et inaccessible au mal, projeté dans un univers où l'abjection est inconcevable. Le comportement d'Angelo face au choléra donne raison à Julia Kristeva quand elle affirme que le sublime peut représenter un moyen de se préserver de l'abject :

> Aussitôt que je le perçois, que je le nomme, le sublime déclenche – il a toujours déclenché – une cascade de perceptions et de mots qui élargissent la mémoire à l'infini. J'oublie alors le point de départ et me trouve portée dans un univers second, décalée de celui où « je » suis : délectation et perte. Non pas en deçà mais toujours avec et à travers la perception et les mots, le sublime est « en plus » qui nous enfle, qui nous excède et nous fait être à la fois « ici », jetés, et « là », autres et éclatants[151].

Si donc il est possible d'appliquer à Angelo l'expression de Camus : « individualisme altruiste », il faut la nuancer de la précision que *l'individualisme* y tient beaucoup plus de place que *l'altruisme*. Quand l'exigence de bonheur peut se concilier avec le secours porté à l'autre, alors la morale est sauve ! Mais, dans le cas contraire et malgré ce que dit Rambert, il n'y a pas de « honte à être heureux tout seul » pour le héros de Giono.

Dans une optique totalement inverse, neutraliser le mal est la condition *sine qua non* du bonheur dans le monde de Camus. Aussi la priorité absolue est-elle

---

150 Du titre de son essai *Pouvoirs de l'horreur. Essai sur l'abjection*, Paris, Le Seuil, coll. Tel Quel, 1980.

151 *Ibid.*, p. 19.

de sauver les corps, de les disputer à la maladie et à la mort. Ce n'est pas sans raison que le narrateur se révèle être Rieux et que celui-ci est médecin. Tarrou affirme :

> [...] il y a les fléaux et les victimes, et rien de plus [...]. Il faudrait, bien sûr, qu'il y eût une troisième catégorie, celle des vrais médecins, mais c'est un fait qu'on n'en rencontre pas beaucoup et que ce doit être difficile. (1426)

Or, Tarrou est ce personnage pour qui l'homme accompli serait le « saint sans Dieu ». Cette « troisième catégorie » serait ce qui approcherait le plus de la sainteté laïque tant convoitée et le médecin serait le modèle le moins imparfait du « saint sans Dieu ». Dans la clausule, Rieux parle de « tous les hommes qui, ne pouvant être des saints et refusant d'admettre les fléaux, s'efforcent cependant d'être des médecins. » (1474) Dans une note des *Carnets*, Camus affirme :

> « Sens de mon œuvre : Tant d'hommes sont privés de la grâce. Comment vivre sans la grâce ? Il faut bien s'y mettre et faire ce que le Christianisme n'a jamais fait : s'occuper des damnés[152]. »

Ces damnés sont donc les pestiférés donc tous les hommes puisque le mal est en tout homme et que le microbe est la règle[153]. Le médecin, en soignant les malades, ambitionne d'assurer aux hommes le salut en dehors de la grâce, c'est-à-dire le bonheur sur terre par le plaisir des corps. Sauver les hommes – parfois malgré eux à l'image des tentatives avortées de Grand auprès de Cottard – est une entreprise hardie parce qu'elle contrarie une création que Dieu a faite porteuse du mal et subissant ce mal. C'est pourquoi le père Paneloux malade et mourant refuse l'aide de Rieux. En faisant appel à un médecin, il contrarierait la volonté de Dieu qui est de répondre au péché par le châtiment. Être un « vrai médecin » ou « un saint sans Dieu » consiste à vouloir redresser une Création dans laquelle le mal est la règle. Cela mène également à instituer un ordre humain qui contrarierait le projet divin. En cela, la lutte menée contre la peste est l'expression de la plus haute révolte. Tarrou en attend « la paix » c'est-à-dire la satisfaction de ne s'être pas mêlé aux « fléaux », aux meurtriers, et de n'avoir

---

152 *Carnets II*, p. 129–130.

153 Tarrou dit bien que « Ce qui est naturel, c'est le microbe. Le reste, la santé, l'intégrité, la pureté, si vous voulez, c'est un effet de la volonté et d'une volonté qui ne doit jamais s'arrêter. » (1426)

pas ajouté au malheur des hommes[154]. La paix serait ici un succédané du bonheur. À la fin de l'épidémie, le narrateur commente les réactions des Oranais libérés de la peste et distingue ceux qui

> comme Tarrou peut-être, avaient désiré la réunion avec quelque chose qu'ils ne pouvaient pas définir, mais qui leur paraissait le seul bien désirable. Et faute d'un autre nom, ils l'appelaient quelquefois la paix. (1466)

Parler de « paix » pour ne pas utiliser le terme de « bonheur » est dans la logique d'un récit dans lequel l'écriture est euphémique par respect pour les souffrances endurées. Par ailleurs, la satisfaction que le « vrai médecin » tire du devoir accompli, celui d'avoir fait son « métier d'homme », est ce qui suffit à son bonheur. Jacqueline Lévi-Valensi parle d'une « sorte d'instinct moral[155] » qui pousse Rieux, dans la plus grande abnégation, à lutter contre le fléau aux dépens de ce que, habituellement, tout homme recherche : le bonheur personnel. Saint ou médecin, il s'agit de vaincre en soi les limites d'une nature humaine dont le mouvement premier est égoïste et faire en sorte de ne pas succomber – dans le sens fort de mourir comme Tarrou – des suites d'un altruisme trop dédaigneux du bonheur personnel de l'individu. Tzvétan Todorov commentant « le siècle de Primo Levi » affirme que « qui est tenté par la sainteté risque de perdre la vie[156]. » Tarrou meurt, en effet. Rieux survit à son ami et à sa femme, satisfait certes d'avoir été à la hauteur de son « métier d'homme », heureux du bonheur de la foule en liesse mais seul et désemparé. Pour lui, l'au-delà du roman est facilement imaginable : il est de ces personnages pour qui la lutte pour les hommes et contre le bacille de la peste n'a pas de fin ; de ceux qui, trop lucides, ne connaîtront jamais qu'un bonheur qu'ils savent constamment menacé.

Dans *La Peste*, le geste altruiste est le moyen de se mettre en règle avec sa conscience. Dans *Le Hussard sur le toit*, il procède d'une volonté égotiste et

---

154 « C'est pourquoi j'ai décidé de me mettre du côté des victimes, en toute occasion, pour limiter les dégâts. Au milieu d'elles, je peux du moins chercher comment on arrive à la troisième catégorie, c'est-à-dire à la paix. » (1426–1427)

155 Jacqueline Lévi-Valensi : « C'est une sorte d'instinct moral qui le pousse à se détourner de ce qu'il aime, pour se vouer généreusement, à guérir ou à préserver ce qui, de l'homme, peut être sauvé. » *« La Peste » d'Albert Camus*, *op.cit.*, p. 103.

156 Tzvétan Todorov : « […] le mal extrême est fréquent ; le mal ordinaire omniprésent. Non seulement le combat universel mais même la compassion universelle est impossible, sauf aux saints : "Si nous devions et pouvions souffrir les souffrances de tous, nous ne pourrions pas vivre", écrit Levi. Qui est tenté par la sainteté risque de perdre la vie. » « Le siècle de Primo Levi » in *Mémoire du mal, tentation du bien. Enquête sur le siècle*, Paris, Robert Laffont, 2000, p. 202.

finalement égoïste. Dans tous les cas, le bonheur des personnages en dépend parce qu'il reflète pour chacun le degré d'estime de soi auquel il veut se tenir. Cependant, si la réalisation du bonheur oblige les personnages de Camus à la solidarité fraternelle qui est l'exact contraire du vertige nihiliste - destructeur de soi et des autres -, Giono soumet les siens à la nécessité de vaincre l'ennui quelles que soient les conséquences qui pourraient en résulter pour soi et pour les autres.

c. La tentation nihiliste

Ennui et absurde sont, successivement dans l'œuvre de Giono et dans celle de Camus, la pierre angulaire, le fondement de toute leur pensée. Ils ont partie liée avec le nihilisme. Aussi la question du mal - plus précisément celle de l'imagination du mal quand il s'agit de céder ou de résister au nihilisme - induit-elle, dans *Le Hussard sur le toit*, une corrélation entre l'ennui et le nihilisme et, dans *La Peste*, une relation entre le nihilisme et l'absurde.

Giono définit l'homme comme « un animal avec une capacité d'ennui[157] ». C'est dire que les limites ontologiques mais également sociales imparties à l'homme le mettent dans des conditions de frustration qui le poussent à vouloir trouver une échappatoire - à défaut d'un remède - à l'angoisse d'exister ou, plus prosaïquement, à la monotonie d'une vie étriquée. Car, l'ennui étant consubstantiel à l'homme, nul n'y échappe. Le besoin de s'y soustraire peut pousser les personnages de la fiction gionienne aux extrémités les plus audacieuses ; souvent les plus sanglantes car rien ne divertit autant que le « théâtre du sang[158] », expression dans laquelle Giono résume la fascination de ses personnages pour les divertissements qui font d'autrui et de soi-même une proie ou un prédateur possibles, à l'image de Langlois dans *Un roi sans divertissement.* Le narrateur du *Moulin de Pologne* après avoir montré les mille petites mesquineries - criminelles à leur manière - dont ses concitoyens sont capables, finit par en donner la raison : « la méchanceté qui nous est naturelle ici, à nous qui vivons dans un pays ennuyeux. »

Le lien est explicitement établi entre le mal moral et l'ennui. Dans *Le Hussard sur le toit*, le choléra tient lieu de divertissement suprême pour les cholériques qui ont compris qu'il est, pour eux, l'occasion d'une apothéose que la mort leur offre et que la vie rangée qu'ils ont menée ne leur laissait pas le loisir d'imaginer.

---

157 *Entretiens avec Jean Amrouche et Taos Amrouche*, *op.cit.*, p. 58.

158 « Le sang est le plus beau théâtre », dit Marceau dans *Deux cavaliers de l'orage*, *Œuvres romanesques complètes* VI, p. 180.

Dans le cas d'Angelo, la Provence infestée devient le cadre spatio-temporel dans lequel le sublime, par l'imitation des chevaliers de l'Arioste, peut s'exprimer. Or, le sublime est le meilleur antidote à l'ennui. Jean-François Durand précise :

> [...] l'ennui dont Giono prend soin de noter, en citant Pascal, qu'il n'est pas autre chose que l'absence de divertissement, mais aussi l'absence de grandeur, d'aventure, ou encore de cette dimension du sublime si essentielle dans toute vie humaine réussie[159].

« Cette dimension du sublime », le romancier en a besoin autant que son personnage car il est le premier de ces hommes que l'ennui tarabuste. Marcel Neveux parle du « rôle de diversion que joue l'écriture chez Giono et la présence constante dans la thermodynamique de la création, de cette source froide qu'est l'ennui[160]. » Ainsi, l'œuvre naît de la nécessité de tromper l'ennui et fait de l'ennui une thématique centrale de l'œuvre qu'il a fait naître. Le créateur autant que ses créatures font usage d'une faculté – elle aussi comme l'ennui propre à l'homme : l'imagination. *Noé* raconte superbement cette fabrique du texte dans laquelle l'imagination crée des mondes et des hommes et fait du romancier un démiurge sur lequel l'ennui n'a plus de prise. Aussi l'imagination est-elle, pour Giono, la faculté créatrice par excellence. Elle est également ce qui permet à l'artiste de transcender la condition humaine en se faisant l'égal du créateur et en vainquant, d'une certaine manière, la mort donc le mal.

Pour Camus, l'imagination ne divertit pas – dans le sens premier de détourner. Au contraire, elle oblige à la vigilance. Elle est une disposition de l'homme qui le rend plus humain. Elle donne chair aux souffrances subies et, en leur donnant une épaisseur concrète, elle fait de la solidarité une obligation morale. Ainsi, à la même période où il écrit *La Peste*, il arrive à Camus d'utiliser ce terme dans les éditoriaux de *Combat* dont il est le rédacteur en chef à la Libération pour appeler les Français à un devoir de mémoire, de reconnaissance et d'empathie. Parlant des déportés, toujours retenus dans les camps allemands malgré la fin de la guerre, il écrit à l'occasion de la « Semaine de l'Absent » :

> Que du moins cette semaine, que « notre semaine », ne nous fasse pas oublier « leurs » années. Qu'elle nous enseigne à ne pas les aimer d'un amour médiocre, qu'elle nous donne la mémoire et l'imagination qui seules peuvent nous rendre dignes d'eux[161].

---

159 Jean-François Durand, *Giono. Le jeu du condottiere*, *op.cit.*, p. 224.

160 Marcel Neveux, « Le romanesque de Giono » in *Giono romancier*, Aix-en-Provence, Publications de l'Université de Provence, 1999, p. 393–399, p. 395.

161 Article daté du 22 décembre 1944, *Actuelles I*, *Essais*, p. 300.

L'imagination permet une appréhension concrète du mal qui, sinon, resterait abstrait, c'est-à-dire inimaginable dans le sens de inatteignable par l'esprit donc hors de portée et, de ce fait, tenu hors de la sphère de l'action. Pour combattre le mal et aider les hommes, il faut commencer par les faire exister en leur donnant par l'imagination devenue synonyme d'identification et de compassion, la consistance de chair et de sentiments dans laquelle tout homme se reconnaît. Pour illustrer cette conception d'une imagination humanisante, le narrateur de *La Peste* l'attribue à Rieux que son métier de médecin oblige à la confrontation continue avec la maladie et avec la souffrance. Car, pour prendre vraiment soin des hommes, il faut d'abord se reconnaître avec eux une commune fragilité : « Quand on est médecin, on s'est fait une idée de la douleur et on a un peu d'imagination » (1248) dit le narrateur de Camus. Il ne s'agit donc pas de l'imagination telle que la comprend Giono. Elle ne crée pas un monde pour s'y réfugier de la lourdeur et des souffrances du réel mais, au contraire, pour montrer la voie vers des solutions qui rendraient ce réel plus clément pour l'homme. Rieux, d'abord épouvanté par la seule pensée d'Oran attaquée par la peste, finit par se ressaisir :

> Ce qu'il fallait faire, c'était reconnaître clairement ce qui devait être reconnu, chasser enfin les ombres inutiles et prendre les mesures qui convenaient. Ensuite, la peste s'arrêterait parce que la peste ne s'imaginait pas ou s'imaginait faussement. (1250)

Le sens du verbe « s'imaginer », dans ces des deux occurrences, implique l'occultation des faits « vrais ». Or, faire face au mal nécessite la mobilisation non la fuite que signifie ici ce verbe. C'est pourquoi dans cette séquence, « s'arrêter » et « s'imaginer » entrent dans une relation de sens antithétique. À l'opposé de l'imagination qui devait porter les lecteurs de *Combat* à se mobiliser pour faire libérer les prisonniers des camps, l'imagination dont Rieux craint les effets sur ses concitoyens ne peut qu'inhiber leur résistance au souvenir des pestes que les hommes, au long de leur histoire, ont subies et que l'imagination des poètes a amplifiées au point de les mythifier et de décourager les velléités de lutte :

> On pouvait imaginer les bûchers rougeoyants devant l'eau tranquille et sombre, les combats de torches dans la nuit crépitante d'étincelles et d'épaisses vapeurs empoisonnées montant vers le ciel attentif. On pouvait craindre… (1250)

« Craindre » devient, si l'imagination est mal employée, le corollaire d'« imaginer ». Or, baisser les bras signifie, pour Camus, céder au nihilisme.

Camus désigne le nihilisme – c'est-à-dire « la négation de toute transcendance divine ou morale et le rejet des hiérarchies de valeurs » selon la définition qu'en donne Maurice Weyembergh[162] – par le mot qui reste le plus attaché à sa pensée : l'absurde. Dans *Le Mythe de Sisyphe*, il en donne cette définition : « L'absurde naît de la confrontation de l'appel humain et du silence déraisonnable du monde[163]. » Cet « appel » – qui est essentiellement le besoin de réponses à l'énigme du mal – trouve son illustration dans *La Peste*. Du Camus de la Résistance et de l'immédiat après-guerre donc de celui qui écrit *La Peste*, JeanYves Guérin dit :

> Dès cette époque, Camus se pose les grandes questions qui ne cesseront de le hanter : comment sortir d'une culture de guerre ? Comment ne pas devenir le double de l'adversaire ? Comment éviter une montée aux extrêmes qui promet le pire[164] ?

Toutes ces questions trouvent une illustration dans *La Peste*. Elles pourraient se résumer en une seule : comment dépasser l'absurde ? Il ne s'agit plus pour Camus de créer des personnages qui, tels Caligula ou Martha cèdent au vertige du mal, mais de faire de Rieux et de ses camarades de lutte des éclaireurs sur la voie de la révolte. De fait, *La Peste* est l'œuvre par laquelle se fait le passage d'un cycle à l'autre de la production camusienne : de l'absurde à la révolte, de la participation au mal à la lutte contre le mal.

Dans *Le Hussard sur le toit*, cette lutte se fait sur deux modes aux antipodes l'un de l'autre : l'un, majeur, est le sublime qui permet à Angelo de transcender l'ennui, l'autre, mineur, est le grotesque[165] dont le personnage de la nonne est particulièrement représentatif. Après avoir été sous son commandement quelque temps, le hussard finit par s'avouer : « De toute façon c'était vrai, il avait perdu son temps avec la nonne. Il le pensait. On ne fait pas toujours ce qui est raisonnable. » (406) La dernière phrase est révélatrice du caractère déraisonnable – dans le sens d'absurde – de ce que la nonne, personnage extravagant et grotesque s'il en est, a entrepris de faire tout le temps que dure l'épidémie. Mais elle est également l'aveu qu'Angelo a été lui-même, pour un temps, contaminé par l'absurde. Cette conscience qu'il a, à la fois du grotesque et du tragique des situations qu'il vit, valide ce que Rémi Astruc démontre dans *Le Renouveau du*

---

162 « Nihilisme » in JeanYves Guérin (dir.), *Dictionnaire Albert Camus, op.cit.*, p. 608.

163 *Le Mythe de Sisyphe, Essais*, p. 117–118.

164 « Camus, philosophe pour classes terminales ? » in Anne-Marie Amiot et Jean-François Mattéi (dirs.), *Albert Camus et la philosophie*, Paris, PUF, coll. Thémis philosophie, 1997, p. 85–99, p. 88.

165 Philippe Arnaud consacre un article à l'étude de cet aspect du roman : « Angelo entre la Belle et la Bête. (Remarques sur le grotesque dans *Le Hussard sur le toit*), *Bulletin des amis de Jean Giono*, n° 41, Printemps-Été 1994, p. 46–55.

grotesque dans le roman du XXe siècle. Essai d'anthropologie littéraire quand il affirme que grotesque et absurde sont liés. Ils sont, selon lui, « issu[s] d'une prise de conscience relativement semblable : celle du divorce entre l'homme et son monde, de la non correspondance pour cet homme entre ce qu'il est et ce qu'il sent[166]. » Mais il affirme qu'à la différence de « la sensibilité absurde », la « sensibilité grotesque » dépasse l'angoisse existentielle et l'inconfort intellectuel qu'elle engendre pour une attitude de « *détachement* par rapport à l'horreur dans laquelle s'abîme l'homme de l'absurde[167]. » De fait, à la différence de l'univers de *La Peste* caractérisé par le sérieux de personnages pour qui la lutte contre l'épidémie est une mobilisation de tous les instants, le monde du *Hussard sur le toit* se donne à lire comme une tragédie racontée à la manière d'une farce. Une distance est prise par rapport aux événements – à la fois de la part du narrateur et de son héros – qui oppose au malheur, à la souffrance et à la mort un rire qui ne laisse pas d'interloquer parfois.

Le *détachement* dont parle Rémi Astruc est, dans le roman de Giono, significatif de ce dépassement de l'ennui auquel aspirent l'auteur et son personnage. Il caractérise aussi bien la légèreté avec laquelle le narrateur raconte et décrit les ravages du choléra que la légèreté d'Angelo, caracolant parmi les cadavres. Celui-ci, bien que présent par son corps dans la Provence infestée, en est très loin par l'esprit, et déjà en Italie, où l'attendent la révolution et ses camarades carbonari. C'est ce même *détachement* – qui donne à tout le roman le ton léger qui le caractérise – qui pourrait être choquant si, en effet, le comique engendré par les situations dramatiques produites par le choléra n'était pas une façon, aussi empreinte de tragique que l'absurde, de répondre au mal fait aux hommes[168]. Car le grotesque permet de se libérer de la pensée – qui contraint et asservit – que nulle issue n'est possible dans un monde régi par l'arbitraire et la mort. Au contraire de l'univers absurde qui est celui de l'enfermement et des

---

166 Rémi Astruc, *Le Renouveau du grotesque dans le roman du XXe siècle. Essai d'anthropologie littéraire*, Paris, Éditions Classiques Garnier, 2010, p. 81.

167 *Loc.cit.*

168 Rémi Astruc précise : « En effet, le grotesque paraît avoir pour vocation d'être cette “circonstance” où peut se dessiner cette limite absolue, à laquelle doit s'affronter le sujet afin de pouvoir lui-même se positionner et exister. Cette limite de l'humain, dans le grotesque, est ce que l'on pourrait appeler par commodité “le mal”. Derrière ce mot se cache en fait l'ensemble des puissances destructrices qui s'expriment dans le monde et sur lesquelles les individus n'ont, autrement, pas de prise. », *Ibid.*, p. 91.

« murs[169] », le monde grotesque permet une liberté qui est celle de l'esprit dégagé des pesanteurs du tragique. Rémi Astruc affirme encore :

> En effet, le sentiment absurde fige l'homme dans un présent quasi-carcéral dont il est impensable de s'arracher sauf par la violence de la révolte et en particulier par la mort volontaire. Ce n'est absolument pas le cas pour le sentiment grotesque qui opère une transmutation du mal-être du présent jusque dans un ailleurs – le monde grotesque – où toutes les données sont changées, où les impasses existentielles, notamment, ont perdu de leur réalité implacable et où l'espoir est en quelque sorte permis[170].

Néanmoins, dans le cas de *La Peste* et du *Hussard sur le toit*, c'est le monde camusien qui permet un espoir que le roman de Giono interdit. En effet, dans l'œuvre de Camus, la révolte représente une issue à l'absurde et donc une victoire sur le nihilisme puisqu'il n'y a révolte que s'il y a rétablissement des valeurs. Mais le grotesque qui est censé, selon Astruc, servir de parade au nihilisme, ne joue pas ce rôle dans le roman de Giono. « Les impasses existentielles » persistent. Le romancier dit de son héros : « C'est un optimiste qui devient optimiste écœuré, puis enfin pessimiste[171] ». Rieux, au contraire, même s'il sait que « le bacille de la peste ne meurt jamais » se réjouit de la trêve qui est donnée aux hommes et se tient prêt pour les combats futurs. Il est ce Sisyphe heureux sur lequel se referme *Le Mythe de Sisyphe*. Heureux non seulement d'avoir provisoirement vaincu le mal mais parce qu'il sait que l'homme est capable de dignité malgré toutes ses infirmités. *Le Bonheur fou* montrera qu'Angelo laissera rouler son rocher au bas de la montagne, « écœuré » que la révolution lui confirme ce que le choléra lui a appris sur ses congénères. Ce défaitisme qui finit par gagner le personnage permet de vérifier à propos du *Hussard sur le toit* ce que Christine Rannaud affirme de l'ensemble de l'œuvre du romancier quand elle parle du « nihilisme latent qui est l'un des possibles où s'enracine et se retrempe constamment l'œuvre de Giono[172] ».

Ce n'est pas le moindre paradoxe du *Hussard sur le toit* que, se donnant à lire comme le roman léger des aventures d'un jeune homme que le choléra pousse à l'exploit chevaleresque et divertit, il soit le roman du désenchantement nihiliste et fasse la preuve du pessimisme de Giono. L'oscillation du roman entre le

169 Camus intitule « Les murs absurdes » une sous-section de la première partie du *Mythe de Sisyphe*, « Un raisonnement absurde ».

170 Rémi Astruc, *Le Renouveau du grotesque dans le roman du XXe siècle. Essai d'anthropologie littéraire*, *op.cit.*, p. 81.

171 Giono, « Postface à Angelo », *Œuvres romanesques complètes* IV, p. 1172.

172 Christine Rannaud, « Éloge de la lenteur », *Bulletin des amis de Jean Giono*, n° 41, Printemps-Été 1994, p. 102–120, p. 108.

grotesque et le sublime est significative de l'incapacité de transcender l'absurde autrement que par la fuite, que celle-ci mène aux sommets ou qu'elle conduise aux abîmes par la dérision. Au contraire, la manière très humble mais très efficacement pragmatique par laquelle les personnages de *La Peste* envisagent l'épidémie et les moyens d'y faire face, les libère du monde étouffant de l'absurde figuré par la quarantaine. Ce n'est pas le moindre paradoxe de *La Peste* non plus que, comparé au roman de Giono, il soit des deux le plus réconfortant. Car, cette œuvre que beaucoup disent grise et peu engageante se révèle solaire et permet un espoir en l'homme d'autant plus consolant qu'il pourfend le nihilisme en restant réaliste et mesuré.

Conclusion

La Peste et *Le Hussard sur le toit*, du fait de la prégnance de la maladie, de la souffrance, et de la mort dans l'univers de l'épidémie qu'ils mettent en scène, sont le lieu de la représentation du Mal dans ses différentes manifestations : métaphysique, moral et historique.

Le cholérique et le pestiféré sont, plus que tout homme et hyperboliquement, confrontés à la menace de mort à laquelle tout mortel doit un jour faire face. Cependant, l'imminence de la fin, tributaire d'une contagion à tout instant possible, ajoute au caractère tragique de chaque existence. L'absurde qui régit les vies dès lors que le fléau apparaît accroît le sentiment d'injustice inhérent à la condition humaine. Aussi bien à Oran infestée par la peste que dans la Provence frappée par le choléra, les personnages subissent un mal dont ils ne sauraient dire pourquoi il s'abat sur eux. Ce climat mental fait d'incompréhension et de désarroi est commun aux deux romans.

Mais si Giono raconte avec jubilation l'homme se laissant aller, du fait de la peur, à ses instincts les plus mauvais, se vautrant dans un état de non-droit et de déliquescence sociale, devenant le soutien le plus zélé du choléra, *La Peste* montre au contraire des personnages qui agissent de manière à donner à la lutte contre le fléau un sens éthique. Mis dans un même contexte de ce qui semble être des conditions d'expérimentation humaine, les personnages des deux romans réagissent différemment au « réactif » du mal et produisent par leurs actions deux univers moraux opposés mais également deux modèles d'organisation sociale aux antipodes l'un de l'autre.

Le surgissement du fléau dans la vie des hommes étant significatif du surgissement de la violence dans l'Histoire, le mal est également politique. Le contexte d'écriture de *La Peste* impose une corrélation que Camus lui-même établit entre la peste épidémique et la peste brune. L'impensable du mal est alors rattaché à la monstruosité nazie par la négation de l'humain dont elle a fait preuve. Dans *Le Hussard sur le toit*, le rapprochement est clair entre le choléra et la révolution qui renvoie, à travers le personnage de Giuseppe, au-delà des Carbonari, aux turpitudes des communistes tels que Giono – qui avait subi leur ire – les imaginait dans l'après-guerre.

La triple représentation du mal dans les deux romans implique une conception de l'homme que chacun des deux romanciers illustre à travers une triple perspective : la représentation de l'héroïsme, la question du bonheur et la tentation nihiliste.

Dans l'acception que chacun des deux auteurs donne au terme même d'héroïsme se reflète une certaine idée de l'homme. Celle de Camus qui peint un univers de l'héroïsme ordinaire est autrement plus généreuse que celle de Giono dont le héros ne brille tant que parce qu'il tire toute sa lumière du contraste avec la noirceur dans laquelle il évolue et de laquelle son héroïsme consiste à le préserver. Finalement, par la trajectoire que leurs héros effectuent, *La Peste* autant que *Le Hussard sur le toit* définissent des possibilités d'accomplissement pour le personnage. En effet, dans le feu de l'action, confronté au choléra, Angelo fait face à la situation sans trop se poser de questions. Le spectacle même de la souffrance glisse sur lui mais ne l'atteint pas puisqu'il n'entame ni son enthousiasme ni son insouciance. Au contraire, la lutte contre l'épidémie se pose pour les personnages de Camus en termes de lutte métaphysique contre le mal fait à l'homme et celui qu'il se fait. Pour Angelo, le combat contre le choléra se traduit par une démonstration de vaillance qui fait du *Hussard sur le toit* un roman de chevalerie moderne. La lutte fraternelle des équipes sanitaires est, quant à elle, sans panache mais elle désigne Oran assiégée par la peste comme l'espace-temps où l'homme a pu soumettre en lui ce qui ordinairement le soumet : la peur, l'égoïsme, la méchanceté. De toute évidence, une différence essentielle oppose l'univers des deux romans : la peste est le temps de l'urgence, de la crispation, des interrogations et de la frustration alors que le choléra est le temps de l'exaltation.

Un lien étroit est établi dans le roman de Giono entre l'héroïsme et le bonheur. Angelo se veut héroïque parce que c'est ce dépassement de soi qui le rend heureux. Dans le cas de ce personnage, le bonheur ne se comprend pas sans l'héroïsme. Angelo craint plus que tout que le choléra n'entame sa volonté d'être à la hauteur de l'idéal de bravoure qu'il s'est fixé et consacre toute son énergie à se démarquer, par le panache et la générosité, d'une foule menacée autant par la déchéance physique que provoque le choléra que par l'abaissement moral que génère la peur du choléra. Aussi multiplie-t-il les efforts pour ne pas déchoir à ses propres yeux en essayant de sauver des vies ou, à défaut, de sauver des âmes en lavant les cadavres souillés pour les préparer au Jugement Dernier. C'est ce défi lancé à la mort contagieuse qui le rend superlativement heureux. Camus, au contraire, consacre son roman à l'illustration de sa conviction profonde qu'il ne faut accorder à l'héroïsme que « la place secondaire qui doit être la sienne, juste après, et jamais avant, l'exigence généreuse du bonheur. » (1331) La générosité attachée à cette exigence est synonyme de solidarité face à l'adversité. La dimension de l'altérité est une des thématiques majeures du roman. Camus pense que « l'individu n'accroît son sens qu'en marchant vers sa limite qui est le renoncement à lui-même, au bénéfice des autres individus[173]. » Cette *marche* rappelle la « marche difficile vers la sainteté[174] » à laquelle aspire Tarrou. À cela Angelo ne se résout pas. Il y a loin de cette « marche difficile » à la joyeuse cavalcade du hussard de Giono.

Dans cet aristocratisme qui finira par le conduire aux confins de la solitude, Angelo fait le chemin inverse des personnages de Camus. Ceux-ci arrivent à vaincre le fléau – certes d'une victoire temporaire et qu'ils savent telle – mais ils parviennent à redonner par la lutte un sens à leur existence. *La Peste* est l'illustration du cheminement de la pensée de l'auteur de l'absurde vers la révolte. À la fin du *Hussard sur le toit*, Angelo reprend gaiement son voyage vers l'Italie sans que le choléra ait été éradiqué et ne s'en souciant d'ailleurs pas. Dans ce qui paraît être de la désinvolture de la part d'un personnage insouciant se révèle le pessimisme du romancier quant à l'homme et au moyen de redresser le mal en lui. Camus résiste à la tentation nihiliste qui l'a toujours habité, Giono y cède dans une allégresse désespérée. La transposition romanesque qu'ils font du mal en est significative.

173 « Défense de *L'Homme révolté* », *Essais*, p. 1713.

174 Camus note dans ses *Carnets* : « Qu'est-ce que je médite de plus grand que moi et que j'éprouve sans pouvoir le définir ? Une sorte de marche difficile vers une sainteté de la négation – un héroïsme sans Dieu – l'homme pur enfin. Toutes les vertus humaines, y compris la solitude à l'égard de Dieu. » *Carnets II*, p. 31.

Deuxième Partie La transposition romanesque du mal dans *La Peste* et *Le Hussard sur le toit*

Introduction

Ni Camus ni Giono - qui ne sont pas philosophes - n'entreprennent de traiter du mal abstraitement. *La Peste* et *Le Hussard sur le toit* mettent en scène la survenue du fléau épidémique dans la vie tranquille des hommes et les bouleversements qui en résultent. Les réactions des personnages face au désastre sont leur réponse au mal métaphysique qu'ils subissent, mais aussi - et peut-être surtout - au mal moral, celui qui leur est fait par leurs semblables et auquel ils collaborent - rarement dans l'univers de Camus, souvent dans celui de Giono.

Par le biais de la fiction romanesque et en représentant le mal sous la forme d'un fléau épidémique, Camus et Giono illustrent l'idée que la mort, qui est le mal suprême fait à l'homme, affrontée individuellement ou solidairement, demeure l'axe central autour duquel se développe toute réflexion autour de la question du mal. En confrontant leurs personnages à la peste et au choléra, ils les font réfléchir à une question irrésolue et pourtant obsédante : « Pourquoi le mal ? ». De fait, donner une forme tangible au mal, permet de se pencher plus aisément sur son mystère. Myriam Revault d'Allones affirme :

> Inscrire la relation au mal dans l'ordre de la pratique tient précisément au caractère insondable de sa raison d'être. C'est à l'inintelligibilité de l'origine (il y a le mal, mais nous ne savons pas pourquoi) que tente de « répondre », en aval, l'inscription du mal dans la sphère pratique[175].

175 *Ce que l'homme fait à l'homme. Essai sur le mal politique*, Paris, Flammarion, coll. Champs essais, 1999, p. 60.

L'univers du roman, parce qu'il permet la matérialisation de ce qui est abstrait par sa mise en intrigue, se prête à cette « inscription du mal dans la sphère pratique ». Il devient, dans *La Peste* et *Le Hussard sur le toit*, le lieu de la transposition symbolique de la menace qui pèse sur l'homme du fait même de la vulnérabilité qui lui est consubstantielle. En faisant que le mal s'attaque au corps, en choisissant de le représenter par la peste et le choléra, les deux romanciers en donnent la concrétisation la plus brutale et, d'une certaine manière, la plus éclairante. Ils mettent le personnage en situation de confrontation tragique avec ce que tout son être refuse d'accepter, c'est-à-dire la maladie, la souffrance, la déchéance et la mort. Ils exposent, de la façon la plus violente, sa vulnérabilité. Adorno considère que « le véritable fondement de la morale est à chercher dans le sentiment corporel, dans l'identification avec la douleur insupportable[176]. »

La prééminence de la maladie dans l'œuvre de Camus autant que dans celle de Giono se trouve accrue par le fait qu'elle devient dans *La Peste* et dans *Le Hussard sur le toit* la thématique centrale du roman et qu'elle prend la forme de la maladie épidémique donc du fléau destructeur. Elle est alors, hyperboliquement, la concrétisation du tragique humain. Parler du mal en le transposant dans la fiction consiste alors à en faire une maladie qui frappe le corps physiologique et le corps social. Donner, par ce biais, au roman une dimension symbolique est la démarche scripturaire adoptée par Camus et par Giono qu'il s'agira d'éclairer à travers le paradigme de la maladie dans l'œuvre des deux écrivains, le statut allégorique des deux récits et la manière dont chaque romancier signifie le mal, l'écriture gionienne de la démesure et du débordement étant très éloignée de celle de Camus, mesurée aussi bien dans le malheur raconté que dans le bonheur retrouvé. Car se pose ici la question de la violence du mal, comment y répondre et comment la mettre en scène.

Dans le roman, tout se résolvant en manière de dire – c'est-à-dire par l'adoption de choix d'écriture –, la question de l'instance d'énonciation devient essentielle. Des modalités de la narration dépend une vision de l'homme confronté au mal, du point de vue découle une éthique. La configuration de l'espace et du temps de la fiction se fait également dans le dessein de caractériser cette confrontation et de donner à la pensée du mal

176 Cité par Mehdi Belhaj Kacem, « Quand l'ani-Mal sort de sa tanière », *Philosophie magazine*, *Le Mal*, Hors-série n° 37, 2018, p. 59–60, p. 60.

les spécificités qu'elle revêt dans chacune des deux œuvres étudiées. La représentation du réel traduit, par la description des phénomènes naturels et humains engendrés par le fléau, la manière dont le romancier dramatise le conflit existentiel que les personnages vivent dans leur face-à-face avec le fléau.

Chapitre Premier La figuration symbolique du mal dans *La Peste* et *Le Hussard sur le toit*

a. L'imaginaire de la maladie et du fléau

La peste et le choléra sont, dans un sens littéral, des maladies dont la propagation rapide par contagion en fait des épidémies. C'est ce caractère de violence qui frappe l'imaginaire et leur donne un « pouvoir évocatoire[177] » qui les rend aptes à la transfiguration métaphorique. Que le *Dictionnaire Albert Camus* et le *Dictionnaire Giono* consacrent une entrée au terme « maladie » prouve l'importance de ce thème dans l'œuvre des deux romanciers. Dans les deux cas, le paradigme de la maladie s'insère dans celui, plus large, du fléau et traduit un imaginaire hanté par la fragilité de l'homme face à ce qui le soumet et qu'il doit pourtant affronter.

La critique gionienne s'attarde souvent sur la prédilection de l'auteur pour la peinture d'un univers dans lequel la nature se déchaîne contre l'homme et le confronte à ses limites. L'adjectif *apocalyptique* est récurrent dans des expressions telles que « menace apocalyptique[178] » qui renseigne sur le caractère cataclysmique des fléaux subis ou « esprit apocalyptique » qui renvoie à la propension du romancier à démesurer à la fois le danger encouru et la réaction que lui opposent les personnages en détresse. Pierre Citron remarque :

> Son imagination l'avait dès longtemps porté vers l'évocation des catastrophes et même des cataclysmes, et vers celle des réactions des hommes face à des phénomènes qui les assaillent brutalement, qu'ils n'ont pas provoqués, auxquels ils ne peuvent échapper, qui les dépassent et menacent de les anéantir. Cet esprit apocalyptique se manifeste dans l'incendie de *Colline*, dans la guerre du *Grand troupeau*, dans l'inondation de *Batailles dans la montagne*, avant de surgir à nouveau dans *Le Hussard sur le toit*[179].

177 Jacqueline Lévi-Valensi utilise cette expression à propos de la peste dans *La Peste d'Albert Camus*, Paris, Gallimard, coll. Foliothèque 8, 1991, p. 126.

178 Christophe Pradeau affirme : « De *Colline* (1929) à *Batailles dans la montagne* (1937), la même menace apocalyptique revient sous les avatars les plus divers : incendie, sécheresse, épidémie, inondation… », *Jean Giono*, Paris, Ellipses, coll. Thèmes et Études, 1998, p. 22.

179 Pierre Citron, « *Le Hussard sur le toit.* Notice », *Œuvres romanesques complètes IV*, p. 1307.

Certaines fois, comme dans le cas du *Hussard sur le toit*, le motif de la maladie et celui du fléau se rejoignent puisque le choléra est à la fois l'une et l'autre. Or, la maladie a, dans l'imaginaire gionien, la même démesure que le fléau naturel. Christian Morzewski précise :

> Réelles ou imaginaires, naturelles ou surnaturelles, individuelles ou collectives, les maladies omniprésentes à travers toute l'œuvre de Giono relèvent sans doute plutôt, chez l'écrivain, d'une sensibilité particulière pour l'humanité en souffrance, mais aussi d'un imaginaire hanté par la prégnance du mal et la précarité existentielle, sans que ni la religion ni la métaphysique aient rien à y voir[180]. »

La « prégnance du mal » et la « précarité existentielle » – dont le critique parle à propos de Giono – sont signifiées par Camus dans l'emploi qu'il fait du mot *peste*. Ce terme, fréquent dans ses textes, est souvent synonyme de *fléau*. Il arrive que Camus emploie indifféremment l'un ou l'autre pour désigner les maux, de quelle que nature qu'ils soient, qui menacent l'homme :

> Dans l'expérience de l'absurde, la tragédie est individuelle. À partir du mouvement de révolte, elle a conscience d'être collective. Elle est l'aventure de tous [...]. Le mal qu'éprouvait jusque-là un seul homme devient peste collective[181].

Tarrou affirme : « [...] je dis qu'il y a les fléaux et les victimes, et rien de plus. Si, disant cela, je deviens fléau moi-même, du moins, je n'y suis pas consentant. » (1426) La peste est ainsi, tout autant, la maladie et la mort que le nazisme ou le franquisme, tous fléaux redoutables pour l'homme, livré à lui-même dans un monde sans transcendance.

Il est à remarquer que si la maladie tient une place aussi importante dans l'imaginaire camusien c'est parce que l'auteur a contracté la tuberculose à dix-sept ans et a été, sa vie durant, habité par la peur de la mort[182]. Séverine Gaspari affirme :

> De cette leçon de mort, il fait une leçon de vie, mais aussi, et surtout, une leçon de littérature, comme en témoigne la préface de 1958 à *L'Envers et l'Endroit* : la maladie devient un thème central de son œuvre[183].

---

180 Christian Morzewski, « Maladie » in *Dictionnaire Giono*, *op.cit.*, p. 557–558, p. 557.

181 « Remarques sur la révolte », *Essais*, p. 1685.

182 Camus note dans ses Carnets : « La sensation de la mort qui désormais m'est familière : elle est privée des secours de la douleur. La douleur accroche au présent, elle demande une lutte qui *occupe*. Mais pressentir la mort à la simple vue d'un mouchoir rempli de sang, sans effort c'est être replongé dans le temps de façon vertigineuse : c'est l'effroi du devenir. » *Carnets II*, p. 89. En italiques dans le texte.

183 « Maladie » in *Dictionnaire Albert Camus*, Paris, Robert Laffont, coll. Bouquins, 2009, p. 499–501, p. 499.

Camus confie dans « La mer au plus près » : « J'ai toujours eu l'impression de vivre en haute mer, menacé, au cœur d'un bonheur royal[184]. »

Dans le monde de Camus comme dans celui de Giono aucune place n'est faite à Dieu et l'homme doit affronter seul tous les fléaux. La maladie est d'autant plus injuste qu'elle n'a pas la justification de faire partie du dessein divin et d'être la punition d'un péché. Dans *La Peste*, le père Paneloux – qui est l'unique personnage à le prétendre – est ébranlé dans sa foi quand il assiste à l'agonie de l'enfant du juge. Dans le roman de Giono, il n'y a pas d'équivalent à ce personnage où les comparses ayant un rapport avec le religieux se montrent aussi peu enclins que les autres à des considérations spirituelles. En lavant les cadavres, la nonne continue, au temps du choléra, à accomplir la tâche qui était la sienne avant que les corps souillés ne deviennent sa priorité : nettoyer. Le côté ridicule et dérisoire de son comportement rejaillit sur l'action accomplie qui devient grotesque à son tour. En manipulant, comme des objets, les morts qu'elle prépare pourtant au Jugement Dernier, elle accentue la vision purement matérialiste du corps véhiculée par le roman.

De ce point de vue, la thématique de la maladie, telle qu'elle est abordée par Camus et Giono, est révélatrice de la modernité des deux écrivains. Isabelle Casta voit dans l'intérêt de la littérature pour le corps dans sa dimension tangible un aspect de cette modernité :

> [...] au fur et à mesure que s'éloigne la croyance en la résurrection, en l'immortalité de l'âme, se renforcent les questionnements sur le corps, l'altération des chairs, la dignité blessée des malades[185].

François Noudelmann fait de *La Nausée* de Sartre le récit qui « a donné le ton d'une écriture du corps, en pratiquant l'immersion d'une conscience inquiète et sans transcendance qui éprouve la facticité et la nécessité de son incarnation[186]. » Car, indépendamment des considérations métaphysiques, le corps est, d'abord, « l'objet que nous sommes[187] ». Cependant, il n'est pas un objet comme un autre car :

---

184 « La mer au plus près », *L'Été, Essais*, p. 886.

185 Isabelle Casta, *Nouvelles mythologies de la mort*, Paris, Honoré Champion, coll. Bibliothèque de littérature générale et comparée, 2007, p. 12.

186 François Noudelmann, « Corps » in *Dictionnaire Albert Camus*, *op.cit.*, p. 180–182, p. 180.

187 Michela Marzano, *La Philosophie du corps*, Paris, PUF, coll. Que sais-je?, 2009, p. 3–10. http://www.cairn.info/la-philosophie-du-corps--9782130575573-page-3.htm consulté le 15 mars 2017

> […] il est aussi « l'objet que nous sommes » et, en tant que tel, il est le signe de notre humanité et de notre subjectivité – d'où l'intérêt de réfléchir sur celui-ci notamment lorsqu'on cherche à comprendre ce qu'est l'homme[188].

Attenter au corps c'est donc menacer l'être dans son existence mais également dans le sens que revêt cette existence.

Pour Camus, chantre des « noces » de l'homme avec le monde, l'atteinte portée au corps par la maladie ruine le sens et l'harmonie, parfois durement conquis. Car, l'absurde – qui est discordance – surgit quand, à l'appel de l'homme, répond « le silence déraisonnable du monde ». Mais quand, aux instants heureux, se concrétise l'alliance, le bonheur est total. Or, pour Camus, la plénitude est d'abord celle du corps. C'est pourquoi quand l'homme souffre dans sa chair, il est doublement malheureux parce qu'il éprouve à la fois sa finitude et l'indifférence du monde. Aussi n'est-il pas anodin que la peste se déclare à Oran, « lieu neutre[189] » par excellence, ville indifférente aux saisons, aux oiseaux, aux arbres et aux jardins, à la vie et donc aux hommes. Ville faite pour que les malades souffrent davantage qu'ailleurs :

> Ce n'est jamais agréable d'être malade, mais il y a des villes et des pays qui vous soutiennent dans la maladie, où l'on peut, en quelque sorte, se laisser aller. Un malade a besoin de douceur, il aime à s'appuyer sur quelque chose, c'est bien naturel. Mais à Oran les excès du climat, l'importance des affaires qu'on y traite, l'insignifiance du décor, la rapidité du crépuscule et la qualité des plaisirs, tout demande la bonne santé. (1220)

Quand le corps est ruiné, les raisons de vivre sont encore moins évidentes. Ainsi, la peste isole, malmène à la fois le corps et l'esprit, met les Oranais dans un état d'attente tragique de ce qui ne saurait tarder d'arriver : la mort.

Dans « Le vent à Djémila », Camus qualifie la mort d'« aventure horrible et sale[190] ». La maladie pourrait être qualifiée dans les mêmes termes. L'expression signifie hyperboliquement que les personnages appréhendent le fléau comme un élément perturbateur qui jette un interdit sur les plaisirs du monde en portant atteinte à ce qui permet cette jouissance pour soi-même et pour les autres.

---

188 *Ibid.*

189 Le narrateur donne d'Oran cette description : « Comment faire imaginer, par exemple une ville sans pigeons, sans arbres et sans jardins, où l'on ne rencontre ni battements d'ailes ni froissements de feuilles, un lieu neutre pour tout dire ? » (1220)

190 « Il ne me plaît pas de croire que la mort ouvre sur une autre vie. Elle est pour moi une porte fermée. Je ne dis pas que c'est un pas à franchir : mais que c'est une aventure horrible et sale. » « Le vent à Djémila », *Noces, Essais*, p. 63.

En effet, l'expression de la corporéité est, dans *La Peste*, l'élément significatif aussi bien de l'ipséité de l'être que de l'altérité. C'est par son corps que l'homme se perçoit, est dans le monde et le perçoit. C'est aussi par le corps de l'autre qu'il s'identifie à lui dans l'élan solidaire et compassionnel qui fait l'univers particulier de ce roman. C'est pourquoi frapper l'homme de la peste est une mise en danger symbolique à la fois du corps charnel et du corps social. Comprise ainsi, la maladie est une dissolution du sens que l'homme s'efforce de mettre dans sa vie.

La dimension de la corporéité est tout aussi importante chez Giono pour qui la sensualité est une manière, la seule peut-être, d'être au monde. Alain Romestaing insiste sur cet aspect de l'œuvre :

> Très loin du sujet cartésien fondé sur le cogito et la disqualification du corps, l'individu gionien dépasse le raisonnement et atteint à une « co-naissance » de soi et du monde qui n'est pas sans rappeler le dépassement de l'intelligence par l'intuition créatrice selon Bergson [...][191].

Habituellement dans son œuvre, le corps atteint par la maladie, conduit par elle à la mort, n'est plus capable d'être cet instrument de connexion sensitive avec le monde. Mais, dans le contexte particulier du choléra, qui est un élément non seulement perturbateur mais hypertrophiant, les choses se passent différemment. Le corps malade devient le réceptacle de phénomènes étranges qui lui ouvrent des horizons insoupçonnés. Par un retournement prodigieux, la maladie qui était censée détruire le corps, le consume certes, mais ouvre au malade des possibilités nouvelles de connaissance. Le corps soumis à des lois autres redevient un instrument d'exploration, non plus du monde extérieur mais de l'univers des passions propres à chaque individu. C'est ce que le vieux médecin-philosophe du *Hussard sur le toit* explique à Angelo et Pauline, incrédules et médusés qu'une telle théorie, si peu conforme à ce qu'ils ont constaté de la maladie, soit développée par un médecin. Dans le monde fantaisiste du *Hussard sur le toit*, le choléra est un mal paradoxal. À la fois maladie et remède, il soigne l'ennui d'exister en étant le divertissement extrême. Le corps atteint permet enfin le bonheur, l'extase ultime, indépassable, même si elle conduit au néant. Le vieux médecin expose une théorie matérialiste des passions qui laissent leur empreinte dans les organes :

> Qui me certifie que la haine, la jalousie n'ont aucune part dans ces taches pourprées et livides, ces charbons intérieurs que je découvre dans les follicules muqueux

191 Alain Romesting, « Corps » in *Dictionnaire Giono, op.cit.*, p. 237–241, p. 239.

> intestinaux ? Qui soutiendra que la foudre bleuâtre pleine de paons sauvages de la jouissance s'est abattue des milliers de fois sur cet organisme sans laisser de traces ? Ne sont-elles pas celles que je vois ? (613)

Entre la peste telle que l'imagine Camus et le choléra de Giono, la maladie épidémique acquiert une signification radicalement différente. Pour le premier, elle est une atteinte intolérable à la chair de l'homme c'est-à-dire à la dimension sensuelle mais également éthique de sa présence dans le monde. R. Gay-Crosier affirme en effet : « À la fois promesse de vie et menace de mort, la chair circonscrit avec précision le champ d'action, les frontières de l'homme[192]. » Aussi faut-il guérir les corps d'abord pour que soient redéfinies à nouveau les conditions de « l'action » pour la réalisation d'un bonheur nécessairement à partager. Pour Giono, le choléra est l'occasion de faire le tri dans le genre humain, entre ceux qui ont compris l'opportunité unique qui leur est offerte de se débarrasser des limites imparties au corps et d'embarquer pour un voyage d'explorations fabuleuses, et ceux qui finissent pitoyablement dans les vomissures et les déjections d'un corps dont ils n'ont pas su exploiter les potentialités que, contaminé, il leur offrait. Les motifs de la maladie et du fléau sont donc l'expression symbolique d'une corporéité dans laquelle se condensent et se résument le bonheur et le malheur humain. Camus et Giono développent dans leur roman deux isotopies : celle qui renvoie directement au mal physique et concret et celle qui renvoie, par allusion et analogie, au Mal dans ses différentes déclinaisons.

b. La dimension symbolique

La Peste et *Le Hussard sur le toit* fonctionnent selon un double registre : réaliste et symbolique. Ils seraient, de ce fait, une allégorie soit le moyen que se donne le romancier, « en parlant d'une chose, de parler d'autre chose »[193] donc de superposer deux sens. Christian Vanderdorpe précise :

---

192 Raymond Gay-Crosier, « La révolte génératrice et régénératrice », *Cahiers Albert Camus 5, Albert Camus : Œuvre fermée, œuvre ouverte ?* Paris, Gallimard, coll. NRF, 1985, p. 113–134, p. 131.

193 Gabriella Parussa : « Du grec *allos* « autre » et *agorein* « parler », le terme renvoie à un procédé littéraire selon lequel en parlant d'une chose, on parle d'autre chose. » « Allégorie » in Paul Aron, Denis Saint-Jacques, Alain Viala (dirs), *Le Dictionnaire du littéraire*, PUF, coll. Quadrige Dicos Poche, 2006.

> Un texte est dit allégorique quand il propose à une première lecture un certain signifié alors qu'il en recèle un autre, dont l'exactitude et la pertinence s'imposent à partir du moment où le lecteur a effectué les jeux de transposition nécessaires[194].

Cependant, l'allégorie est considérée comme trop explicite ou trop scolaire pour être véritablement littéraire[195]. C'est pourquoi les critiques des deux auteurs ne font référence à cette figure qu'avec réticence.

À propos de *La Peste*, Dominique Rabaté parle d'un « roman en partie allégorique[196] », JeanYves Guérin précise qu'il s'agit d'une « allégorie polysémique[197] » et Rachel Bespaloff rejette catégoriquement cette classification du roman eu égard à sa complexité :

> Il semble bien, pourtant, que la multiplicité des significations et des interprétations qu'il [le style de Camus] suggère, le déchiffrage qu'il exige, l'éloignent de l'allégorie qui déguise toujours quelque objet précis. Rien de tel dans *La Peste*, où le fléau désigne tantôt l'événement, tantôt la condition humaine, tantôt le péché, tantôt le malheur[198].

Seul Gaëtan Picon affirme sans ambages : « Disons pour simplifier que *La Peste* est un récit allégorique[199]. » La citation de Daniel de Foe que Camus place en exergue à son récit[200] ne laisse pourtant pas de doute sur le fait que le romancier utilise cette « écriture du double sens », caractéristique du texte allégorique, dont parlent Joëlle Gardes-Tamine et Marie-Antoinette Pellizza :

---

194 Christian Vanderdorpe, « Allégorie et interprétation », *Poétique*, n° 117, février 1999, p. 75–94. https://arts.uottawa.ca/lettres/personnes/vandendorpe-christian Consulté le 19 octobre 2018.

195 Christian Vandendorpe : « Alors qu'elle a été longtemps le lieu où la littérature peut s'affirmer et se donner à voir, l'allégorie incarne pour beaucoup de nos contemporains la négation même d'une lecture littéraire. » *Loc.cit.*

196 Dominique Rabaté, « Roman » in *Dictionnaire Albert Camus*, *op.cit.*, p. 800–803, p. 801.

197 JeanYves Guérin dans « Jalons pour une lecture politique de *La Peste* », *Roman 20–50*, n° 2, décembre 1986, p. 7–25.

198 « Le monde du condamné à mort », *Esprit*, n° 1, p. 1–26. Article reproduit par Jacqueline Lévi-Valensi, *La Peste d'Albert Camus*, Paris, Gallimard, « Foliothèque » 8, 1991, p. 180–182, p. 181.

199 Gaëtan Picon, « Remarques sur *La Peste* » in *L'Usage de la lecture*, Paris, Mercure de France, 1960. Article reproduit par Jacqueline Lévi-Valensi, *La Peste d'Albert Camus*, *op.cit.*, p. 177–179, p. 177.

200 « Il est aussi raisonnable de représenter une espèce d'emprisonnement par une autre que de représenter n'importe quelle chose qui existe réellement par quelque chose qui n'existe pas. »

> On pourrait donc dire que l'allégorie est un style particulier qui implique une écriture du double sens et pour laquelle c'est toute une unité linguistique, phrase, fragment de texte, texte qui sert d'expression à un sens second non explicité, qui peut donc rester virtuel[201].

De manière analogue, si Laurent Fourcaut parle du choléra comme d'une « apocalypse allégorique et plurielle[202] », Jean-Yves Laurichesse considère que la dimension poétique du roman exclut d'y reconnaître une allégorie, contrairement à *La Peste* :

> Si Giono n'a pas voulu faire du choléra une allégorie, comme l'avait fait Camus de la peste (il est trop poète pour être philosophe, plus proche en cela d'Artaud dans « Le théâtre et la peste »), il n'en a pas moins pensé aux grandes apocalypses modernes, guerres et révolutions, par lesquelles l'humanité s'est précipitée dans des « démesures de néant » et il a imprimé au roman sa vision personnelle, matérialiste, du Mal[203].

Que le choléra renvoie aux « grandes apocalypses modernes, guerres et révolutions » montre bien pourtant qu'il fonctionne dans le récit – de même d'ailleurs que la peste dans le roman de Camus – comme une allégorie si on considère comme le signalent Frédérique Toudoire-Surlapierre et Nicolas Surlapierre que « L'allégorie serait, selon les "modernistes", "une manière d'interpréter les faits de l'Histoire"[204]. »

Il est vrai, cependant, que l'ancrage temporel dans les deux romans est suffisamment flou pour signifier l'atemporalité du mythe mais aussi sa complexité. *La Peste* et *Le Hussard sur le toit* – nous l'avons vu –, se prêtent à un commentaire qui excède, pour le premier l'allusion à la guerre et au nazisme et pour le second la référence à la révolution, pour une signification philosophique et anthropologique. Claude-Gilbert Dubois confirme ce débordement de l'allégorie dans le

---

201 Joëlle Gardes-Tamine et Marie-Antoinette Pellizza, « Pour une définition restreinte de l'allégorie », in Joëlle Gardes-Tamine (dir.), *L'Allégorie corps et âme. Entre personnification et double sens*, Aix-en-Provence, Publications de l'Université de Provence, 2002, p. 9–28, p. 9.

202 Laurent Fourcaut, « Prélude de Pan. Une apocalypse païenne en noir et blanc », Laurent Fourcaut (dir.), *Jean Giono 6. Giono et son apocalypse*, Paris, Lettres Modernes, 1995, p. 45–74, p. 71.

203 Jean-Yves Laurichesse, « Choléra » in *Dictionnaire Giono*, p. 203–205, p. 205.

204 Frédérique Toudoire-Surlapierre et Nicolas Surlapierre, « Introduction » in Frédérique Toudoire-Surlapierre et Nicolas Surlapierre (dirs.), *Des pouvoirs visionnaires de l'allégorie*, Éditions L'improviste, 2012, p. 7–31, p. 18.

mythe : « […] tout récit allégorique peut faire éclater ses frontières de sens : il devient alors conte ou mythe, et rejoint l'univers du symbole[205]. »

Marie-Thérèse Blondeau est donc fondée de parler de *La Peste* comme d'un « mythe moderne. » Elle affirme la prédilection de l'auteur pour le mythe : « Entre 1941 et 1947 il rajeunit deux mythes antiques, ceux de Sisyphe et Prométhée et en construit un moderne : celui de la peste[206]. » Camus, pour sa part, considère que, pour être percutant, le mythe doit s'ancrer dans le réel : « Le créateur de mythes ne participe au génie que dans la mesure où il les inscrit dans l'épaisseur de la réalité et non dans les nuées fugitives de l'imagination[207]. » Cette définition s'applique en tous points à lui. Qu'il ait eu recours à la maladie pour signifier le mal s'explique par cette volonté de matérialiser une pensée qui ne peut être saisissante que si elle dit concrètement la souffrance des hommes et l'injustice qui s'abat sur eux dès lors qu'ils subissent cette souffrance. *La Peste* s'intègre ainsi dans cette « mythologie du réel » dans laquelle Jacqueline Lévi-Valensi reconnaît l'« univers romanesque » de l'auteur. Citant *L'Homme révolté*, elle commente :

> « Elle [la pensée] se joue – dans des mythes sans doute – mais des mythes sans autre profondeur que la douleur humaine et comme elle inépuisable. » Camus définit ici parfaitement son univers romanesque ; c'est une mythologie du réel qu'il veut édifier[208].

Le Hussard sur le toit aussi atteint les dimensions du mythe même s'il est arrivé à Giono de vouloir orienter ses lecteurs vers une interprétation littérale du roman : « Quant au choléra (qui pourrait passer pour symbolique ; cela s'est déjà vu), il a vraiment existé à cette époque, et aussi violent que je l'ai fait[209]. » Ailleurs pourtant, Giono désigne le choléra par l'expression « généralités passionnelles[210] » dont le pluriel à lui seul induit une pluralité de significations

---

205 Claude-Gilbert Dubois, « Symbole et mythe » in Danièle Chauvin, André Siganos et Philippe Walter (dirs.), *Questions de mythocritique. Dictionnaire*, Paris, Éditions Imago, 2005, p. 331–348, p. 342.

206 Marie-Thérèse Blondeau, « *La Peste* : de Sisyphe à Prométhée » in Raymond Gay-Crosier et Agnès Spiquel-Coudille (dirs), *Camus*, Paris, Éditions de l'Herne, 2013, p. 247–251, p. 247.

207 Camus, « Herman Melville », *Théâtre, Récits, Nouvelles*, p. 1909–1910.

208 Jacqueline Lévi-Valensi, « Épilogue » in *Albert Camus ou la naissance d'un romancier*, Paris, Gallimard, coll. Les Cahiers de la NRF, 2006, p. 532–543.

209 Giono, « Mon grand-père, modèle du *Hussard sur le toit* ? », *Œuvres romanesques complètes IV*, p. 1183–1184, p. 1183.

210 Giono, « […] Angelo n'est pas aux prises avec des généralités passionnelles (choléra) comme il le sera par la suite dans le roman, mais tout bêtement avec des femmes […]. » « Préface d'*Angelo* », *Œuvres romanesques complètes IV*, p. 1191.

qui ouvre sur le mythe. Il le considère également comme une « maladie morale[211] » : « L'épidémie dont je veux parler c'est une épidémie des prosélytismes, c'est-à-dire qu'on se passe le choléra par la parole [...] c'est-à-dire par la peur[212]. » Ce que confirme le vieux médecin dans le roman : « Le choléra est une maladie de grands fonds ; il ne se transmet pas par contagion mais par *prosélytisme*[213]. » (613) Déjà en 1938, dans un texte écrit pour les *Cahiers du Contadour*, Giono balaie les spécificités historiques et établit une équivalence des fléaux qui prouve leur signification symbolique :

> Dès qu'un choléra, une peste, une guerre de cent ans s'abat sur l'humanité, on voit se créer au milieu des tourbillons du malheur des sociétés d'honnêtes gens, sourds aux mots d'ordre, dédaigneux des habituels remèdes, qui continuent obstinément à chercher leur joie[214].

L'asyndète gomme les différences et fait de maux pluriels une même catastrophe pour les hommes. Elle laisse libre cours à l'imagination du lecteur de songer à d'autres fléaux puisqu'elle ne clôt pas l'énumération.

La peste et le choléra sont donc interchangeables. Ils ne sont pas pertinents, dans le récit, en tant que maladie spécifique mais en tant que concrétisation « sous une forme imagistique » d'une « idée non représentable[215]. » Par cela même, ils sont des symboles et retrouvent la fonction que leur ont déjà assignée la tragédie et la mythologie grecque. Ils signifient comme symptômes de dysfonctionnements qui dépassent l'individu pour le groupe, le corps individuel pour le corps social. Patrick Zylberman précise que Thucydide racontant la « peste »

---

211 L'expression est de Laurent Fourcault qui parle de « la maladie morale qui *punit* tous ceux qui, en « avares » économisaient leur désir et se recroquevillaient dans leur peur. » « Giono (Jean). 1895--1970 », *Encyclopaedia Universalis*, Paris, 1990, p. 471–474, p. 473.

212 Entretien n° 22, *Entretiens avec Jean Amrouche et Taos Amrouche*, *op.cit.*, p. 300.

213 En italique dans le texte.

214 Cité par Pierre Citron, « *Le Hussard sur le toit.* Notice », *Œuvres romanesques complètes IV*, p. 1307.

215 Claude-Gilbert Dubois affirme : « [...] tout concept ou idée non représentable tend à se matérialiser sous une forme imagistique (comme dans les allégories) ou métaphorique. » « Symbole et mythe » in Danièle Chauvin, André Siganos et Philippe Walter (dirs.), *Questions de mythocritique. Dictionnaire*, *op.cit.*, p. 342.

d'Athènes utilise le même terme *nósos* dans ses deux acceptions : « maladie » et « démence ». Il conclut :

> Une épidémie, ce n'est pas seulement les ravages et les souffrances causés par la propagation d'une infection, c'est encore la désorganisation brutale qui s'ensuit, l'abaissement de l'État, le délitement des autorités, des structures sociales et des mentalités. Symbole de cet effondrement de la civilisation, les rituels funéraires foulés au pied par les Athéniens rendus fous par la souffrance. Thucydide parle d'*anomia*, c'est-à-dire d'impiété et d'absence de loi, d'une humanité sans loi ni règle[216].

C'est donc parce que le symbole est plurivoque qu'il est commode d'y recourir.

Cependant, Roland Barthes y a vu une édulcoration de la pensée et comme une fuite et, même s'il n'utilise pas le terme, une lâcheté face à l'histoire. En réponse à Camus qui dit avoir représenté par la lutte contre le fléau la résistance française et européenne au nazisme, il rétorque : « Le romancier a-t-il le droit d'aliéner les faits de l'histoire ? Est-ce qu'une peste peut équivaloir, je ne dis pas à une occupation, mais à l'Occupation[217]? » Pourtant, loin d'être une esquive, l'écriture allégorique est dans le cas de Camus aussi bien que dans celui de Giono une manière de dire ce qui ne peut être directement dit tant cela défie la raison ; une manière de signifier l'incroyable donc l'indicible du mal. En réfléchissant sur « le mal que l'homme peut faire à l'homme », Myriam Revault d'Allonnes s'interroge :

> Qu'est-ce donc que notre siècle a ajouté à ce qu'on a toujours su de la terrifiante quantité de méfaits que les hommes sont capables de commettre ? Qu'a-t-il apporté d'inédit à ce qu'on a toujours su (ou cru savoir) de ce que l'homme peut faire à l'homme ? Et d'où vient que cet impensable qu'il nous a légué, beaucoup – feignant de s'en tenir quittes – s'obstinent et même s'acharnent, chacun à sa façon, à le reverser dans l'impensé[218] ?

Camus fait de cet « impensable » le sujet de *La Peste*. En recourant à l'allégorie, il donne forme à « l'impensé » et incite à la réflexion. C'est pourquoi l'expérience du nazisme comme expérience extrême où le mal a trouvé son expression limite est transcrite de façon à être stylisée. Or, Camus le dit bien, « la stylisation »

---

216 Patrick Zylberman, « Crises sanitaires, crises politiques », *Les Tribunes de la santé*, 2012/1 (n° 34), p. 35–50. http://www.cairn.info/revue-les-tribunes-de-la-sante-2012-1-page-35.htm Consulté le 22 mai 2017

217 « Réponse de Roland Barthes à Albert Camus (lettre du 11 janvier 1955) » in *Œuvres complètes, tome I (1942–1965), op.cit.*, p. 479.

218 *Ce que l'homme fait à l'homme. Essai sur le mal politique*, Paris, Flammarion, coll. Champs essais, 1999, p. 15.

« est la marque de l'art et de la protestation[219] ». Exposer Oran à la peste et faire de la lutte commune la seule possibilité de salut, c'est montrer que si le mal défie l'entendement humain, l'action solidaire, elle, défie le mal. C'est donc prendre position et faire en sorte que « l'impensé » soit au centre de la réflexion même s'il n'est pas sûr que « l'impensable » ne se reproduise plus. Finalement et quoique Barthes puisse en penser, une peste peut équivaloir à l'Occupation.

Imaginer d'abattre le choléra sur la Provence relève, pour Giono, d'autres raisons. Le romancier déchaîne le choléra contre ses concitoyens comme les dieux déchaînaient les fléaux pour punir et instruire les hommes. Les critiques ont assez montré que la deuxième guerre fut, dans la vie du romancier, l'événement décisif qui reconfigura son œuvre. Si la thématique du mal y est toujours la question essentielle, elle est traitée diversement avant et après 1945. Les romans d'avant-guerre montrent que le mal est dans la nature, qu'il est donc aussi dans l'homme mais celui-ci n'en est pas le principal vecteur. Au contraire, il essaye de l'endiguer ; ce qui explique la prolifération de la figure du sauveur dans ces romans. Les déboires que le romancier connaît – au début de la guerre avec un premier emprisonnement pour pacifisme et à la Libération où il est de nouveau arrêté pour collaboration – produisent un réajustement significatif : l'homme est le mal et il le fait avec jubilation. Les *Chroniques* déclinent la tentation irrésistible et le vertige d'y céder. Pierre Citron dit à propos des personnages de ce cycle :

> [...] dans son évocation des âmes noires, convergent et culminent tous les sentiments qu'il a découverts de 1939 à 1945 : conscience de l'existence d'une foule d'êtres ignobles qui se détestent les uns les autres, mépris et haine pour une humanité mesquine et égocentrique. C'est ici le Giono le plus dur et le plus grand, celui des contrastes et de l'écartèlement[220].

Dans le cycle du Hussard, le choléra est chargé de signifier ces « temps sans grandeur[221] » que le romancier fustige d'œuvre en œuvre. L'atmosphère délétère qui fait du *Hussard sur le toit* le roman d'une humanité désespérante est copiée sur celle qu'évoque une note sarcastique du « Journal de l'Occupation » : « Comme

---

219 « Quelle que soit la perspective choisie par un artiste, un principe demeure commun à tous les créateurs : la stylisation, qui suppose, en même temps, le réel et l'esprit qui donne au réel sa forme. Par elle, l'effort créateur refait le monde et toujours avec une légère gauchissure qui est la marque de l'art et de la protestation. » « Révolte et art », *L'Homme révolté*, *Essais*, p. 674.

220 Pierre Citron, *Giono*, Paris, Seuil, coll. Écrivains de toujours, 1995, p. 136.

221 Note datée du 3 juillet 1944. « Journal de l'Occupation », *Journal, Poèmes, Essais*, p. 454.

s'il n'y avait pas assez de bassesses naturelles, une affiche conseille, demande, enjoint, de dénoncer même anonymement ceux de l'ancien régime. Ça va être beau[222]. » Pour Angelo, le choléra est la médiocrité bourgeoise[223]. Aussi la rédaction du Hussard sur le toit est-elle d'une certaine façon cathartique.

Parfois, la littérature devient un exutoire. Jean-Marie Schaeffer affirme :

> [...] il nous arrive de nous servir des dispositifs fictionnels pour extérioriser des pulsions destructrices ou agressives que les contraintes de la vie sociale nous empêchent d'exprimer « dans la réalité », sauf à accepter d'en payer le prix dans cette réalité[224].

Denis Labouret explique « la transgression cruelle » que Giono décline de manière multiple dans ses romans comme une métaphore de la littérature qui fait du réel insatisfaisant une matière poétique[225]. Jacques Chabot abonde dans le même sens dans un article intitulé « Le choléra c'est la littérature ». Il montre que le chapitre XIII du roman – dans lequel le narrateur met en scène le médecin fantasque en train de philosopher sur le choléra – n'a pas de raison d'être que de montrer que *Le Hussard sur le toit* n'est pas une protestation contre le mal allégorisé par le choléra mais une illustration du texte en train de se faire : « Le docteur sans nom n'observe pas cliniquement une maladie réelle, il invente l'innommable, l'imagination en mal de créativité[226]. » C'est ce qui justifie « l'apologie » que le personnage fait du choléra allant à rebours du topos de l'épidémie ravageuse. Le critique établit un parallèle entre Giono et Artaud et conclut : « Et, de même qu'Antonin Artaud assimile la peste et le théâtre de même nous pensons que pour Giono le choléra c'est la littérature[227]. » Ainsi donc le choléra, métaphore de l'écriture, est le choléra ravageur, destructeur, grandiose et fascinant qui fait de la littérature une arme de destruction de tout ce qui dans l'homme et la société réduit l'humain à la médiocrité et à la tiédeur, à l'ennui terrible d'exister pour sentir le temps passer. Une telle écriture ne peut

---

222 30 août 1944, *ibid.* p. 479.

223 Giono commente l'attitude de son personnage dans la postface qu'il donne à *Angelo* en lui faisant penser : « Le seul remède sûr contre le choléra ; contre la médiocrité, se dit-il, contre [...] la vie bourgeoise. » « Postface à *Angelo* », in *Œuvres romanesques complètes IV*, p. 1163–1182, p. 1178.

224 Jean-Marie Schaeffer, *Pourquoi la fiction ?*, Paris, Seuil, coll. Poétique, 1999, p. 322.

225 Denis Labouret affirme : « [...] la transgression cruelle représente la transgression artistique, qui doit faire violence aux fausses valeurs de la société pour faire surgir la beauté. » « Cruauté » in *Dictionnaire Giono*, p. 260–262, p. 262.

226 Jacques Chabot, « Le choléra c'est la littérature », *Jean Giono. Bulletin n° 6*, Association des amis de Jean Giono, Automne-Hiver 1975, p. 98–128, p. 98–99.

227 *Ibid.*, p. 101.

être que cruelle et férocement ironique et par là-même jubilatoire. La fantasmagorie du choléra aurait alors pour but de raconter cette impatience d'écrire comme le cholérique est impatient de se jeter dans les délices inconnues que lui permet la proximité exaltante de la mort. La contagion de la démesure se transmet du cholérique au romancier.

Parler du mal par représentation allégorique en en faisant une maladie qui frappe le corps physiologique et le corps social, donner par ce biais au roman une dimension symbolique est la démarche scripturaire adoptée par Camus et par Giono. Mais que le choléra signifie la littérature – et que de ce fait elle soit une littérature de l'excès – montre l'écart qui sépare l'écriture de Giono de celle de Camus, toutes deux pourtant écriture de la révolte.

c. Mesure et démesure

Si Camus, auteur de *L'Homme révolté*, est un écri vain de la révolte et s'il désigne lui-même une partie de ses écrits comme appartenant au « cycle de la révolte », cette thématique est moins centrale chez Giono et plus discrètement abordée mais néanmoins essentielle. Henri Godard affirme :

> Chez Giono, la gratitude pour les dons du monde n'avait jamais été sans une conscience de ce que son ordre a d'inacceptable pour l'homme. L'action de grâces n'allait pas indéfiniment se poursuivre sans son envers de révolte[228].

Cependant, quand Camus fait osciller son œuvre « entre oui et non », la plaçant dans le difficile équilibre de « la pensée de midi » qui craint et rejette tout excès, Giono choisit de faire des deux notions opposées – et aussi extrême l'une que l'autre – de « perte » et d'« avarice » l'origine obscure des motivations profondes de ses personnages.

Pour Giono, la démesure est une qualité morale et esthétique. Les critiques sont unanimes à la lui reconnaître en tant qu'homme et artiste. Pierre Citron dit de lui : « Il reste l'homme de la démesure – une des notions les plus proches de son cœur depuis longtemps[229]. » Lui-même affirme :

> Je manque totalement d'esprit critique, mes compositions sont monstrueuses, et c'est le monstrueux qui m'attire. Pourquoi ne pas lâcher la bride et faire de nécessité vertu. En tout cas je ne vois mon 2ème chap[itre] livre III qu'avec une monstrueuse description de l'été. Mais il faut qu'elle soit monstrueuse[230].

---

228 Henri Godard, *D'un Giono l'autre*, Paris, Gallimard, 1995, p. 80.

229 Pierre Citron, *Giono*, *op.cit.*, p. 130.

230 Dans une note datée du 12 avril 1946. Cité par Pierre Citron, « *Le Hussard sur le toit.* Notice », *Œuvres romanesques complètes* IV, p. 1312.

Ce que le romancier appelle sa « monstruosité » est sa propension à l'exagération. À Jean et Taos Amrouche, il parle du romancier comme d'un « pécheur de démesure[231] ». Angelo avoue de lui-même :

> Mes yeux ne regardent qu'à travers des loupes […]. Ce n'est pas la première fois que je veux tuer des mouches avec un canon. […]. Eh ! prends donc l'habitude de considérer que les choses ordinaires arrivent aussi. Ne sois pas tout le temps en train de faire donner la garde. Dès que tu es en rapport avec quelque chose ou avec quelqu'un tu démesures. (421–422)

Généralement, les héros gioniens sont des « âmes fortes » que ne satisfait pas la tempérance habituelle à l'ordinaire humanité. Ils procèdent d'un « système de référence différent de celui dans lequel nous avons l'ensemble de nos propres mesures[232]. » En ce sens, l'épidémie de peur dont parle *Le Hussard sur le toit* doit être comprise comme la frilosité d'hommes et de femmes habitués à considérer que les sentiments moyens et les réactions modérées sont salvateurs. Les faire mourir dans l'abjection des déjections et des vomissures est la sanction que Giono inflige à ce qu'il considère comme une médiocrité condamnable. En inventant le personnage du médecin-philosophe du chapitre XIII et en lui faisant interpréter le choléra comme une esquive à la triste finitude humaine, Giono donne corps à toute une fantasmagorie de la démesure. Au seuil de la mort, le cholérique découvre, fasciné par la débâcle de son corps, des étendues inexplorées de son être, prometteuses de découvertes fascinantes et insensées auxquelles il s'est toute sa vie dérobé par peur de dépasser la mesure humaine. Dans les affres de l'agonie, le cholérique vit comme il n'a jamais osé vivre, libre enfin de bousculer les limites. Dans ses Carnets, Giono souligne le paradoxe et note : « L'homme et le choléra qui le démesure ». À l'article de la mort, hommes et femmes se rendent compte de l'étroitesse de sentiment et de désir qu'ils se sont imposés. C'est pourquoi les cholériques meurent en se vidant à la fois de leurs entrailles et de leurs frustrations. Ils découvrent qu'un autre ordre existe, celui de la « démesure », et qu'il est autrement plus exaltant que la mesure selon laquelle ils ont vécu. Partant de ce fait, il est dans la logique gionienne qu'ils meurent dans des extravagances de gestes et de convulsions qui impriment à leurs derniers instants un côté insolite de pantins désarticulés.

Aussi cette écriture de l'abjection qui se complaît à décrire les corps qui se vident mais aussi les limites que l'homme ne cesse de repousser est-elle une écriture de la démesure. Dès lors, cette dernière ne peut être qu'une qualité – et

231 *Entretiens Jean Amrouche et Taos Amrouche*, *op.cit.*, p. 138.
232 *Noé*, *Œuvres romanesques complètes IIII*, p. 620.

nécessairement poétique. Le romancier lui-même donne l'impression de se saisir de l'épidémie de choléra qui s'abat sur une contrée paisible comme d'un sujet de nature à laisser le champ libre à un imaginaire qui se délecte dans les dérèglements du monstrueux. De même, et dans un sens inverse, les qualités d'Angelo atteignent au sublime et enchantent l'univers cauchemardesque dans lequel il évolue. Julia Kristeva a bien raison d'affirmer que « L'abject est bordé de sublime. Ce n'est pas le même moment du parcours, mais c'est le même sujet et le même discours qui les font exister[233]. » *Le Hussard sur le toit* oscille entre deux extrêmes que ne rapproche que le goût pour l'énormité qui confine à l'extravagance. C'est peut-être cela que Giono appelle, dans *Noé*, « la perte » et qu'il oppose à « l'avarice ». Pierre Citron affirme que c'est une « notion ambiguë » :

> Il peut s'agir de perdre (ses possessions, un paradis…) ou de se perdre, de sortir de soi pour aller soit vers un néant, soit vers un ailleurs. Les deux peuvent être une attirance, une ascèse, une tentation et s'apparenter au vertige ou à l'ivresse[234].

Les cholériques sortent effectivement de soi pour aller vers un néant qui est un ailleurs et Angelo n'a cure de tout perdre, même la vie, si l'honneur est sauf. En démesurant la qualité aussi bien que le défaut, Giono revendique un « nouvel ordre » dont le choléra est l'instigateur[235], conteste le réel étriqué et écrit un roman de la révolte, plus subversif que ne le laisserait croire son apparente légèreté.

La Peste, au contraire, est plus évidemment contestataire même si l'expression est retenue et l'imaginaire sobre. C'est le roman par lequel se fait le passage du cycle de l'absurde à celui de la révolte dans l'œuvre camusienne. C'est donc le roman du renoncement à la démesure qu'incarnent des personnages tels que Caligula et Martha pour une approche du monde et de l'homme que matérialisent Rieux et ses concitoyens oranais. Résumant le concept de mesure chez Camus, Roger Quilliot affirme : « La mesure n'est qu'une révolte contre les excès mêmes de la révolte[236]. » Le paradoxe n'est qu'apparent et souligne au contraire la cohérence d'une pensée qui consiste pour Camus à refuser que la protestation contre le mal qui lui est fait consiste, pour l'homme, à vouloir dépasser

---

233 Julia Kristeva, *Pouvoirs de l'horreur. Essai sur l'abjection*, Paris, Le Seuil, coll. Tel Quel, 1980, p. 19.

234 Pierre Citron, *Giono*, *op.cit.*, p. 130.

235 « […] un nouvel ordre (qui pour l'instant s'appelait désordre) organisait brusquement la vie dans de nouveaux horizons. » (385)

236 Roger Quillliot, *La Mer et les prisons. Essai sur Albert Camus*, Paris, Gallimard, coll. NRF, 1956, p. 244.

les limites qui lui sont imparties et qui sont garantes du bonheur humain. Car, la démesure est violence et ne peut que se retourner contre l'homme. Aussi les personnages de *La Peste*, loin de toute action d'éclat, s'astreignent-ils à des mesures de prophylaxie quotidiennes et routinières que Rieux et les équipes sanitaires se donnent pour mission d'imposer et de faire respecter. Le roman prône une réaction au mal qui s'oblige à la stricte efficacité. Les Oranais sont révoltés de ce qu'il leur arrive, ils ont conscience de l'injustice qui s'abat sur eux, mais ils finissent par comprendre que rivaliser en démesure avec le mal ajoute à la souffrance. Camus illustre par ce biais sa conviction qu'il n'ait nul salut pour l'homme en dehors d'une « morale des limites[237] ». Dans « L'exil d'Hélène », l'essayiste affirme :

> À l'aurore de la pensée grecque, Héraclite imaginait déjà que la justice pose des bornes à l'univers physique lui-même. « Le soleil n'outrepassera pas ses bornes, sinon les Érinyes qui gardent la justice sauront le découvrir. » Nous qui avons désorbité l'univers et l'esprit rions de cette menace. Nous allumons au ciel ivre les soleils que nous voulons. Mais il n'empêche que les bornes existent et que nous le savons[238].

En intitulant la dernière partie de *L'Homme révolté* « La pensée de midi », Camus montre que la leçon à retenir de son essai y est développée et qu'elle s'y résume. Elle préconise un équilibre fait de tension et visant à retenir l'homme au bord du précipice quand, aveuglé par un désir de puissance nihiliste, il se précipite dans des voies sans issues autres que l'injustice, le meurtre et la désolation du monde. C'est pourquoi dans l'univers de l'épidémie, tel que l'imagine Camus, même la tare ou le vice sont à la mesure d'une humanité qui, aussi bien dans le bien que dans le mal, reste humaine, ni héroïque ni monstrueuse. La séquence suivante en est un exemple :

> Des maisons, incendiées ou fermées pour des raisons sanitaires, furent pillées. À vrai dire, il est difficile de supposer que ces actes aient été prémédités. La plupart du temps, une occasion subite amenait des gens jusque-là honorables, à des actions répréhensibles qui furent imitées sur le champ. (1358)

L'écriture s'astreint à la modération et le ton est mesuré. Le narrateur cherche à atténuer la responsabilité des voleurs en les faisant obéir à un élan subit, certes « répréhensible », mais incompréhensible. Pour Camus, l'homme n'est

---

237 Marcel J. Mélançon définit en ces termes la morale camusienne : « Ce n'est ni une morale formelle, ni transcendante, puisque Dieu en est exclu, mais une morale réelle, tout humaine, une morale des limites. » *Albert Camus, analyse de sa pensée*, Fribourg, Les Éditions Universitaires, coll. SEGES n° 22, 1976, p. 147.

238 « L'exil d'Hélène », *L'Été*, *Essais*, p. 854.

pas naturellement mauvais. Au contraire, l'épreuve lui enseigne une sorte de sagesse qui le garde des turpitudes naturelles aux cholériques de Giono[239]. Point de trace dans le récit de Camus de ce qui fait l'essentiel du *Hussard sur le toit* : le gigantisme dans le mal et le déchaînement monstrueux. Point de trace non plus de cette jubilation du texte gionien à décrire la perversion. La notation du ridicule est toujours rapide, comme honteuse d'avoir surpris l'homme dans sa détresse. Le ridicule devient pathétique et incline à la pitié. Comme pour bien signifier que le malheur des hommes n'est pas objet de spectacle, Camus tient toute scène évocatrice des débordements des pestiférés pris de panique dans une distance favorable au flou et à la description approximative :

> Les exclamations, tout à l'heure confuses, se rassemblèrent aux confins de la ville, près de la colline pierreuse. On entendit en même temps quelque chose qui ressemblait à une détonation. Puis le silence revint. […]. (1427)

Le lexique véhicule le sens de l'imprécision : « confuses », « quelque chose », « ressemblait ». Des hommes qui tirent sur d'autres hommes qui veulent quitter la ville parce qu'ils ont peur et qu'elle s'est refermée sur eux comme un piège n'est pas un spectacle réjouissant.

Giono, quant à lui, focalise le texte sur les mille visages du malheur. Il grossit le détail cruel ou bas ou égoïste, le savoure et le donne à lire comme une preuve de plus à charge contre l'humanité. C'est ainsi que l'atmosphère tragique que la description de l'horreur est censée imposer dans le texte est minée par le comique outrancier que produisent les détails grotesques qui y sont attachés. À l'exemple de cette séquence qui raconte le compagnonnage improbable de la nonne et d'Angelo dans leur quête de cadavres à laver :

> Il entrait derrière elle (elle exigeait toujours de précéder) dans des charniers où un domestique assez cocasse était mêlé aux aspects terrifiants de la malédiction d'avant les temps. Les dernières grimaces de moribonds en bonnet de coton et caleçons à sous-pieds élargissaient dans des lèvres distendues des dentitions et des bouches de prophètes ; les gémissements des pleureuses et des pleureurs avaient retrouvé les haletantes cadences de Moïse. (384–385)

La collusion des registres du « domestique » le plus débraillé et du biblique ligue lecteur et narrateur contre les personnages décrits. Point de compassion mais le rire complice et néanmoins dérangeant de se savoir fautif de s'amuser de ce qui devrait inciter à la sympathie. Ainsi, l'écriture de la démesure se révèle dans

239 « […] la peste leur avait donné une tournure d'esprit singulière, aussi éloignée de l'indifférence que de la passion et qu'on pouvait définir par le mot "objectivité". » (1295)

l'inadéquation du ton employé avec la situation décrite ou racontée essentiellement quand, au moment le plus tragique, celui de l'agonie des personnages, Giono prend le parti de traiter de la mort de façon irrévérencieuse. Il la décrit dans une profusion de détails qui insistent sur les manifestations d'un corps qui se vide (vomissures et déjections), d'un visage qui grimace, qui bleuit, de membres qui se tordent et qui craquent, de moribonds qui se poursuivent et s'attaquent comme dans une sorte de carnaval macabre :

> On avait vu une mère poursuivie ainsi par son fils, une fille poursuivie par sa mère, de jeunes époux qui se donnaient la chasse ; la ville n'était plus qu'un champ de meutes et de gibier. (431)

La restriction conclusive renvoie à l'origine de ces débordements : l'instinct mauvais qui fait oublier toute civilité et qu'Angelo traque chez tous ceux qui croisent son chemin. Or, Angelo étant le personnage focal, l'accès au monde décrit se fait par son intermédiaire. Les précisions qui sont données ne rapportent de la souffrance du malade que ce qu'Angelo – qui sait garder ses distances – peut en voir. Or, l'attaque est toujours rapide et violente et Angelo est comme happé par l'urgence. C'est pourquoi la description ne s'attache pas à ce que le cholérique ressent mais à ce que son corps subit. Et ce qu'il subit, vu de l'extérieur et sans compassion, peut effectivement prêter à rire, l'agonisant n'étant déjà plus humain. Cependant, les rares fois où la souffrance est dite et où l'œil qui observe est empathique et charitable, le tragique reprend ses droits sur le texte. Ainsi de l'épisode où un jeune garçon meurt dans les bras du « petit médecin français » qui s'empresse de lui donner de la morphine en lui parlant comme à un enfant qu'on endort (285). C'est seulement quand son humanité déteint sur Angelo que les cholériques sont montrés dans toute la dimension pathétique de leurs souffrances. Il est logique alors qu'il soit le seul de tous les personnages à être affecté, à pleurer et de ce fait, le seul qui donne au choléra sa dimension tragique. Ces séquences où les ravages du choléra sont montrés dans la dimension réaliste et non fantastique de leurs conséquences font mesurer l'écart entre une écriture de la mesure et les débordements plus familiers au style du *Hussard sur le toit*. Car, le ton général du roman est léger. Des situations, extrêmes par la détresse qu'elles impliquent, ont paradoxalement pour effet de dissoudre le tragique dans le comique telles que la séquence qui évoque l'emménagement burlesque de la vieille dame qui, fuyant le choléra, a transporté son intérieur dans les bois et continue de vivre, en plein air, comme à l'intérieur de sa maison, entourée de ses meubles, accompagnée de sa servante[240] ou celle

240 « La première chose qu'Angelo vit à côté du chemin fut un paravent planté sous les

qui raconte la résurrection d'un cholérique et le dépit de la nonne outrée d'avoir lavé un vivant quand elle se veut au seul service des morts[241]. Le détail cocasse et la caricature grotesque sont caractéristiques de cette écriture de la démesure à l'affût de la faille et du travers qu'elle grossit. Aussi est-elle intolérante envers l'homme. Celle que commande la mesure rachète, au contraire, et pardonne. Giono fait rire son lecteur et le désespère, Camus l'émeut et le réconforte.

Anne Prouteau affirme : « Finalement ce que rechercherait l'homme dans la création romanesque serait l'espoir [...] d'un monde où la maîtrise de son destin serait enfin possible[242]. »

La Peste permet cet espoir et les personnages arrivent à cette maîtrise même si l'auteur ne leur concède qu'une victoire relative parce que temporaire. Camus accorde une chance à l'homme ; Giono n'en donne qu'à Angelo et le lecteur sait qu'il ne peut se mesurer à ce héros trop parfait. *Le Hussard sur le toit* décline caricaturalement les travers humains pour définitivement décliner tout espoir en l'homme. Rémi Astruc a bien raison de voir dans le recours de certains romanciers au grotesque une manière de prendre position :

> Comme l'ont noté beaucoup d'analystes, la distorsion grotesque n'est pas moralement neutre. Elle engage en effet une conception critique du monde. Les romanciers qui ont recours au grotesque font ainsi, consciemment ou non, parfois de manière militante ou à l'inverse dans le refus catégorique du politique [...], œuvre de " moralistes ", sans cependant que cette dimension de leur art ne se concrétise dans une alternative idéologique claire[243].

C'est le cas de Giono mais sa condamnation de l'homme, elle, est claire. La démesure caractéristique aussi bien de l'univers du roman que de l'écriture qui y a présidé est le moyen et l'expression de cette condamnation. Au contraire, Rieux veut raconter les « curieux événements » (1220) qui se sont produits à Oran pour rendre compte de la grandeur et de la dignité de l'homme dans l'adversité. Il choisit d'écrire une « chronique » (1220) parce que la justesse de ton

---

oliviers d'un verger. Il était peint de couleurs très vives, peut-être sur soie. Il avait été destiné sans doute à réjouir quelque pénombre au coin d'un feu. Ici, il était en plein soleil – (le feuillage élimé des oliviers ne donnait presque pas d'ombre) – en plein soleil furieux. » (403)

241 « C'est un salaud, dit-elle. Il est vivant et je lui ai lavé le cul. » (398)

242 Anne Prouteau, « L'enjeu sacré de la littérature : une entreprise de correction et de réparation du réel » in Hubert Faes et Guy Basset (dirs.), *Camus, la philosophie et le christianisme*, Paris, Les Éditions du Cerf, 2012, p. 257–268, p. 260.

243 Rémi Astruc, *Le Renouveau du grotesque dans le roman du XXe siècle. Essai d'anthropologie littéraire*, *op.cit.*, p. 50.

et la mesure avec lesquelles il veut le faire sont le propre de ce genre de relation. Rieux est convaincu que seule la sobriété sied au respect des souffrances endurées et qu'il suffit « de dire : "Ceci est arrivé", lorsqu'il sait que ceci est, en effet, arrivé » (1221). Cependant, le risque était grand de voir s'exténuer le texte. Laurent Gourmelin s'interroge : « [...] et si le récit de la mort n'était rien d'autre que la mort du récit ou, tout au moins, la mise en péril de ce dernier[244] ? » Si cette question se pose pour tout récit traitant de la mort, elle est encore plus justifiée quand le sujet est abordé avec cette extrême économie rhétorique dont le roman fait preuve. En fait, la mesure de l'écriture, loin de mettre en danger le texte camusien, véhicule une révolte d'autant plus percutante qu'elle est dite sans grandiloquence. *La Peste* est un récit qui vainc la mort même si « le bacille de la peste ne meurt ni ne disparaît jamais » (1474). *Le Hussard sur le toit* triomphe du choléra par le rire et le détournement grotesque. « En fin de compte, tout récit est aussi une victoire sur la mort[245]. »

Il n'en reste pas moins que soumettre le mal en utilisant la dérision est plus désespéré que de l'affronter frontalement. En effet, le monde de la démesure grotesque donne l'impression d'être une échappatoire et comme l'aveu d'une impuissance. Celui de la stricte mesure des moyens et des mots est une arène fermée où la lutte, frontale, est âpre et sans merci. Pour être l'univers de la mesure, le monde de *La Peste* n'est pas pour autant celui de la tiédeur.

Mesure et démesure sont deux expressions de la révolte. Elles sont aussi deux orientations de l'écriture qui décident de la manière dont se fait la transposition romanesque du réel et décident donc des choix techniques de la narration.

244 « Conclusion » in Gérard Jacquin (dir.), *Le récit de la mort. Écriture et Histoire*, Rennes, Presses Universitaires de Rennes, coll. Interférences, 2003, p. 165–170, p. 166.

245 *Loc.cit.*

Chapitre Deuxième Les choix d'écriture et leurs implications

a. Les modalités de la narration

Les choix que font Giono dans *Le Hussard sur le toit* et Camus dans *La Peste* quant aux prérogatives à donner au narrateur et à la manière dont il va dérouler son récit décident non seulement de la stratégie narrative adoptée mais également et surtout de la transposition, dans le roman, d'une conception de l'homme et du mal.

Giono opte pour une forme narrative sans complications : ordre chronologique des événements de l'histoire, schéma narratif linéaire et narrateur extradiégétique. Jacques Chabot résume clairement ces options de narration :

> *Le Hussard sur le toit* reste un roman très traditionnel, récit en troisième personne écrit par un narrateur très subjectif et omniscient, où tout est vu du point de vue du narrateur ou de son héros auquel il s'identifie[246].

En effet, ce narrateur, dont on ne connaît rien mais qui semble tout savoir, focalise sa narration sur Angelo. Il voit et raconte en adoptant le point de vue privilégié du héros en un réalisme subjectif qui véhicule les sentiments paradoxaux d'Angelo au pays du choléra. Il en résulte une restriction de champ qui réduit la narration à ce que le personnage principal voit, ressent et comprend – et souvent ne comprend pas – de ce qu'il lui arrive et des situations et des personnages auxquels il se trouve confronté. Jean-Yves Laurichesse dit qu'il est le « détenteur exclusif de la perspective narrative[247]. »

L'épisode qui raconte l'arrivée d'Angelo au camp de fortune où se retranchent Giuseppe, ses hommes et les villageois qui les ont suivis pour fuir le choléra est un exemple parmi beaucoup d'autres représentatifs de cette narration limitative au point de vue d'Angelo. Une expression apparaît de façon récurrente : « cette sorte de milice » (436). Elle est employée par le narrateur mais c'est à l'esprit d'Angelo qu'elle s'impose. Celui-ci est intrigué par le comportement des paysans-soldats sous le commandement de son frère de lait, soupçonne le pire de sa part mais ne peut rien affirmer de manière tranchée. L'expression dit le doute

---

246 Jacques Chabot, « Le Manuscrit et son double », in *Giono L'Humeur belle*, Aix-en-Provence, Presses Universitaires de Provence, 1992, p. 92.

247 Jean-Yves Laurichesse, *Giono et Stendhal. Chemins de lecture et de création*, *op.cit.*, p. 259.

dans lequel se trouve le héros qui déambule dans le camp, observe mais ne saisit pas tout ce qui s'y passe. Le narrateur ne donne aucune explication et le lecteur ne comprend que ce que le personnage finit par deviner des agissements inhumains de Giuseppe et de sa milice envers les malades, emportés avant même d'être morts.

Le roman étant celui de l'apprentissage du mal par Angelo, la narration progresse au fil des aventures du personnage qui découvre la vie dans le même temps où il est confronté au choléra et où il cherche à rejoindre l'Italie pour continuer à se battre pour la Révolution. Il ne se mêle donc de ce qui se passe en Provence que le temps de cette halte forcée. Aussi, le choléra, les ravages qu'il provoque, la mort même sont-ils des sortes d'intermèdes avant la poursuite de l'aventure italienne. Le narrateur, complaisant envers son personnage, le met dans des situations avantageuses. Le récit est alors celui des prouesses du héros, meublant l'attente et se mêlant aux cholériques. Ceux-ci forment une toile de fond sur laquelle se détache Angelo. Une hiérarchie est établie qui fait du roman celui du hussard, isolé des autres et les observant – comme le dit fort clairement le titre. Il est alors ce que Michel Raimond dit du personnage focal : « une conscience centrale en laquelle les autres personnages se reflètent[248]. » Or, héros trop parfait, il rend encore plus laide l'humanité à laquelle il ne veut pas se mêler. La distance morale qui les sépare vaut condamnation pour la commune humanité. En accordant sa sympathie entière à son héros, le narrateur s'économise bien des commentaires sur la turpitude humaine. Giono dit un parti-pris contre l'homme en créant un personnage incomparable et un narrateur complaisant.

Dans *La Peste*, l'instance de narration est plus complexe à cerner. Tout au long du récit, le narrateur affirme son entière solidarité avec ses « concitoyens », expression récurrente. Il est donc concerné par le drame sans s'avouer personnage de l'histoire. Il ne peut endosser explicitement ce statut que quand il dévoile son identité au début du dernier chapitre de la cinquième partie : « Cette chronique touche à sa fin. Il est temps que le docteur Bernard Rieux avoue qu'il en est l'auteur. » (1468) Il réaffirme alors en continuant, paradoxalement, à parler de soi à la troisième personne : « C'est ainsi qu'il n'est pas une des angoisses de ses concitoyens qu'il n'ait partagée, aucune situation qui n'ait été aussi la sienne. » (1468) Pour accentuer encore plus le paradoxe, le narrateur insiste sur son implication tout en tenant à expliquer la distance à laquelle il s'est obligé. Il dit vouloir, avant de clore son récit, « au moins justifier son intervention et

248 Michel Raimond, *Le Roman*, Paris, Armand Colin, 1989, p. 135.

faire comprendre le ton du témoin objectif » (1468) qui fut le sien en tant que « chroniqueur » des événements.

Néanmoins, cette révélation tardive permet une lecture rétrospective éclairante. Il devient logique que toute la narration se soit organisée autour du docteur Rieux et qu'il soit de ce fait un personnage focal sur le plan du récit de la même manière qu'il fut au centre des événements sur le plan de l'histoire. C'est d'ailleurs en mettant en avant le fait qu'il a été, de par son métier, en contact étroit avec les Oranais, et témoin de l'horreur qu'ils ont vécue, qu'il justifie son initiative d'écrire la chronique de l'épidémie :

> Pendant toute la durée de la peste, son métier l'a mis à même de voir la plupart de ses concitoyens, et de recueillir leur sentiment. Il était donc bien placé pour rapporter ce qu'il avait vu et entendu. (1468)

Cette stratégie narrative qui consiste à opter « pour un point de vue privilégié, sinon unique[249] » est familière à Camus. Dans *La Peste*, Rieux est effectivement un personnage fédérateur de la narration puisqu'il connaît tous les personnages, qu'il leur arrive de se réunir chez lui, que Tarrou finit par s'y installer et y mourir et que tous ont avec lui des discussions qui peuvent aller jusqu'à la confidence pour Rambert, Grand et Tarrou, dans un univers où les relations amicales, quoique fortes, restent réservées. Par ailleurs, ce sont ses activités en tant que médecin qui constituent une grande partie du récit. Considéré de façon rétrospective, Rieux, narrateur de *La Peste*, est un narrateur homodiégétique. Cependant, même s'il joue un rôle central dans l'histoire, il n'est pas autodiégétique puisque la notion même de héros est remise en question par lui et que le drame est le drame de tous à part égale. La tragédie collective occulte la sienne propre, celle qui le laisse désemparé à la fin du roman : sa femme morte quand les portes de la ville étaient fermées, sans qu'il n'ait pu ni la voir ni l'assister. C'est pourquoi son témoignage ne peut pas ne pas « prendre délibérément le parti de la victime » (1468). La focalisation est donc interne et le point de vue subjectif, c'est-à-dire impliqué, malgré toutes les protestations d'objectivité auxquelles se livre le narrateur[250]. Roger Quilliot parle de cette

---

249 Jacqueline Lévi-Valensi pécise : « Camus opte la plupart du temps pour un point de vue privilégié, sinon unique. » *Albert Camus ou la naissance d'un romancier*, Paris, Gallimard, coll. Les cahiers de la NRF, 2006, p. 520.

250 « Objectivité » est un terme récurrent : « [...] pour ne rien trahir et surtout pour ne pas se trahir lui-même, le narrateur a tendu à l'objectivité. » (1365) « Et c'est l'objectivité elle-même qui lui commande de dire maintenant [...]. » (1365)

position inconfortable à laquelle le narrateur s'astreint en utilisant le terme de « neutralité[251] ». Cependant, le fait que le narrateur déclare avoir pris « délibérément le parti de la victime » le dégage de cette neutralité. Les marques textuelles de l'implication sont présentes dès les premières lignes du roman même si elles sont extrêmement ténues. L'emploi de la première personne du pluriel et de l'indéfini *on* est une entorse à l'impératif de l'objectivité. L'intérêt porté aux couples que la peste sépare, plus qu'à toute autre catégorie de victimes du fléau, autorise le narrateur à parler indirectement et fort discrètement de sa propre souffrance. Il a l'honnêteté de préciser que, de tous les maux infligés par la peste, c'est celui de la séparation qu'il connaît le mieux et se laisse aller à un lyrisme inusité dans le récit :

> Oui, c'était bien le sentiment de l'exil que ce creux que nous portions constamment en nous, cette émotion précise, le désir déraisonnable de revenir en arrière ou au contraire de presser la marche du temps, ces flèches brûlantes de la mémoire. (1276)

Il souffre de toute la souffrance qui l'entoure. Il en devient le réceptacle par le récit qu'il en fait.

Ces feintes de l'écriture qui consistent à vouloir s'abstraire de son récit – et la première d'entre elles qui est de cacher son identité – montrent un narrateur partagé entre la nécessaire objectivité du chroniqueur et le droit pour tout homme de dire son bonheur et sa souffrance. Dans une note préparatoire à la rédaction du roman, Camus avoue :

> Le narrateur n'a pu se priver de se mettre en scène. Mais pour enlever à cette chronique tout caractère personnel et lui donner le ton objectif, le désintéressement qui peut seul lui convenir, il n'a parlé de lui qu'à la 3ème personne. On le reconnaîtra toujours à temps[252].

Si Rieux refuse d'écrire à la première personne c'est parce que focalisation implique une éthique. Parler de sa seule souffrance, quand la souffrance est le lot de tous, est, à ses yeux, moralement inacceptable. Parallèlement, Rambert considère qu'« il peut y avoir de la honte à être heureux tout seul ». (1389) Le mouvement égoïste, aussi bien dans le malheur que dans le bonheur, est

---

251 Roger Quilliot : « Neutralité subtile puisqu'elle exige de l'acteur Rieux qu'il se comporte en narrateur quasiment étranger aux événements, puisqu'elle le contraint à masquer son émotion sous les dehors de la chronique. » « Albert Camus ou les difficultés du langage. », *Albert Camus 2. Langue et langage. La Revue des Lettres Modernes*, n° 212–216, 1969, p. 77–101, p. 94.

252 Cité par Marie-Thérèse Blondeau dans « Notes pour une édition critique de *La Peste* », *Roman 20–50*. Spécial Camus, *La Peste*, n° 2, décembre 1986, p. 87.

condamné parce qu'il coupe des autres. Rieux se devait de disparaître de son texte parce qu'il se devait de prêter ses mots à tous : « Décidément, il devait parler pour tous. » (1469) La solidarité est aussi une question de choix de narration. Il ne pouvait donc occuper dans le récit que la place dévolue au personnage, au même titre que les autres personnages. Certes, la focalisation interne lui permet de se dire un peu plus, mais toujours confondu avec les autres. Ce qui explique que son drame de « séparé[253] » ne soit raconté par lui qu'en tant que personnage s'entretenant avec un autre : « C'est avec lui [Il s'agit de Grand] que Rieux se surprit un jour à parler de sa propre femme sur le ton le plus banal, ce qu'il n'avait jamais fait jusque-là. » (1374) Aussi fut-il, le temps de tout le récit jusqu'au dernier chapitre de la dernière partie, un narrateur anonyme, s'efforçant à une réserve à laquelle il lui fut parfois difficile de se plier.

Par ailleurs, le narrateur précise qu'« étant appelé à témoigner, à l'occasion d'une sorte de crime, il a gardé une certaine réserve, comme il convient à un témoin de bonne volonté. » (1468) Dans la perspective d'un récit testimonial, le fait que le narrateur cache son identité devient la rétention d'une information importante non pour la compréhension des événements qu'il rapporte mais pour l'évaluation du récit qu'il en fait. *La Peste* se lit alors comme un récit ancré dans l'après-guerre et se faisant l'écho des horreurs de la guerre. Le narrateur parle bien « d'une sorte de crime » (1469). Ceci n'est pas sans rappeler la littérature des camps quand des rescapés ont décidé de raconter l'horreur vécue afin de garder le souvenir de ceux qui en sont morts et de témoigner de leur souffrance et de l'abjection subie[254]. En faisant le choix de cette stratégie d'un narrateur-témoin qui s'interdirait ce que cette situation de survivant impliquerait de trop grande proximité à la fois avec l'évènement et avec les victimes, en s'obligeant donc à une distanciation garante d'un détachement relatif, Camus veut-il assurer au récit une retenue qui défierait les emballements meurtriers de l'histoire ? Par un récit sobre et dépouillé, Camus-Rieux arrive à redonner une forme rationnelle à la démence de l'évènement. Car, un narrateur qui ne s'obligerait pas – par la distance prise avec le désastre vécu – à émerger du chaos serait dans l'incapacité d'en témoigner. Dire le chaos c'est le vaincre. Anne Martine Parent affirme :

253 Terme récurrent ce qui souligne son importance : « Mais de quoi, dira-t-on, ces séparés avaient-ils l'air. » (1368) On peut dire pour finir que les séparés n'avaient plus ce curieux privilège qui les préservait au début. » (1368)

254 Cet aspect du roman est développé dans la troisième partie. *Cf. infra.*

> Définie par Ricœur comme « synthèse de l'hétérogène », la forme narrative telle qu'elle est conventionnellement pensée en est une de remise et de retour à l'ordre : elle organise le diffus d'une action, d'une expérience, d'une confrontation entre l'être humain et le monde, elle y trace des lignes de force et de cohérence, elle y impose un ordre signifiant. Si elle est la mise en scène d'une lutte entre la discordance et la concordance, elle est également la consécration habituelle de la concordance qui finit par l'emporter[255].

Anne Martine Parent parle de l'auteur d'un récit traumatique autobiographique non du narrateur d'une fiction. Mais dans l'ordre de la diégèse, Rieux est l'auteur de ce récit traumatique – qu'il est possible de considérer comme autobiographique – et le survivant qui témoigne pour toutes les victimes, « pour ne pas être de ceux qui se taisent. » (1473)

Cette même inscription du roman dans l'histoire tragique de l'après-guerre est posée par Jacqueline Lévi-Valensi en des termes différents :

> Le problème du narrateur pose la question du sujet, qui est au centre même, implicitement, de « La Peste » ; en face du mal absolu, de « l'abstraction » qui dépersonnalise, le « je » n'est-il pas ébranlé dans ses fondements mêmes ? La déshumanisation, que symbolise la peste, et que l'histoire du XXème siècle a bien connue, à travers les camps de concentration, les crimes contre l'humanité, la terreur totalitaire, cherche à empêcher le surgissement du « je » et de l'être, ou à le faire disparaître. Peut-être le recours à un narrateur anonyme, qui parle de lui comme d'un « il » ou d'un « on » témoigne-t-il de la difficulté de dire « je », ou de dire simplement son nom, dans un monde où le bacille de la peste n'est pas définitivement vaincu [...][256].

Cette hypothèse avancée par Jacqueline Lévi-Valensi prend tout son sens quand on la confronte à ce que Jean-Paul Sartre affirme de l'incongruité qu'il y aurait à retrouver le narrateur omniscient et la focalisation zéro dans le roman d'après-guerre :

> Puisque nous étions situés, les seuls romans que nous pussions songer à écrire étaient des romans de situation, sans narrateurs internes ni témoins tout-connaissants ; bref, il nous fallait si nous voulions rendre compte de notre époque, [...], peupler nos livres de consciences à demi lucides et à demi obscures [...] dont aucune n'aurait sur l'événement ni sur soi de point de vue privilégié [...][257].

---

255 Anne-Marie Parent, « Trauma, témoignage et récit : la déroute du sens », *Protée*, vol. 34, n° 2–3, 2006, p. 113–125, p. 113. URL : https://www.erudit.org/fr/revues/pr/2006-v34-n2-3-pr1451/014270ar/ consulté le 2/12/2016.

256 Jacqueline Lévi-Valensi, « La Peste » *d'Albert Camus*, Paris, Gallimard, coll. Foliothèque 8, 1991, p. 58–59.

257 Jean-Paul Sartre, *Qu'est-ce que la littérature ?*, Paris, Gallimard, coll. Folio Essais, 1993, p. 224.

En effet, si l'histoire barbare a prouvé qu'il n'est plus possible de comprendre l'autre ni de voir clair dans la conscience humaine, si les horreurs des totalitarismes et du nazisme en particulier ont prouvé que l'autre humain est étrange et étranger, si elles rendent ridicule l'omniscience dans la narration, elles frappent également de caducité la notion de personne sacrée dans son intégrité physique et morale.

La Peste prouve que la « question du sujet » est effectivement problématique dans le roman d'après-guerre et la notion de narrateur aussi. Camus s'en fait le traducteur quand il prête à Rieux tous ses scrupules de narrateur. Dans *Le Hussard sur le toit*, le narrateur est omniscient comme si Giono – par ailleurs auteur des *Chroniques* dans lesquelles la perspective narrative est si complexe – pensait qu'il était encore possible de comprendre l'autre, de voir clair dans la conscience humaine. L'impératif moral qui décide des options de narration dans le roman de Camus est absent des préoccupations de Giono et *a fortiori* de son narrateur. La gravité dont fait preuve le premier et la légèreté caractéristique du roman du second se manifestent dès le titre même et jusque dans la configuration spatio-temporelle dans les deux récits.

b. La configuration spatio-temporelle

Les deux expressions : « la peste » et « le hussard sur le toit », employés en tant que titres, impliquent un imaginaire de l'espace et du temps que confirme la représentation spatio-temporelle dans les deux romans. Le premier ne signifie pas uniquement l'épidémie dans son sens premier et dans sa signification métaphorique ; il renvoie également au temps de peste que connaît la ville d'Oran. Le second campe le personnage dans un parti pris de désinvolture qui le place mentalement dans un ailleurs du temps et de l'espace intouché par l'épidémie.

Les hésitations concernant le titre, puis le choix du titre définitif par chacun des deux romanciers, sont significatifs des visées de chacun. Giono écrit un roman d'aventures, de fougue, de passion et d'audace, de légèreté aussi et de bonheur malgré le choléra, c'est-à-dire de pur romanesque. Henri Godard rappelle que le romancier « avait pensé à donner à l'ensemble du cycle le titre de "Romanesque"[258] ». Pour Camus, il s'agit d'écrire un roman de détermination, de révolte et de lutte solidaire dans le malheur. C'est pourquoi il ne pense qu'à des titres qui signifient l'égalité de traitement pour tous : tous prisonniers de la

258 Henri Godard, « *Angelo.* Notice », *Œuvres romanesques complètes* IV, p. 1193–1220, p. 1203.

peste[259], tous exilés du fait de la peste, tous également concernés par le mal dont nul ne peut se dire indemne. Annoncer la peste en titre est le moyen d'installer d'emblée ce qui va caractériser tout le roman : une atmosphère de peur et une tension de lutte. Roger Quilliot affirme :

> Nommer la peste, c'est s'enfoncer dans la terreur ; mais c'est aussi la combattre : toute l'équivoque du livre est déjà dans son titre. Le mot introduit à la prise de conscience, puis à la résistance[260].

Le titre de Giono est tout aussi « équivoque » mais pour des raisons différentes. Alors qu'il s'agit du drame de la confrontation des hommes avec la souffrance et la mort, le romancier introduit une note inattendue, une fantaisie insolite[261].

Mais plus sérieusement, *Le Hussard sur le toit* suggère qu'une dimension est ouverte – les toits – accessible au héros et interdite aux autres. Quand l'espace clos de la ville d'Oran mise en quarantaine est celui du tragique, l'espace ouvert des toits de Manosque est celui de la liberté, conservée malgré les contraintes de l'épidémie par un héros qui donne l'impression de n'être concerné par le choléra que tant qu'il y consent. Giono place son héros, spatialement et de façon métaphorique, au-dessus d'une humanité médiocre, à laquelle il ne se mêle que temporairement et pour se prouver qu'il a la générosité de le faire. Angelo est donc protégé de toute atteinte du fait même de la hauteur qu'il prend dans le sens littéral autant que figuré de cette expression. Laurent Fourcaut commentant de façon générale le « symbolisme de l'espace chez Giono » affirme :

> [...] l'en-bas est l'espace problématique des transformations, du libre jeu des forces élémentaires, l'espace des batailles sur tous les plans (naturel et social), tandis que l'en-haut – Giono préfère parler des hauteurs – est l'espace du repli prudent loin du bas dévorateur [...][262].

---

259 Roger Quilliot précise : « Camus songe à ce moment (en août 1942) à intituler son livre : *Les Prisonniers* », « Présentation » de *La Peste* », *Essais*, p. 1936.

260 Roger Quilliot, « Albert Camus ou les difficultés du langage. », *Albert Camus 2, op. cit.*, p. 96.

261 Pierre Citron : « Titre volontairement mystérieux (dans la tradition de Stendhal) et d'une cocasserie inspirée peut-être par *Le Bœuf sur le toit* de Cocteau et Milhaud. », « *Le Hussard sur le toit*. Notice », *Œuvres romanesques complètes* IV, p. 1324–1325.

262 Laurent Fourcaut, « *Prélude de Pan*. Une apocalypse païenne en noir et blanc », Laurent Fourcaut (dir.), *Jean Giono 6. Giono et son apocalypse*, Paris, Lettres Modernes, 1995, p. 45–74, p. 51.

Cette remarque est d'une particulière importance appliquée au *Hussard sur le toit* puisqu'elle justifie le titre par son rapport avec la bipartition de l'espace dans le roman entre un espace de compromissions et un autre de préservation.

Dans *La Peste*, les personnages subissent, de plein fouet et tous à part égale, le terrible fléau. Oran fermée est un espace clos qui les contraint à tourner en rond de même que tourne obsessionnellement dans leur tête l'unique pensée de leur fin. Roland Barthes souligne l'importance de l'isolement de la ville dans la construction du sens :

> Toute la chronique de *La Peste* tient dans la clôture matérielle d'Oran, la mer d'un côté, par les portes fermées de l'autre, [...], un enfermement rigoureux qui concentre la cité à la façon d'une essence, d'un principe, d'un objet parfaitement fini, prêt à être saisi par le symbole, c'est-à-dire par l'art[263].

La prise de conscience de l'énormité du drame se fait par la panique de se savoir prisonniers d'une ville livrée tout entière au mal. L'absence d'issue est l'essence même du tragique[264]. L'espace fermé renvoie symboliquement à l'enfermement dans la condition humaine. C'est pourquoi l'isotopie de l'emprisonnement – très présente dans le roman – véhicule à la fois la claustration et la détresse[265].

Par ailleurs, Angelo est dans un mouvement perpétuel, à cheval et cherchant à contourner les quarantaines. Il semble ainsi échapper à la condamnation collective. Contrairement aux personnages de *La Peste* qui respectent les lois de l'isolement et qui savent que de ce respect en temps de peste dépend la survie des hommes, il ne voit dans l'ordre nouveau qui impose restrictions et quarantaines, qu'une entrave à sa liberté et donc à son bonheur. Il se place au-dessus des lois, confirmant par son comportement, le choix fait par l'auteur de le maintenir sur les toits, surtout au-dessus de la commune humanité. Jean-Yves Laurichesse en parle en termes de sublime en référence à l'univers stendhalien :

> L'être habité par le sentiment du sublime échappe au contrôle de la raison, garante de la cohésion du corps social. Il se situe *ailleurs*, mais cet ailleurs est un *au-dessus*. Il

263 Roland Barthes, *Œuvres complètes, tome I (1942–1965)*, *op.cit.*, p. 452–456, p. 452.

264 Roland Barthes : « [...] les portes de la ville, thème tragique séculaire [...] », *loc.cit.*

265 « Il [Rieux] avait, à ce moment précis, une perception extraordinairement aiguë de cette ville qui s'étendait à ses pieds, du monde clos qu'elle formait et des terribles hurlements qu'elle étouffait dans la nuit. » (1304) ; « [...] soudain conscients d'une sorte de séquestration, sous le couvercle du ciel où l'été commençait de grésiller [...]. » (1301) ; « fuir hors de la ville » (1305).

> est *fou*, mais sa folie atteste qu'il vit dans une vérité personnelle, et non selon la vérité commune[266].

Dans *La Poétique de l'espace*, Bachelard parle de « domination », de « solitude de la hauteur », éprouvées par un rêveur persuadé de sa supériorité et de sa « grandeur » : « Tout est petit parce qu'il est haut. Il est haut, donc il est grand. La hauteur de son gîte est une preuve de sa propre grandeur.[267] » Angelo, surplombant Manosque, regarde s'agiter une foule dont la furie le conforte dans le sentiment que le fléau qui s'abat sur la ville ne peut que rendre encore plus enragés les hommes qui cherchent à le tuer. Bachelard donne l'impression de parler de lui en particulier quand il décrit généralement « une rêverie de clocher » :

> L'homme dans la solitude du clocher contemple ces hommes qui « s'agitent » sur la place blanchie par le soleil d'été. Les hommes y sont « gros comme des mouches », ils se meuvent sans raison « comme des fourmis ». Ces comparaisons si usées qu'on n'ose plus les écrire apparaissent comme par inadvertance dans bien des pages où l'on dit une rêverie de clocher[268].

Elles apparaissent, en effet, dans le texte de Giono où il ne s'agit pas de fourmis mais de poules qui s'acharnent sur un corps qu'elles ont tôt fait de piler :

> Il ne vit d'abord que des gens en tas. Ils semblaient piller quelque chose comme des poules sur du grain. Ils piétinaient et sautaient quand le cri jaillit encore plus aigu et plus blond de dessous leurs pieds. (346)

La comparaison introduit un des motifs du récit par l'assimilation des hommes déchaînés aux poules friandes de cadavres au même titre que d'autres animaux devenus charognards dans un contexte de régression générale vers l'état primitif. De son observatoire viendra à Angelo l'envie de combattre le choléra non par souci de solidarité mais pour se distinguer du déchaînement de violence qu'il observe. La générosité et l'altruisme, dont il fait preuve à bien des occasions, sont l'expression de la volonté de se prouver qu'il échappe à la contagion – qui est moins de coliques que de cruauté. C'est ainsi que descendu des toits, à cheval, il sillonne la Provence atteinte de choléra et se saisit de toutes les occasions pour porter secours à qui en aurait besoin. L'auteur lui offre un espace vaste – et en temps de choléra et de restriction de l'espace – un espace presque infini, pour que se déploient toutes les virtualités de prouesse dont il est capable. Maurice

---

266 Jean-Yves Laurichesse, *Giono et Stendhal, Chemins de lecture et de création*, *op.cit.*, p. 146. Les italiques sont de l'auteur.

267 Gaston Bachelard, *La Poétique de l'espace*, Paris, PUF, coll. Quadrige, 2005, p. 159.

268 *Loc.cit.*

Macuer parle de lui comme d'« un véritable chevalier errant » : « Comme les héros des romans de chevalerie, le voici maintenant engagé dans une aventure solitaire, en quête de prouesses[269]. » Faire d'Angelo un cavalier et de la Provence un espace ouvert, malgré toutes les quarantaines disséminées à travers le pays, c'est lui offrir des possibilités d'action qui ne sont pas de même nature que celles que tentent les personnages de *La Peste*.

Sans distinction, les personnages de *La Peste*, vivent dans l'épidémie, au ras du fléau, immergés dans le mal pour mieux le combattre. Quand Tarrou et Rieux vont sur la terrasse, qu'ils surplombent la ville et que leur vient l'envie d'échapper au malheur par un bain de mer, ils savent que l'oubli temporaire de la peste est de nature à leur donner le courage de s'immerger dans la ville à nouveau pour reprendre chacun son rôle dans la lutte. Maurice Weyembergh commente ainsi cet épisode :

> Que l'on puisse désirer, à certains instants privilégiés, immobiliser l'histoire et le temps ou fixer le paysage et l'espace ne signifie pas que l'on est prêt à déserter ou à se désengager. Les moments de plénitude sont comme des éclats d'éternité et c'est de les avoir vécus qui donne envie de continuer[270].

Les deux personnages ne s'offrent le luxe de quitter la ville empestée que pour y revenir aussitôt, rappelés par le devoir de résistance. C'est pourquoi l'espace dans ce roman est à appréhender à la fois comme espace de la tragédie et comme espace de la révolte. Dans « Révolte et art », Camus affirme : « Toutes les pensées révoltées, […], s'illustrent dans une rhétorique ou un univers clos[271]. » Ce qui fait le malheur des personnages les rend plus déterminés et plus forts. La ville fermée favorise la lutte parce qu'elle accule les protagonistes à agir. Plus question de se laisser vivre ni de commercer en toute quiétude quand Oran, si nonchalante dans un passé encore si proche, s'est transformée en un espace pour mourir.

Clairement, dans *La Peste* autant que dans *Le Hussard sur le toit*, la nature de l'espace imaginé pour l'action décide de la qualité de celle-ci. Audrey Camus et Rachel Bouvet le confirment : « […] l'espace fictionnel, loin de fournir le seul décor de l'intrigue, fonde l'univers diégétique tout entier.[272] » Oran, ville sans

---

269 Maurice Maucuer, « *Le Hussard sur le toit* ». *Giono*, *op.cit.*, p. 66.

270 Maurice Weyembergh, « Camus et le génie du consentement » in Anne-Marie Amiot et Jean-François Mattéi (dirs.), *Albert Camus et la philosophie*, Paris, PUF, coll. Thémis philosophie, 1997, p. 117–132, p. 131–132.

271 *L'Homme révolté*, *Essais*, p. 659.

272 Audrey Camus et Rachel Bouvet (dirs.), *Topographies romanesques*, Rennes, Presses universitaires de Rennes, coll. Interférences, 2011, p. 33–44, p. 34.

attraits, que la fermeture des portes rend encore plus terne, contribue à donner au monde de la peste une médiocrité qu'il faut comprendre comme la banalité antithétique de tout éclat héroïque. L'espace étriqué est à l'image des personnages eux-mêmes communs, à l'image du fléau que l'auteur représente appliqué à tuer avec médiocrité et précision sans rien de la beauté terrible que l'imaginaire collectif attribue au mal. De fait, Camus dénonce le mal en le démythifiant[273]. Au contraire, les espaces ouverts, flamboyants sous le soleil à la limite de l'incandescence, dans lesquels chevauche Angelo, sont à la démesure du fléau, à la démesure du héros. Ils sont ce que Bachelard appelle des « espaces d'hostilité » dont il précise : « Ces espaces de la haine et du combat ne peuvent être étudiés qu'en se référant à des matières ardentes, aux images d'apocalypse[274]. » Tel est précisément le cas dans le roman de Giono où la « matière ardente » est figurée par la couleur rouge devenue brutalement dominante arborée par les deux personnages qui gardent l'entrée du monde infernal du choléra : « une femme en jupon rouge » (239) et un moine « maigre et sans âge, avec un visage du même roux que sa robe et ses yeux ardents. » (245) Cet espace ne peut être que redoutable et Angelo y entre prévenu : « [...] on est enfermé sous un globe de pendule où une toute petite folie de lumière peut vous tuer. » (242)

Mais c'est aussi l'espace euphorique de l'aventure. Par bien des côtés en effet, *Le Hussard sur le toit* est un roman picaresque. Dans une lettre à son ami Maximilien Vox, Giono écrit : « Alors, ça part comme le tonnerre. Et ça devient un monstrueux roman picaresque, cocasse, tendre, ébouriffant et finalement grave. Ce que je m'amuse ![275] » Les composantes essentielles du roman picaresque se trouvent effectivement réunies dans *Le Hussard sur le toit* : un personnage qui se déplace, un chemin à faire et des aventures vécues. Robert Ricatte affirme : « Giono a souvent été tenté par le picaresque, qui est le mode propre à qui veut raconter tout ce qui advient à son personnage sur une route.[276] » Tout au long du récit, Angelo poursuit – tant bien que mal – son chemin vers l'Italie et la route devient le lieu de rencontre de personnages très divers – par leur appartenance sociale, leurs préoccupations, leur comportement face à l'épidémie – et le lieu où se fait son apprentissage de tout ce que le choléra peut apprendre sur les autres et sur soi-même. Le personnage est en perpétuel mouvement et les

---

273 Sur la démythification du mal, voir *infra*.

274 Gaston Bachelard, *La Poétique de l'espace*, *op.cit.*, p. 17.

275 Citée par Pierre Citron, « Notice générale », *Œuvres romanesques complètes* IV, p. 1140.

276 Robert Ricatte, « *Le Bonheur fou*. Notice » *Œuvres romanesques complètes* IV, p. 1555.

possibilités de l'action lui sont permises. Le récit gagne en allégresse malgré les conditions dramatiques dans lesquelles se font ces tribulations. Au contraire et dans un renversement total des valeurs liées à l'espace, l'enfermement dans Oran, coupée du monde, contraint les personnages de *La Peste* à l'action discrète. Dans un espace confiné, les actions d'éclat ne sont pas possibles. Peter Cryle affirme fort justement :

> Voilà pourquoi le style héroïque est inconcevable dans le monde de la peste : il n'y a dans la lutte aucun dynamisme. Le fléau s'installe confortablement dans son efficacité meurtrière, et les hommes doivent bien s'installer à leur tour pour lutter contre elle. La lutte est parfaitement statique[277].

Si dans le roman de Giono il s'agit d'aventures qui pourraient faire croire, du fait des cavalcades euphoriques et euphorisantes d'Angelo, qu'elles sont de cape et d'épée – ce qu'elles ne sont qu'apparemment –, les faits vécus par les personnages de *La Peste* ont une portée métaphysique évidente parce que l'espace dans lequel ils se déroulent donne à se déployer à l'esprit non au corps.

La représentation de l'espace est fonction des visées de l'auteur. Ni dans *La Peste* ni dans *Le Hussard sur le toit*, il n'a un rôle ornemental de pur encadrement. Il est cet « espace narrativisé » dont parle Henri Mitterand : « une composante essentielle de la machine narrative[278]. » Giono apprête pour son héros le lieu ouvert et menaçant favorable à ses envies de prouesses puisqu'il lui fait reconnaître dans l'espace envahi par le choléra la menace et la promesse d'aventures. À l'orée de ses aventures, Angelo constate : « il y a des chevaliers de l'Arioste dans le soleil » (242). Quant à Camus, il conçoit la ville comme une arène fermée, la concentration de l'espace renvoyant à la tension de personnages, prisonniers de leur condition d'hommes et déterminés dans la lutte qu'ils livrent contre le mal. La mort y devient la mesure de tout et essentiellement du temps.

Dans *La Peste*, les faits étranges qui signalent le commencement de temps nouveaux sont évoqués accompagnés d'une date : « Le matin du 16 avril, le docteur Bernard Rieux sortit de son cabinet et buta sur un rat mort […] » (1223), « Car, à partir du 18, les usines et les entrepôts dégorgèrent, en effet, des centaines de cadavres de rats » (1228). Dès lors, le temps du calendrier se trouve contaminé par la mort, d'abord celle des rongeurs puis celle de la première victime humaine :

---

277 Peter Cryle, « Espace et éthique dans *La Peste* », *Roman 20-50*. Spécial Camus, *La Peste*, n° 2, décembre 1986, p. 47-55, p. 49.

278 Henri Mitterand, *Le Discours du roman*, Paris, Presses Universitaires de France, 1980, p. 211.

> La mort du concierge, il est possible de le dire, marqua la fin de cette période remplie de signes déconcertants et le début d'une autre, relativement plus difficile, où la surprise des premiers temps se transforma peu à peu en panique. (1235)

La peste s'installe et les Oranais connaissent la surprise, la peur, la panique et le désespoir. Le temps est mesuré à l'aune des états d'âme des pestiférés, prisonniers donc d'un temps qui échappe à la perception objective et devient la durée étale, sans repères autres que ceux des stigmates du malheur et de la souffrance. Les chiffres des statistiques délivrées de façon hebdomadaire rendent concrète l'installation en un temps hors du temps où la seule scansion qui importe est celle des morts de plus en plus nombreux à chaque décompte. Au fil des jours, le narrateur – qui se veut pourtant chroniqueur – ne donne plus de date précise mais évoque un temps de moins en moins circonscrit. Il parle de saisons faisant insensiblement glisser la chronique vers la relation de faits intemporels, ceux de la souffrance familière aux hommes depuis qu'ils existent et qu'ils subissent le mal. Le premier prêche du père Paneloux contribue à cette confusion du temps présent et d'un temps hors du temps, temps de la peur et de la pénitence, le présent rejoignant dans l'horreur le passé le plus lointain, le temps biblique :

> Vous savez maintenant ce qu'est le péché, comme l'ont su Caïn et ses fils, ceux d'avant le déluge, ceux de Sodome et de Gomorrhe, Pharaon et Job et aussi tous les maudits. […]. Vous savez maintenant, et enfin, qu'il faut venir à l'essentiel. (1298)

Cette harangue frappe tant les imaginations – et de manière si contradictoire, révoltant les uns et poussant les autres à la démission – qu'il y a un avant et un après le prêche dans la vie des Oranais. Ainsi, les événements considérés comme marquants dans la vie des pestiférés n'ont plus trait qu'à leur mort prochaine. En filant la métaphore du fléau qui s'abat sur la ville pour faucher tôt ou tard la vie de ses habitants, le prêtre contribue à mesurer le temps tragique que l'épidémie instaure et dans lequel les hommes doivent s'installer. Le temps n'est plus que la mort suspendue. Les saisons se succèdent et le choix fait par Camus du schéma classique de l'organisation chronologique des événements de l'histoire ajoute à la pesanteur d'une durée monotone et meurtrière. Ce temps de malheur fait de souffrance devient doublement une durée intérieure. D'abord parce que les personnages en ont une perception entièrement subjective donc intérieure mais également parce qu'il est intérieur aux portes fermées d'Oran et qu'il n'a pas de réalité pour le reste du monde, étranger à cette tragédie. C'est le temps de la claustration, « le temps qui enferme, comme le fait l'espace après la fermeture des portes[279]. » Le temps, ordonné par la mort, est la mesure du tragique humain.

Dans *Le Hussard sur le toit* aussi la mort est omniprésente et le temps raconté est celui de ses ravages. Mais, contrairement à *La Peste* qui fait assister le lecteur au surgissement de l'épidémie, à sa progression puis à son extinction, le narrateur de Giono introduit Angelo dans le choléra déjà sévissant et lui ouvre les frontières de l'Italie alors que la Provence est toujours infestée. C'est dire que la tragédie est moins prégnante dans *Le Hussard sur le toit* puisque le choléra n'est qu'un épisode parmi d'autres dans la vie aventureuse du héros. La représentation du temps s'en trouve *a posteriori* dédramatisée dans le sens où la destinée du personnage n'est pas circonscrite par le fléau à l'image de celle des personnages à Oran. Même si Giono, comme Camus, opte pour une succession événementielle chronologique, il n'en résulte pas le tragique que produit cette même représentation du temps dans *La Peste*. Dans le roman de Giono, les événements se succèdent au fil des chevauchées d'Angelo, d'abord seul, puis accompagné de Pauline. L'espace ouvert – tant qu'ils arrivent à éviter les quarantaines – permet aux personnages une libre circulation qui les préserve des ressassements qui sont le lot des reclus de la peste. Ayant gardé un but dans la tragédie – qui est pour Pauline de rejoindre le château de Théus et, pour Angelo de regagner l'Italie – ils sont dans le mouvement aussi bien physique que mental s'ouvrant des perspectives sur l'avenir. Pour les habitants d'Oran, aucune autre dimension temporelle n'est possible que celle d'un présent indéfiniment recommencé, jusqu'à ce que la peste en décide autrement.

Ce temps qui ne s'écoule pas explique que la précision temporelle « 194. » qui figure dans l'incipit de *La Peste* soit délibérément imprécise. Le romancier signifie ainsi la prééminence d'un temps symbolique sur le temps historique. Il veille à le dématérialiser en le vidant de références trop précises. Jacqueline Lévi-Valensi remarque que :

> *La Peste*, seule œuvre romanesque de Camus à comporter une date, indique une décennie et non une année précise et, du manuscrit à la version définitive, élimine les références explicites à la Seconde Guerre mondiale, tout le roman s'efforçant d'élever au plan du mythe les événements de l'histoire contemporaine[280].

279 Hans-Peter Lund, « Camus dans les convulsions de son temps : autour de *La Peste* » in *Albert Camus, le temps, la peur et l'Histoire*, Avignon, Éditions Barthélémy, 2012, p. 57–73, p. 64.

280 Jacqueline Lévi-Valensi, *Albert Camus ou la naissance d'un romancier, op.cit.*, p. 314.

La phrase par laquelle s'ouvre *Le Hussard sur le toit* : « L'aube surprit Angelo béat et muet mais réveillé » inscrit le roman, selon Jacques Chabot, dans l'irréalité du songe :

> [...] l'incipit du *Hussard* donne le ton pour le roman tout entier, à lire comme le récit d'un voyage immobile au pays des songes. Nous comprenons alors que « si le rêve est une seconde vie », selon Nerval, Angelo quand il est surpris par l'aube, au début du roman, ne s'éveille pas au jour mais au rêve. Tout semble se passer « sous ses paupières rouges ». En fantasmagorie[281].

Toutes les aventures vécues par Angelo, le cauchemar du choléra et les ravages de l'épidémie, n'auraient de « réalité » que dans l'imagination survoltée du héros que la soif d'aventures soumet aux élucubrations les plus excentriques. Le temps dans le roman de Giono aurait de ce fait une dimension déréalisante, non pas dans le sens développé ci-dessus à propos de *La Peste*, mais comme temps de la fantaisie, du conte, de l'enchantement :

> C'est le temps des contes de fées et des légendes : il était une fois un cavalier que l'aube surprit au moment où il se réveillait. Le temps de la fiction fait comme si nous étions soudain immergés ailleurs plutôt qu'autrefois[282].

Jouant sur les mots et détournant l'appellation « opéra-bouffe » que Giono emprunte à la musique pour désigner l'ensemble de ses romans qu'il nomme *Chroniques*, Jean Sarocchi qualifie *Le Hussard sur le toit* d'« épopée-bouffe » et *La Peste* de « tragédie en cinq actes »[283]. La représentation qui y est faite de l'espace et du temps n'est pas étrangère à cette classification. À l'épopée correspondent les espaces étendus et la durée euphorique et à la tragédie, le confinement et le statisme. Par ailleurs, Michel Raimond dit de l'espace qu'il est « un milieu chargé de valeurs[284]. » Dans le cas des deux romans étudiés, il serait également justifié de dire que le temps, aussi, se charge des valeurs que l'auteur

281 Jacques Chabot, « Rondeur du roman » in *Giono, Beau fixe, op.cit.*, p. 239–264, p. 255.
282 *Ibid.*, p. 249.
283 Jean Sarocchi, « *La Peste* est une tragédie, en cinq actes selon la règle. *Le Hussard* est une épopée. J'incline à dire, malgré la gravité du sujet, une épopée-bouffe. » « La mort noire de *La Peste*, la mort gaie du *Hussard sur le toit.* » in Laurent Versini (dir.), *Les Écrivains devant la mort, Travaux de Littérature XXV*, Genève, Droz, 2012, p. 443–460, p. 450.
284 « L'espace n'est pas seulement vu par les yeux. C'est un milieu chargé de valeurs qui ne doivent rien à l'évocation des formes et des couleurs. » Michel Raimond, *Le Roman, op.cit.*, p. 165.

véhicule dans sa fiction. Plus largement, la représentation que le romancier veut faire du réel décide de ces valeurs.

c. La représentation du réel

Les thèmes de la description sont communs à *La Peste* et au *Hussard sur le toit* et sont significatifs des bouleversements introduits par le fléau épidémique à la fois dans la nature – paysages et animaux compris – et dans la vie des hommes. Chaque univers créé vise la « représentation d'un réel significatif[285]. » Il s'agit, à partir de l'étude de l'importance de la description dans l'économie des deux récits et des registres dans lesquels elle s'inscrit, de mettre en évidence les composantes de deux univers romanesques dans lesquels la dramatisation se fait à partir d'une même allégorisation du mal.

Clairement, les séquences descriptives ne jouent pas le même rôle dans l'économie des deux récits. La narration de Rieux fait une part aussi grande à la description qu'au commentaire. La première intervient pour installer le drame : les hommes sont pris au piège de la ville et de la maladie, les corps souffrent et les cœurs aussi. Le narrateur recourt au second pour exposer une tragédie qui a été aussi la sienne, montrer que la peste est l'allégorie du mal et que le mal est ce qui sépare : la mort autant que l'exil. Les discussions qu'il eut avec les autres personnages et qu'il rapporte, celles qu'il retranscrit des carnets de Tarrou, sont aussi un commentaire des événements. La narration s'étoffe de ces voix qui impriment au récit une polyphonie garante à la fois de son authenticité et de sa dimension humaine. Le mal est vécu dans la solidarité et la narration s'en fait le reflet.

Dans le roman de Giono, le lecteur a l'impression que la description se suffit à elle-même. Elle est, selon une note de l'auteur, « anecdotique[286] ». Les séquences descriptives sont nombreuses et forment une suite de scènes à l'intensité dramatique variable. Elles sont tributaires de l'état d'esprit dans lequel se trouve Angelo quand la scène est saisie. Certaines donnent l'impression d'être hallucinées telles les descriptions d'agonisants ou de paysages sous un soleil

285 Jacqueline Lévi-Valensi à propos de *La Peste* : « Il n'y a jamais ou presque jamais, la présence nue du réel, mais la représentation d'un réel significatif […]. » « La relation au réel dans le roman camusien », *Albert Camus : Œuvre fermée, œuvre ouverte ? Cahiers Albert Camus* 5, Paris, Gallimard, « NRF », 1985, p. 153–185, p. 180.

286 « Description de l'été en anecdotes cosmiques. » Note du 13 avril 1947. Cité par Pierre Citron, « *Le Hussard sur le toit.* Notice », *Œuvres romanesques complètes* IV, p. 1312.

éblouissant. Dans certaines autres, l'ironie ou le détachement domine. Quant aux discussions entre personnages, elles sont extrêmement rares puisqu'Angelo se mêle peu aux autres et que tout est vu et rapporté de son unique point de vue. Quant à ses soliloques, ils interviennent de façon régulière dans le cours du récit et le ponctuent de réflexions sur ce que le fléau permet de révéler de la nature humaine et de l'absurdité de l'existence. Mais Angelo étant plus porté à l'observation qu'à la cogitation, et la narration se faisant de son point de vue, il est logique que la description domine dans *Le Hussard sur le toit*.

C'est aussi la description qui contribue à créer deux univers du mal radicalement opposés du fait même que Camus et Giono l'inscrivent dans des registres différents : le premier privilégie le réalisme alors que le second alterne réalisme et fantastique.

Camus a beau recourir à l'allégorie – et donc inscrire son roman dans le symbolique – il impose à son écriture une rigueur qui vise la conformité avec le réel le plus prosaïque. Jacqueline Lévi-Valensi a raison d'affirmer, à propos de *La Peste*, que « la place faite à ce que l'on pourrait appeler un réalisme physique et charnel est très grande[287]. » En effet, le choix de confier la narration à un médecin est hautement significatif du registre dans lequel l'auteur veut inscrire son récit. Rieux opère et décrit en tant que médecin :

> Deux coups de bistouri en croix et les ganglions déversaient une purée mêlée de sang. Les malades saignaient, écartelés. Mais des taches apparaissaient au ventre et aux jambes, un ganglion cessait de suppurer, puis se regonflait. La plupart du temps, le malade mourait, dans une odeur épouvantable. (1244–1245)

Le lexique est spécialisé, le geste du praticien est précis et le médecin devenu narrateur garde à sa phrase la même tranchante précision. C'est pourquoi aussi, la description des bouleversements physiologiques introduits par la maladie se fait de manière clinique et laconique :

> La température était à trente-neuf cinq, les ganglions du cou et les membres avaient gonflé, deux taches noirâtres s'élargissaient à son flanc. Il se plaignait maintenant d'une douleur intérieure. (1233)

Camus évite les effets de style et, quand une comparaison intervient, elle est sobre : « L'un d'eux [les ganglions] commençait à suppurer et, bientôt, il s'ouvrit comme un mauvais fruit. » (1244) Sans pathos ni complaisance dans le morbide, l'écriture dit la compassion et se veut retenue pour ne pas rendre spectaculaire ce qui fait souffrir et mourir les hommes.

---

287 Jacqueline Lévi-Valensi, « *La Peste* » *d'Albert Camus*, *op.cit.*, p. 78.

Dans le roman de Giono, réalisme et fantastique sont présents dans la description de la maladie. Celle-ci est montrée de façon réaliste si l'on considère que le choléra occasionne effectivement coliques et vomissements et que, comme toute épidémie, il introduit le désordre dans la cité et des comportements en conséquence. Mais l'outrance avec laquelle est faite la description des bouleversements physiologiques et sociaux provoqués par le fléau aboutit à un récit relevant clairement du fantastique. Le vieux médecin évoque – non en scientifique mais en poète, non les symptômes ni les remèdes – mais les oiseaux intérieurs du désir, retenus prisonniers des interdits que l'homme s'impose et à qui le choléra offre l'occasion de s'envoler, enfin libérés de tous les tabous. Il transforme en une quasi féérie les ravages que le choléra provoque dans les organismes atteints. La fantaisie mise dans la description du mal est ce qui éloigne le récit gionien du récit de Camus.

La description est le moyen par lequel Giono introduit la « monstruosité » dans l'univers qu'il crée. Elle a pour objectif de cerner la force malveillante qui semble prendre possession des êtres et des lieux quand le choléra s'installe. Giono décrit une nature animée dont les éléments prennent vie pour générer un environnement violent. Angelo, à cheval et en constante mobilité, observe et subit ces états inhabituels de la nature. En en faisant le personnage focal du récit, le romancier motive la description de manière à souligner cette étrangeté monstrueuse des paysages et du climat. Le caractère d'Angelo qui le porte à la démesure est à l'origine de cette appréhension d'une « réalité » monstrueuse. Le narrateur qui ne raconte que ce que son héros voit, dans un réalisme totalement subjectif, opte pour une représentation débridée du réel.

Dans les premières pages du roman, quand Angelo prend la route indiquée par la « femme au jupon rouge », il se retrouve dans une chênaie où l'ordre naturel est totalement transformé. Le narrateur spécifie qu'il entre dans un « paysage cristallin » (241) qu'il compare à une « fantasmagorie minéralogique » (241). Le terme « fantasmagorie » signale le caractère fantastique et troublant de la description qui en est faite et l'atmosphère surnaturelle dans laquelle Angelo évolue : l'ombre n'en est pas une puisqu'elle ne remplit pas sa fonction, le soleil est à son zénith mais la lumière est comme éteinte, la poussière reste suspendue comme si elle échappait aux lois naturelles de la pesanteur et les rayons sont « noirs ». (241) Les arbres bénéficient d'une attention particulière de la part d'Angelo. La façon dont il les voit accentue le caractère menaçant du paysage :

> Les arbres énormes disparaissaient dans cet éblouissement [...]. Puis la route tournait vers l'ouest et, soudain rétrécie à la dimension du chemin muletier qu'elle était devenue, elle était pressée d'arbres violents et vifs aux tronc soutenus de piliers d'or, aux branches tordues par des tiges d'or crépitantes, aux feuilles immobiles toutes

> dorées comme de petits miroirs sertis de minces fils d'or qui en épousaient tous les contours. (242)

Le narrateur mentionne les arbres d'abord comme une présence imposante puis soudainement effrayante. L'adjectif « énorme » est relayé par les adjectifs « violents » et « vifs » et par des précisions de nature à faire des arbres des géants parés d'« or » et menaçants, brandissant leurs branches comme des armes[288]. Présentés en ces termes, ils sont une forme de l'étrangeté angoissante de la nature. La dénaturation du paysage dit la perversion qui s'attache à tous les aspects de la vie dès l'irruption de l'épidémie.

Les animaux mangeurs de cadavres, ensorceleurs des vivants, sont eux aussi partie prenante de cette transformation du réel en un surréel fantastique. Le bestiaire du *Hussard sur le toit* est vaste et diversifié, comptant des papillons, des oiseaux, des rats, des chiens, des truies, tous friands de cadavres humains – même les papillons. Le narrateur décrit, avec une complaisante insistance, des rats s'affairant sur des morts, des chiens ne craignant plus l'homme, des oiseaux attaquant en bande, n'attendant pas que le mort le soit tout à fait. Le narrateur révèle une mutation dans leur comportement comme un tournant définitif que le choléra fait faire à la nature :

> Des martinets et des hirondelles commencèrent à passer en éclairs devant l'ouverture de la porte. Suivant la nouvelle coutume des oiseaux, dès qu'ils eurent aperçu les formes immobiles d'Angelo et de la jeune femme, ils s'approchèrent et même, pénétrant jusque sous la voûte, tournèrent à côté d'eux avec des cris et de violents battements d'ailes. (552)

Dans *La Peste*, au contraire, les oiseaux contournent la ville pour ne pas avoir à se poser parmi les pestiférés : « Des bandes silencieuses d'étourneaux et de grives, venant du sud, passèrent très haut, mais contournèrent la ville [...]. » (1374) Le silence et la discrétion des oiseaux dans le roman de Camus contrastent avec l'excitation bruyante de ceux que décrit le narrateur de Giono. Généralement, le narrateur de *La Peste* minimise la connivence entre la nature et le fléau que Giono, au contraire, accentue.

La description des saisons dans le roman de Giono est particulièrement révélatrice de la violence qui frappe l'univers épidémique. Au début du *Hussard sur le toit*, la focalisation se fait sur un été caniculaire dont la brutalité affecte le paysage et en fait un élément constitutif de l'atmosphère d'agression

288 Ici transparaît la fascination de Giono pour les arbres et cette description n'est pas sans rappeler celles, nombreuses, dans *Un roi sans divertissement*, où les arbres sont des guerriers armés et des bouchers prêts pour le sacrifice.

généralisée. Une note de Giono datant de la composition du roman témoigne de la volonté de faire de cette saison un allié du choléra : « De quelle façon l'été démolit l'intérieur des hommes. Description du travail intérieur de l'épidémie. [...]. *L'été meurtrier*[289]. » De fait, l'été accélère le pourrissement des cadavres mais érode aussi le moral des vivants mis devant l'évidence qu'ils ne sont que des charognes en devenir :

> Le temps s'était arrêté à la Valette où la femme de cuisine pourrissait avec une extraordinaire vitesse devant les quelques personnes du village, plus la jeune madame, restées là pour faire honneur à la morte qui fondait à vue d'œil en inondant le lit sur lequel on l'avait étendue tout habillée. (256)

Le temps arrêté est celui de la séparation devenue floue entre le monde des morts et celui des vivants. La morte est sujet de l'action et donne l'impression d'œuvrer à l'installation d'une atmosphère d'horreur dans le village par le spectacle qu'elle donne d'elle-même comme si elle devenait agent actif de sa propre dissolution, instrumentalisée par l'été caniculaire qui accélérait sa transformation. Ainsi, l'été du choléra n'est plus l'été provençal mais une saison interminable qui prend plaisir au supplice qu'elle inflige aux hommes et veille à ce qu'il dure. Les exemples de cet acharnement abondent sous la plume d'un narrateur qui décline au fil des pages les variations autour de « la montée régulière de la chaleur [qui] bourdonnait comme d'une chaufferie impitoyablement bourrée de charbon. » (241)

Dans *La Peste*, l'été est également brutal :

> Au lendemain des pluies tardives qui avaient marqué le dimanche du prêche, l'été éclata d'un seul coup dans le ciel et au-dessus des maisons. Un grand vent brûlant se leva d'abord qui souffla pendant un jour et qui dessécha les murs. Le soleil se fixa. [...]. Le soleil poursuivait nos concitoyens dans tous les coins de rue et, s'ils s'arrêtaient, il les frappait alors. (1310)

Dans toute cette séquence, le lexique utilisé dissémine les sèmes de la violence. Le soleil conspire avec la peste à transformer Oran et la vie de ses habitants en un enfer. En effet, les saisons sont d'abord les saisons de la peste, déréglées et rendues violentes par elle. Le narrateur dit du printemps qu'il

> s'était exténué, qu'il s'était prodigué dans les milliers de fleurs éclatant partout à la ronde et qu'il allait maintenant s'assoupir, s'écraser sous la double pesée de la peste et de la chaleur. (1311)

---

289 Cité par Pierre Citron, « *Le Hussard sur le toit*. Notice », *Œuvres romanesques complètes* IV, p. 1311–1312. Les italiques sont de l'auteur.

La conjonction de coordination met sur un même plan de violence et d'agressivité la « peste » et « la chaleur », l'épidémie et l'été. Le procédé est récurrent : « [...] toutes les portes étaient fermées et les persiennes closes, sans qu'on pût savoir si c'était de la peste ou du soleil qu'on entendait ainsi se protéger. » (1310) La « peste » et le « soleil » sont ici complices. Le fléau et la nature s'acharnent. Le mal fait aux hommes prend différentes formes.

Cependant, d'autres endroits du récit montrent que le narrateur s'efforce de contrecarrer l'envie de se laisser aller à établir une connivence entre la nature et le fléau : « Des pluies diluviennes et brèves s'abattirent sur la ville ; une chaleur orageuse suivait ces brusques ondées. » (1241) Il est à remarquer que « les pluies diluviennes » se calment en « brusques ondées » même si l'adjectif conserve le sens de la violence. La volonté est évidente de ne pas céder à l'envie d'exagérer les troubles climatiques qui conduirait à l'instauration d'une atmosphère cataclysmique. Pour la même raison, le narrateur donne une interprétation logique aux excès de la nature :

> C'est au milieu de cette année-là que le vent se leva et souffla pendant plusieurs jours sur la cité empestée. Le vent est particulièrement redouté par les habitants d'Oran parce qu'il ne rencontre aucun obstacle naturel sur le plateau où elle est construite et qu'il s'engouffre ainsi dans les rues avec toute sa violence. (1356)

Comme un remords d'écriture, la deuxième phrase apporte une explication rationnelle et strictement topographique qui coupe net le souffle apocalyptique que fait lever la première phrase dans laquelle l'adjectif « empestée » introduit la dimension mythique du fléau ravageur.

Au contraire, le narrateur de Giono exagère le côté spectaculaire des bouleversements climatiques qui affectent la Provence :

> Comme en pleins champs, dans les villes et dans les villages, la lumière de cette chaleur était aussi mystérieuse que le brouillard. [...]. La réverbération des façades que frappait le soleil était si intense que l'ombre en face éblouissait. Les formes se déformaient dans un air visqueux comme du sirop. Les gens marchaient dans une sorte d'ivresse [...], les yeux mi-clos [...]. (252)

L'écriture est hyperbolique et les figures d'amplification nombreuses soutenues par des comparaisons qui visent à rapprocher l'inconnu de ces temps étranges et maudits du connu et du familier, les comparants étant empruntés au quotidien banal. Il en résulte une contamination de l'insignifiant par l'extraordinaire transformant la vie ordinaire en odyssée de l'étrange. La volonté est évidente de créer une atmosphère de catastrophes propice à ce qui pourrait advenir de pire pour les hommes.

Les thèmes de la description qui prêtent à l'exagération hyperbolique dans le roman de Giono sont les mêmes qui conduisent Camus à la retenue et font que le registre dominant de *La Peste* est le réalisme alors que *Le Hussard sur le toit* s'inscrit généralement dans le fantastique, bridé de rares fois par le réalisme. Les intentions des auteurs transparaissent dans cette représentation particulière de l'homme dans sa confrontation avec le mal : dans *La Peste*, représenter le mal de manière à ne grandir que l'homme et, dans *Le Hussard sur le toit*, exagérer le mal pour le faire s'acharner sur l'homme – qui l'a bien mérité.

Conclusion

Il était presque nécessaire que la transposition romanesque du mal dans *La Peste* et *Le Hussard sur le toit* se fît par le biais du symbole de la maladie épidémique tant l'imaginaire de Camus et celui de Giono sont habités par la préoccupation d'un bouleversement qui peut à tout moment intervenir sous la forme d'une catastrophe ou de la maladie et réduire ou anéantir les possibilités d'être heureux. La dimension de la violence inhérente au mal se trouve traduite par la mise en opposition de la fragilité du corps, vulnérable à toute agression, et de l'implacabilité de la maladie contagieuse. Frapper le personnage de la peste ou du choléra c'est donc éclairer de la lumière la plus crue la précarité du sens que l'homme peut mettre dans son existence aussi bien au niveau de la sphère intime qui lui est propre qu'à l'échelle des relations familiales ou de couple et, plus largement, au niveau de la société dans son ensemble. Car, au-delà de la signification immédiate d'une maladie qui ruine le corps physique et les institutions comprises comme corps métaphorique, se déploie un sens symbolique. La valeur polysémique du récit fait de *La Peste* et du *Hussard sur le toit* des romans allégoriques.

D'une certaine manière, Camus et Giono redonnent à l'allégorie une distinction littéraire que ce genre, considéré comme trop explicite ou trop systématique, a perdue. Parler du mal en adoptant le détour du symbole, permet aux romanciers de contourner la difficulté de traiter directement de ce qui est de l'ordre de l'impensable et de l'indicible, de ce qui pourrait exténuer le texte et réduire l'écrivain au silence – comme le serait tout homme confronté au caractère insondable du mal. C'est alors que la littérature devient résistante et que *La Peste* et *Le Hussard sur le toit* se révèlent être des romans de la révolte.

Si la démesure est naturelle à Giono et commande tout l'univers du *Hussard sur le toit*, le monde que conçoit Camus est celui de la mesure. Aussi la représentation symbolique du choléra prend-elle une outrance que ne tolère pas celle que met en scène *La Peste*. La narration gionienne oscille entre deux contraires, tous deux extrêmes : le grotesque et le sublime ; le récit camusien s'astreint à une retenue qui s'interdit de faire rivaliser de violence le texte et le mal.

La configuration du récit – tant sur le plan de la stratégie narrative que sur celui de la représentation spatio-temporelle et de la description – reflète les intentions d'exagération des composantes de l'univers épidémique dans *Le Hussard sur le toit* et de leur atténuation dans *La Peste*.

Le choix de charger de la conduite du récit un narrateur extradiégétique et omniscient sert la volonté de Giono de lui faire adopter la position de celui qui assiste, étranger et détaché, au spectacle du choléra. Ce faisant, il le place en-dehors et au-dessus d'une humanité que son regard ironique et intolérant rapetisse. Au contraire, que Rieux – c'est-à-dire le personnage placé au plus près de la douleur des pestiférés du fait de son métier – soit chargé de la narration traduit le parti pris de l'auteur de ne traiter de la souffrance des hommes que de façon impliquée et compatissante, même si la compassion telle qu'il l'entend exclut le pathos. Le premier n'est que le témoin de l'exception qu'Angelo constitue dans le monde dépravé de l'épidémie. Le second se constitue le témoin d'une humanité ayant su résister dignement au mal qui l'a injustement frappée.

Le titre des deux romans est révélateur de l'aristocratisme du *Hussard sur le toit* et de la solidarité qui préside à l'univers de *La Peste*. La signification littérale du premier renvoie à une conception de l'espace caractérisée par une séparation entre un monde de compromissions et un monde préservé, réservé au héros. Généralement et même descendu des toits, Angelo garde, en matière d'espace, des privilèges qui lui permettent une liberté de circulation et d'action qui transforme en une étendue euphorique un espace, pour le commun des personnages, fait de restrictions et quadrillé par les quarantaines. Il en est de même du temps qui est celui de l'accomplissement de prouesses tellement flatteuses pour l'orgueil du héros que le temps du drame se métamorphose en temps de l'exploit. Dans *La Peste*, au contraire, l'absence d'issue autant spatiale – par la mise en quarantaine de la ville – que temporelle – par l'imminence de la mort – crée un univers sombre où l'air comme l'espoir se font rares. Camus signifie par la configuration spatio-temporelle la souveraineté du mal mais aussi le pouvoir des personnages, quand ils y sont acculés, de faire dignement face à l'adversité. Oran est doublement l'espace où la tragédie trouve à advenir et où la révolte peut éclore. La représentation de l'espace et du temps dans les deux romans est fonction de la manière dont l'auteur dramatise la confrontation entre le personnage et le mal.

Il en est de même pour la description puisque les thèmes sont communs aux deux romans mais leur inscription dans deux registres différents – réaliste pour *La Peste* et généralement fantastique pour *Le Hussard sur le toit* – les charge de valeurs différentes. La description des bouleversements occasionnés par l'irruption du mal dans la ville d'Oran autant que dans la Provence a pour but d'installer une atmosphère particulière aux temps de crise. Mais la différence de traitement d'un même thème met en évidence l'écart qui sépare les intentions des deux romanciers : Camus, focalisant sa narration sur la dignité de l'homme luttant contre le mal, porte l'essentiel de la dramatisation sur sa résistance et minimise de ce fait la description des bouleversements introduits par le fléau ; et Giono, racontant au contraire l'homme pactisant avec le mal, diabolise le choléra et outre l'étrangeté des phénomènes qu'il provoque comme pour soumettre davantage les hommes à un châtiment mérité que leur infligent le climat et même les animaux, devenus tous charognards.

La manière dont la peste et le choléra sont utilisés comme symboles et font de *La Peste* et du *Hussard sur le toit* une allégorie du mal est révélatrice de deux esthétiques du mal.

Troisième Partie Deux esthétiques du Mal

Introduction

La Peste et *Le Hussard sur le toit* traitent de la mort et qui plus est de la mort épidémique. De ce fait, ils envisagent le Mal dans une de ses manifestations les plus brutales. Ils s'attachent donc à un sujet dont le traitement impose de définir une stratégie d'écriture qui permette de raconter et de mettre en scène le tragique de la condition humaine, condensé dans ce que Vladimir Jankélévitch appelle « l'instant létal[290] ». Laurent Gourmelin affirme :

> Raconter la mort est, finalement, une question de choix. Choix qui amène l'auteur à donner un sens à la mort, en accord avec les engagements qui sous-tendent et déterminent son projet narratif. [...]. Il est déterminé par le choix et la pratique d'une esthétique permettant de dépasser et de surmonter l'horreur de la mort par une poétique de l'image ou le recours à un humour distancié et parodique[291].

Ces « choix » d'écriture décident non seulement d'une esthétique mais également d'une éthique. Parler de la mort n'est chose ni aisée ni banale. Il s'agit de confronter le texte avec ce qui constitue le drame indépassable de l'homme. Le romancier, selon qu'il croit en l'homme ou qu'il en désespère, lui fait affronter sa fin dans la dignité d'une conscience lucide ou dans la déchéance d'un corps qui se défait. C'est pourquoi le roman devient le lieu où se décide une certaine idée de l'homme que dit une poétique du mal qui elle-même détermine une conception du roman.

Mettre en scène l'agonie et la mort, s'arrêter sur les derniers moments d'un personnage, porter l'attention du texte sur ce moment fatal est une manière

---

290 Vladimir Jankélévitch, *La Mort,* Paris, Flammarion, coll. Champs Essais, 1977, p. 221.

291 Laurent Gourmelin, « Conclusion » in Gérard Jacquin (dir.), *Le récit de la mort. Écriture et Histoire*, Rennes, Presses Universitaires de Rennes, coll. Interférences, 2003, p. 165–170, p. 170.

exemplaire de dire la vulnérabilité de l'homme, l'horreur de sa finitude et la pensée accablante de la dissolution du corps. En isolant ce moment du reste de la vie du personnage, le romancier le charge de sens. Les endroits du récit qui en traitent sont eux-mêmes significatifs de la manière dont l'auteur conçoit l'homme dans sa confrontation obligée avec le mal. C'est pourquoi il est essentiel d'en tenir compte pour mettre en évidence la poétique du mal dans les deux romans.

Constater le mal dans son expression la plus scandaleuse conduit le romancier à mettre les personnages en situation de répondre à l'injustice qui leur est faite. Le mal est-il réparable ? L'homme vaut-il la peine d'être sauvé ? En faisant de la lutte de Rieux et des équipes sanitaires une action humble mais efficace, Camus leur donne une possibilité réaliste de vaincre le mal que Giono refuse à son héros en le condamnant aux actions d'éclat paradoxalement inefficaces.

Le mal en sort vainqueur parce qu'il est, aux yeux de Giono, invincible.

Il en résulte une mythification du choléra dont il s'agira de montrer le caractère apocalyptique et la dimension poétique par opposition à la représentation de la peste, sobre au point de ne faire du fléau qu'un ennemi, certes redoutable mais somme toute affrontable. Ainsi démythifié, rendu à des dimensions rationnelles, le mal est une question qui peut et doit se résoudre par des moyens humains. Il n'est surtout pas l'occasion de faire de jolies phrases. Rieux en est convaincu. Une certaine manière de concevoir et de dire le mal entraîne une certaine manière de concevoir et d'écrire le roman.

La période à laquelle furent écrits et publiés *La Peste* et *Le Hussard sur le toit* est, sans aucun doute, déterminante dans l'optique que Camus et Giono se font du roman. L'après-guerre est profondément marqué par la découverte de la monstruosité des camps et partagé quant à la manière pour la littérature de réagir à ce fait majeur et sidérant de l'Histoire. Dolorès Lyotard affirme que « quelque chose de trop romanesque dans le roman embarrasse Camus […][292]. » Le verbe « embarrasser » inclut des réticences qui ne renvoient pas qu'à l'esthétique. Giono, comme les Hussards auxquels le titre qu'il choisit à son roman pourrait être une discrète référence, reste attaché au romanesque qu'il considère comme la matière essentielle du roman et la disposition d'esprit dont une époque bien triste aurait besoin.

Écrire a des implications et leste la fiction d'un poids de significations que l'auteur n'a pas nécessairement le souci d'assumer. Giono a toujours affirmé

---

292 Dolorès Lyotard, « *La Peste* ou d'un usage du malheur », *RSH*, 3/2014, p. 117–139, p. 127.

écrire pour le plaisir de raconter. Mais il n'est pas sûr que le plaisir de raconter le choléra ni même d'avoir choisi de le raconter soit totalement innocent. Camus, quant à lui, charge clairement son narrateur d'endosser et d'expliquer la portée éthique de l'acte d'écrire qui en est la justification ultime.

Camus croit en une création qui « corrige ». Définir le sens qu'il donne à cette correction permettra de cerner sa conception du roman et la raison qui lui fit entreprendre de raconter la peste et le sursaut des Oranais pour qui elle fut une leçon. Giono, meurtri par les injustices dont il fut la cible, invente un choléra vengeur et un roman dont il faudra montrer à quel degré d'ironie cruelle et de pessimisme il porte le désabusement de son auteur.

Chapitre premier Raconter le mal

a. Les mises en scène de la mort

Parler de la mort n'est pas chose aisée. Comment traiter de ce dont aucun homme n'a une idée exacte, c'est-à-dire vérifiée par l'expérience. Dans *Le Mythe de Sisyphe*, Camus soulève la question de cette impossibilité : « C'est qu'en réalité, il n'y a pas d'expérience de la mort. Au sens propre, n'est expérimenté que ce qui a été vécu et rendu conscient. Ici, c'est tout juste s'il est possible de parler de l'expérience de la mort des autres[293]. » Dans *La Mort*, Vladimir Jankélévitch insiste sur la même impossibilité de traiter de la mort en connaissance de cause, car nul ne peut en témoigner en son nom propre – ou comme dit le philosophe « à la première personne » – et parce que la mort est, à proprement parler, le domaine de l'indicible. Il affirme : « L'espèce de pudeur que la mort nous inspire tient en grande partie à ce caractère impensable et inénarrable de l'instant létal[294]. » Il évoque également comme cause de cette paralysie de la pensée face à la mort « l'ombre menaçante du non-sens, la nuit de l'absurdité et de l'inintelligibilité qui obscurcit l'existence[295]. » Il explique :

> La mort représente la précarité, la fondamentale inconsistance de tout ce qui est humain : loin de fournir à une vie essentiellement infondée le fondement et l'assiette qui lui manquent, elle creuse dans cette vie, tout au contraire, le trou et le vide problématique du non-sens ; la mortalité achève de rendre fugace, poreux, fantasmatique ce devenir déjà privé de consistance[296].

Paradoxalement, c'est ce sujet proprement indicible qui fait la matière des deux romans. Pour le narrateur de *La Peste* la mort est un « scandale » et il estime qu'il est nécessaire de le dire[297]. Celui du *Hussard sur le toit* montre un intérêt aussi grand pour la question mais l'appréhende différemment. À la manière dont il en traite, la mort est d'abord un spectacle qui s'impose à la vue et s'expose.

---

293 « Le Mythe de Sisyphe », *Essais*, p. 108.

294 Vladimir Jankélévitch, *La Mort*, *op.cit.*, p. 221.

295 *Ibid.*, p. 69.

296 *Loc.cit.*

297 « Et, bien entendu, la douleur infligée à ces innocents n'avait jamais cessé de leur paraître ce qu'elle était en vérité, c'est-à-dire un scandale. » (1394)

Dans le récit de Camus, l'évocation de la mort se fait sobrement et comme à contre cœur. Quand le narrateur décrit l'agonie de la première victime de la peste, le texte donne l'impression de s'exténuer :

> Verdâtre, les lèvres cireuses, les paupières plombées, le souffle saccadé et court, écartelé par les ganglions, tassé au fond de sa couchette comme s'il eût voulu la refermer sur lui ou comme si quelque chose, venu du fond de la terre, l'appelait sans répit, le concierge étouffait sous une pesée invisible. (1234)

Le rythme est saccadé, les virgules nombreuses et la phrase s'essouffle et s'épuise comme le moribond qu'elle décrit, rendant ses derniers instants plus poignants. Cette « pesée invisible » est ce qui dépasse l'homme, l'écrase et le réduit mais c'est aussi « une pesée invisible » sur le texte qui le conduit très près du silence.

Le texte de Giono est, au contraire, prolixe et les agonisants agités. Les cholériques meurent dans une pantomime comique. Ils gigotent et continuent de bouger même à l'état de cadavres. Le romancier dénie à ses moribonds le droit de mourir dignement et le narrateur prend plaisir à décrire les mille et une façons comiques de trépasser des contaminés :

> L'œil de Caïn, dans le visage paisible d'un mercier dont les bajoues entraînaient les favoris jusque sur le col de la veste, les seins bleu de roi de quelque belle jeune femme encore chaude, toute ruante et tremblante plus d'une heure après sa mort et qu'il fallait empaqueter comme une anguille ; les muscles qui cassaient en faisant sonner les cuisses comme des caisses de violon ; les jets de dysenterie sur le papier à fleurs des murailles ou dans les cendres de l'âtre, ou dans les batteries de cuisine, sur les courtepointes, sur les parquets, ou même fusant en pleine figure de la bien-aimée ou du bien-aimé ; la nudité dont il était impossible de cacher quoi que ce soit avec gigotements, frissons, tremblements, convulsions, gémissements, cris, mains crispées dans les draps, installée à demeure chez les bourgeois et chez les paysans qui sont encore plus prudes, sous les yeux des enfants [...]. (385)

Cette séquence n'est pas isolée dans la narration qui compte une pléthore de scènes usant du même lexique et de la même complaisance dans le détail scatologique. Les précisions abondent, détaillant la manière dont les corps se vident. La description s'arrête sur la notation susceptible de souligner la souillure ou l'indécence. La mort est carnavalesque et le narrateur, brassant toute cette matière humaine en effervescence, ne rechigne pas à la tâche de tout saisir et de tout dire. L'asyndète traduit l'impossibilité de clore l'énumération tant le spectacle de la mort semble intéresser l'œil voyeur du narrateur et celui, curieux, d'Angelo. La comparaison intervient pour souligner l'incongruité d'un bruit ou d'un mouvement émanant de corps qui ne sont plus que des mécaniques déréglées. À la pollution des corps s'ajoute la souillure des âmes : les enfants, s'ils survivent, ne retrouveront plus leurs yeux d'innocents.

Une scène est essentielle pour mesurer les différences de traitement de la mort dans *La Peste* et dans *Le Hussard sur le toit* : la mort d'un enfant, resté anonyme dans le roman de Giono et celle de Philippe Othon – le petit garçon du juge de *La Peste* – qui concentre l'horreur que l'écrivain a de la mort et lui confère une intensité de révolte unique dans le roman. Le narrateur procède à une mise en scène de nature à faire du lit de l'agonie de l'enfant une scène sur laquelle se déroule le spectacle de la tragédie de l'homme soumis à une condition implacable à laquelle n'est pas soustrait même le plus innocent d'entre les hommes. Les personnages se placent autour du lit. Les indications données s'apparentent à des didascalies[298]. L'acteur principal du drame n'est plus qu'un corps crucifié[299]. Le texte insiste sur la fragilité du moribond présenté comme la victime expiatoire d'un holocauste[300]. Les adverbes et les adjectifs abondent même si la tonalité est totalement étrangère à un pathos pourtant justifié dans la description d'un tel tableau : « [...] l'enfant se recroquevilla, recula au fond du lit dans l'épouvante de la flamme qui le brûlait et agita follement la tête [...]. » (1394) Ils donnent, au contraire, à la description une aridité qui confronte le lecteur à un spectacle choquant par lui-même et n'ayant de ce fait pas besoin de la rhétorique ni pour émouvoir ni pour faire réfléchir. L'insistance, dans le texte, porte sur la disproportion des forces entre le petit agonisant et les forces du mal qui s'abattent sur lui[301]. Le cri venu du fond des âges sur lequel il meurt est une condamnation sans appel d'une création injuste :

> Au creux de son visage maintenant figé dans une argile grise, la bouche s'ouvrit et, presque aussitôt, il en sortit un seul cri continu, que la respiration nuançait à peine, et qui emplit soudain la salle d'une protestation monotone, discorde, et si peu humaine qu'elle semblait venir de tous les hommes à la fois. (1395)

---

298 « À la tête du lit, le corps massif de Tarrou [...]. Au pied du lit, assis près de Rieux debout, Castel lisait [...]. Paneloux qui se plaça de l'autre côté du lit [...]. Rambert arriva. Il s'adossa au pied du lit voisin [...]. » (1393)

299 « [...] l'enfant prit dans le lit dévasté une pose de crucifié grotesque. » (1394)

300 « [...] l'enfant se recroquevilla, recula au fond du lit dans l'épouvante de la flamme qui le brûlait et agita follement la tête [...]. » (1394)

301 « [...] le petit malade qui se raidit brusquement [...]. L'enfant se détendit peu à peu [...]. » (1393) « [...] se pliait à nouveau avec un gémissement grêle » ; « comme si sa frêle carcasse pliait sous le vent furieux de la peste et craquait sous les souffles répétés de la fièvre. » (1394)

« [...] de grosses larmes, jaillissant sous les paupières enflammées, se mirent à couler sur son visage plombé [...]. » (1394)

Le paradoxe final « si peu humaine »/« tous les hommes à la fois » dit la révoltante condition faite à l'homme. Ce cri est un cri de révolte poussé par le plus désarmé des hommes au nom de tous les hommes. Cette mort et le concert de plaintes des autres pestiférés qui accompagne ce cri figurent la protestation impuissante des hommes contre le sort qui leur est fait depuis qu'ils existent. Le fait que mort, l'enfant redevienne tout petit au fond de son lit[302], prouve bien, que le temps de son agonie, il fut, au-delà de l'enfant qu'il était, le réceptacle de toutes les souffrances.

Cette scène – centrale dans le récit de Camus par son intensité dramatique et par le symbolisme dont le romancier la charge – trouve un pendant dérisoire dans le roman de Giono parce que le ton en est radicalement différent et le registre dans lequel elle s'inscrit :

> C'étaient trois cadavres dans lequel le chien et les oiseaux avaient fait beaucoup de dégâts. Notamment dans un enfant de quelques mois écrasé sur la table comme un gros fromage blanc. Les deux autres, vraisemblablement celui d'une vieille femme et celui d'un homme assez jeune étaient ridicules avec leurs têtes de pitres fardées de bleu, leurs membres désarticulés, leurs ventres bouillonnants de boyaux et de vêtements hachés et pétris. Ils étaient aplatis par terre au milieu d'un grand désordre de casseroles tombées de la batterie de cuisine, de chaises renversées et de cendres éparpillées. Il y avait une sorte d'emphase insupportable dans la façon dont ces deux cadavres grimaçaient et essayaient d'embrasser la terre dans des bras dont les coudes et les poignets jouaient à contre-sens sur des charnières pourries. (271)

Cette séquence est introduite par une précision concernant Angelo, découvreur et spectateur de la scène : « Il put voir autour de lui un spectacle heureusement très insolent. » Le parti pris de légèreté et de provocation est évident. Le narrateur, utilisant la focalisation interne, met en scène, avec un détachement cynique, un tableau d'une monstruosité absolue. L'application qu'il met à ordonner ce spectacle de désordre contraste avec l'horreur de ce qui est dit et rend encore plus choquante la sauvagerie de ce qui est montré. Le présentatif qui ouvre la description et l'utilisation des adverbes « notamment » et « vraisemblablement » donnent à l'évocation une précision d'autant plus effarante qu'elle inventorie l'atrocité. Les cadavres sont des objets que rien ne distingue d'autres objets et l'utilisation du terme « dégâts » – qui s'emploie ordinairement pour faire l'état des lieux après une catastrophe – dit cette réification. La comparaison : « comme un gros fromage blanc » est choquante par le caractère abrupt de

302 « La bouche ouverte, mais muette, l'enfant reposait au creux des couvertures en désordre, rapetissé tout d'un coup, avec des restes de larmes sur son visage. » (1396)

son apparition dans le texte. Les adjectifs « gros » et « blanc » imposent l'image de la chair de l'enfant comme dans un zoom cinématographique. Par ailleurs, il est particulièrement notable que les « trois cadavres » reçoivent un même traitement narratif et que la mort de l'enfant ne constitue pas un motif d'effroi supplémentaire. Contre toute attente, le grotesque s'empare du texte. La trivialité du comparant « un gros fromage blanc » introduit un comique que les autres indications concernant les « deux autres » morts viennent conforter : « têtes de pitres fardées de bleu », « membres désarticulés », « ventres bouillonnants », « charnières pourries ». Béatrice Bonhomme a bien raison de parler de « mort grotesque[303] ». Néanmoins la phrase « Il y avait une sorte d'emphase insupportable » réintroduit un regard plus humain et plus approprié à ce qui est décrit.

Définissant ce qu'il appelle « l'effet grotesque », Rémi Astruc parle de :

> Ce vertige particulier qui s'empare du récepteur et le déstabilise – au moins provisoirement – par l'intrusion d'éléments (images, codes linguistiques, éléments habituellement antagonistes et exclusifs les uns des autres, etc.) qui perturbent sa perception normale et les conditions habituelles du sens[304].

L'irrévérence avec laquelle le texte gionien parle de la mort et, de façon particulière ici, la mort de l'enfant, choque parce qu'elle bouleverse les codes établis qui font de la mort de l'enfant – entre toutes la moins admissible, la plus scandaleuse, et donc la moins susceptible d'être traitée avec légèreté – un topos de la littérature de la révolte et un sujet du tragique humain relevant du registre du pathétique. Or, le lecteur du *Hussard sur le toit*, comme étonné de sa propre audace, est continûment troublé de se surprendre à rire de ce qui l'horrifie. C'est pourquoi il est possible de reconnaître dans le texte gionien ce que Rémi Astruc appelle encore l'« esthétique du vertige et du choc comique[305] ». Dans *La Peste*, au contraire, les codes – tant sociaux que linguistiques – sont respectés et la mort de l'enfant suscite, comme attendu, la pitié et l'effroi. Le narrateur s'excuse même de devoir parler de la mort.

---

303 Béatrice Bonhomme, « Le langage de la mort dans *Le Hussard sur le toit* », *Jean Giono, Bulletin n° 25*, Printemps-été 1986, Association des Amis de Jean Giono, p. 50–63.

304 Rémi Astruc, *Vertiges grotesques. Esthétiques du « choc » comique*, Paris, Honoré Champion Éditeur, coll. Unichamp-Essentiel, 2012, p. 9. Rémi Astruc définit le grotesque « […] comme relevant d'une ambiguïté constitutive qui conduit à hésiter sur son interprétation, faisant de celui-ci un phénomène problématique, oscillant le plus souvent entre le comique et l'inquiétant. » *Loc.cit.*

305 *Ibid.*, p. 18.

> Car il faut bien parler des enterrements et le narrateur s'en excuse. Il sent bien le reproche qu'on pourrait lui faire à cet égard, mais sa seule justification est qu'il y eut des enterrements pendant toute cette époque et que, d'une certaine manière, on l'a obligé [...] à se préoccuper des enterrements. Ce n'est pas en tout cas, qu'il ait du goût pour ces sortes de cérémonies [...]. (1357).

Pour Camus, ce sujet requiert le silence. C'est pourquoi le lecteur est saisi d'une autre sorte de « vertige » – mais réconfortant – puisqu'il soude les hommes horrifiés par le sort commun s'acharnant sur le plus innocent d'entre eux. Au contraire, le vertige que produit le texte de Giono sépare au lieu de réunir comme si la mise à distance par le grotesque éloignait de soi la menace de la mort pour la rejeter sur l'autre – même si cet autre est le moins susceptible de mériter ce châtiment. Avec une pointe d'humour qui souligne la solennité du roman de Camus, Jean Sarocchi affirme :

> Il meurt bien des garçons et des filles dans *Le Hussard*. Aucune ne suscite la mise en scène pathétique et le concours de déplorations accablées ou indignées que rapporte avec un sérieux survolté le docteur Rieux[306].

Il est à signaler cependant que, quand Angelo assiste le médecin français dans sa tentative vaine de sauver un garçon atteint du choléra, le texte se charge d'une émotion que les scènes d'agonie qui suivent ne retrouvent plus :

> Le visage de l'enfant, devenu creux et minuscule était perdu dans les plis de la grosse étoffe du manteau. [...]. Angelo s'étonna de la maigreur soudaine de l'enfant. Tout le grillage de ses côtes apparaissait collé à la peau de sa poitrine ; ses fémurs, ses tibias, la boule de ses genoux étaient fortement dessinés dans sa chair bleue. (284–285)

La présence du « petit médecin » – dont l'appellation même qui lui est donnée signale la fragilité et l'humanité – n'est pas étrangère à cette inflexion du texte. Le lexique de l'anatomie montre bien que le regard est celui du médecin et qu'Angelo le lui emprunte comme il lui emprunte la compassion présente dans cette séquence.

La différence de traitement de la mort de l'enfant dans les deux romans renvoie à des raisons qui tiennent autant à la biographie des deux romanciers qu'à leur vision de l'homme. Camus, autant que Giono, furent tôt confrontés à la mort. Camus, dans sa propre chair étant tuberculeux et Giono, beaucoup plus légèrement, en étant contraint enfant par les sœurs du couvent, à « sauver » des

306 « La mort noire de *La Peste*, la mort gaie du *Hussard sur le toit.* » in Laurent Versini (dir.), *Les Écrivains devant la mort, Travaux de Littérature XXV*, Genève, Droz, 2012, p. 455.

petits Chinois qui, sans l'argent qu'ils donnaient, mourraient, dévorés par les cochons. Cette anecdote est probablement à l'origine du motif récurrent dans *Le Hussard sur le toit* – mais également dans *Le Grand troupeau* par exemple –, de la truie qui mange un enfant :

> Car, nous [les enfants de sa génération] nous achetions des petits chinois, ou, plus exactement, nous les sauvions. Nous les sauvions des cochons. S'il faut à ce sujet particulier faire appel à des documents, j'en ai un. C'est une petite image, format Sacré-Cœur de Jésus, qui représente la scène suivante : un missionnaire avec une longue barbe noire et ayant dans sa contenance et sur les traits un grand air de noblesse, s'avance vers un Chinois. Celui-ci, classique : chapeau en abat-jour et natte dans le dos, s'apprête suivant sa coutume, à jeter sur le fumier un petit enfant nu. Un cochon est là prêt à dévorer le bébé comme d'habitude[307].

La dérision qui s'attache à l'évocation de ce souvenir d'enfance ne peut être sans rapport avec le traitement qui est fait de la scène de la dévoration du cadavre de l'enfant dans *Le Hussard sur le toit*. Le contexte d'écriture qui pousse Giono à évoquer cette scène imaginaire qui l'a tant impressionné enfant est celui de la dénonciation de tout endoctrinement quel qu'il soit et à n'importe quelle époque qu'il se produise. La chronique s'intitule « Le temps des prisons ». La clausule affirme :

> J'ai l'impression qu'après ces menus souvenirs sans intérêt ni importance, il n'est plus très nécessaire de parler de toutes ces prisons idéologiques dans lesquelles notre esprit est désormais condamné à faire des chaussons de lisière pour les grands Chinois, les grandes philosophies sociales et les quatre ou cinq Grands[308].

Dans *Le Hussard sur le toit*, se superposent la critique voilée – mais non moins virulente de la Révolution communiste qui double la révolution des Carbonari – et ces scènes de dévoration de cadavres par les animaux dont la plus frappante est la dévoration de l'enfant mort par la truie. De l'enfance de Giono, revient cette histoire des petits Chinois et la duperie dont toute une génération d'enfants a été l'objet. Le thème de la révolution et le motif de la dévoration de l'enfant se superposent comme si – à dessein ou de manière inconsciente – Giono associait le temps des idéologies mensongères – qu'il appelle « le temps des prisons » – et celui de l'horreur dans ses manifestations les plus inhumaines. Comme toute prise de position dans *Le Hussard sur le toit*, celle-ci est voilée, cachée sous l'anecdote et la légèreté. Ce qui expliquerait la désinvolture que montre le narrateur dans la description de cette scène.

---

307 « Le temps des prisons », *La Chasse au bonheur*, *op.cit.*, p. 121.
308 *Ibid.*, p. 123.

Dans un article intitulé « Albert Camus et l'infanticide[309] », Philippe Forest souligne la fréquence du thème de l'infanticide dans l'œuvre de Camus. Il cite non seulement la mort du petit Othon dans *La Peste* – dont il dit qu'elle « a pris une valeur emblématique en raison même de sa clarté un peu démonstrative[310] » – mais également le meurtre du fils dans *Le Malentendu* et le débat autour de la mort d'un enfant dans *Les Justes* aussi bien que dans *Requiem pour une nonne*, – pièce adaptée du roman de Faulkner. Il conclut pour ces deux derniers cas – ce qui peut être élargi à *La Peste* – que l'infanticide refusé ou accompli transforme « la scène en une sorte de tribunal, d'espace de délibération où la vie d'un enfant devient l'enjeu même d'un affrontement où se disputent les logiques incompatibles de l'éthique et de la politique, de l'humain et de ce qui l'excède, de ce qui le nie[311]. » C'est ce qui expliquerait que le débat qui se déroule autour du lit où agonise le petit Othon prenne la forme et l'intensité d'une scène de théâtre. Forest explique la récurrence de cette thématique obsessionnelle de l'œuvre camusienne par le fait qu'ayant été malade de la tuberculose, Camus ait vécu dans la menace constante de mourir. Mais il aurait vécu également dans la honte d'avoir survécu quand d'autres enfants malades sont morts. Il rattache son œuvre à cette littérature du témoignage d'après Auschwitz dans laquelle la culpabilité d'avoir survécu le dispute à la nécessité de témoigner. On comprend alors pourquoi – selon un témoignage que rapporte Jean Sarocchi[312] – Camus pleure en écrivant la mort de son petit personnage. Forest rappelle également

309 Philippe Forest, « Albert Camus et l'infanticide » in Dolorès Lyotard (dir.), *Albert Camus contemporain*, Villeneuve-d'Ascq, Presses Universitaires du Septentrion, coll. Objet, 2009, p. 77–89.

310 *Ibid.*, p. 79.

311 *Loc.cit.*

312 Sarocchi parle d'« un fragment de lettre où une vieille dame dont la famille hébergea Camus quelques semaines ou quelques mois dans sa villa située dans le quartier de la Palestre, raconte comment elle entra un soir d'autorité dans sa chambre, celui-ci n'ayant pas répondu à l'appel du souper. En voici quelques lignes : "Quand j'entrai d'autorité, je vis Camus, assis devant la table, tremblant, le visage caché dans ses mains. [...]."Je viens de faire mourir un enfant. "Et puis il se leva et me secouant par les épaules il répéta : "Vous entendez, j'ai tué un enfant, et il criait pour mourir [...]." Camus pleurait et je crois que je pleurais aussi. " » « La mort noire de *La Peste*, la mort gaie du *Hussard sur le toit.* » in Laurent Versini (dir.), *Les Écrivains devant la mort, Travaux de Littérature XXV*, *op.cit.*, p. 455.

que la question de la mort de l'enfant est centrale pour toute une génération d'écrivains que Malraux[313] place sous l'influence de Dostoïevski et il conclut :

> L'infanticide, chez Camus, est le scandale qui ruine la prétention de toute parole à dire le sens de ce qui est et à justifier l'ordre insupportable du monde. Il creuse un vertige sans fond, un trou par où se vide toute la pauvre rhétorique avec laquelle les hommes prétendent se défendre contre l'insistant et dévastateur démenti que le néant leur oppose[314].

Cette vanité des mots, qui ne peuvent que constater non réparer le « scandale », se retrouve dans *Jean le Bleu* quand Giono dit si sobrement la mort de la petite fille de l'acrobate, comme si aucun commentaire ne pouvait tenter de dire l'indicible : « Le soir, on nous dit que la petite de l'acrobate était morte et on l'enterra le lendemain. » Au contraire, le parti-pris de légèreté dans *Le Hussard sur le toit* lui fait trouver des mots très concrets pour dire cette même horreur. L'irrévérence comme le silence peut être une manière de protester contre l'inacceptable de la mort.

Dans *La Peste*, l'exemplarité de la scène de la mort de l'enfant vient du fait qu'elle concentre les deux griefs que Camus oppose à Dieu : ce qu'il appelle « une condition de condamné à mort » et l'injustifiable souffrance des enfants. Or, dire la condition humaine en empruntant au registre judiciaire l'expression : « condamné à mort » dit à la fois la révolte contre le mal métaphysique et le mal que l'homme fait à l'homme en collaborant avec la peste. Ceci explique que l'auteur ait donné au père de l'enfant le statut de juge. Celui-ci, quoique devenu plus humain après la mort de son enfant et la quarantaine qu'il subit, n'attire de la part de Tarrou qu'une sympathie relative car, se demande ce dernier : « comment aider un juge ? » (1471) Le juge condamne alors que les hommes ont besoin d'aide et de compréhension. C'est à cette aide que se consacre Tarrou. L'exemple de conduite que représente pour lui le « saint sans Dieu » doit être compris comme l'établissement d'un lien d'homme à homme, une sympathie censée compenser l'absence de clémence divine et humaine. Cette recherche de sainteté à laquelle il consacre tous les instants de son existence, il est significatif qu'elle naquît dans le tribunal où son père demandait et obtenait la peine

---

313 Forest cite Malraux dans les *Antimémoires* : « Comme tous les écrivains de ma génération, j'avais été frappé par le passage des *Frères Karamazov* où Ivan dit : "Si la volonté divine implique le supplice d'un enfant innocent par une brute, je rends mon billet". » Cité in « Albert Camus et l'infanticide » in Dolorès Lyotard (dir.), *Albert Camus contemporain*, *op.cit.*, p. 77.

314 *Ibid.*, p. 84.

de mort contre un homme[315]. Le refus de la peine capitale est le refus que la condamnation divine qui pèse sur tout homme soit doublée par une sanction humaine. Il est le scandale de voir les hommes ajouter au mal au lieu de s'unir pour le combattre. Quand la peste ravage le corps de l'enfant innocent, elle est, plus qu'à aucun autre endroit du récit, l'allégorie du mal mais elle est aussi une manière de punir le juge pour s'être désolidarisé de ses frères humains.

Dans *Le Hussard sur le toit*, le choléra terrasse aussi les enfants mais sans que leur mort ne soit traitée différemment de celle des autres victimes. La mort est une, qu'elle frappe les petits ou les grands. Peut-être le texte donne-t-il alors à lire implicitement une même condamnation de l'homme et de l'enfant. Car, le comportement de la petite fille qui se pavane dans sa belle robe, parcourant les rues rendues désertes par le choléra, ne laisse pas d'être suspect. Son insouciance fait-elle d'elle une complice du fléau ou est-elle la preuve de son innocence ? Dans tous les cas, il est indubitable que les choix de narration pour lesquels Giono opte évacuent du roman la gravité traditionnellement de rigueur à l'évocation de la mort et de l'innocence de l'enfant. Le consensus des personnages du *Hussard sur le toit* pour dédramatiser la mort est total. Le « petit médecin français », qui aurait pu être un vecteur du tragique par son combat vain contre le choléra, meurt à peine entré dans le récit. Il n'est pas absurde de penser que le romancier l'élimine pour ne pas avoir à ouvrir son texte à un débat et à une réflexion tels que Camus fait faire à ses personnages autour du lit où agonise le petit moribond. Quant à la nonne, elle fait la toilette des morts comme elle faisait le ménage dans son couvent avant l'irruption de l'épidémie – avec efficacité et sans état d'âme et use, pour en parler, d'un prosaïsme qui contraste totalement avec la poésie du discours que le médecin philosophe tient en décrivant le choléra comme une aventure exaltante qui fait aspirer à la mort comme à un surcroît de vie.

Décidément, Giono refuse de traiter de la mort comme on en traite et varie les tonalités pour ne pas avoir à user de celle que le sujet habituellement impose. Son parti pris est clairement de désinvolture à l'égard de la mort et dans une opposition totale avec celui, plus conforme à la gravité du sujet, que Camus manifeste dans *La Peste*. Leur appréhension différente du tragique de l'existence humaine en est la raison.

---

315 « Je n'écoutais presque rien, je sentais qu'on voulait tuer cet homme vivant et un instinct formidable comme une vague me portait à ses côtés avec une sorte d'aveuglement entêté. » (1422)

b. La réponse au Mal

Si la tonalité de *La Peste* diffère tant de celle du *Hussard sur le toit* c'est parce que Camus et Giono envisagent différemment le tragique de la condition humaine et, conséquemment, la question du Mal et celle de la réponse à lui apporter. Christine Rannaud concède au roman de Giono la nature d'une « expérience éthique et ontologique » mais affirme qu'il n'est « question ni de bien ni de mal, mais de bonheur ou de souffrance, d'accroissement ou de réduction de puissance[316]. » Au contraire, parce que la mort est un « scandale » et parce que la révolte contre la mort est la plus haute des révoltes, *La Peste* se fait l'illustration la plus frappante de ce que Camus appelle la « révolte métaphysique[317] » c'est-à-dire « l'insurrection humaine, dans ses formes élevées et tragiques [qui] n'est et ne peut être qu'une longue protestation contre la mort, une accusation enragée de cette condition régie par la peine de mort généralisée[318]. » C'est pourquoi Angelo ne cherche qu'à se préserver de l'atteinte morale du choléra alors que les personnages de Camus œuvrent de concert à rétablir un ordre humain dans le désordre de la peste.

Dans *L'Homme révolté*, Camus affirme :

> L'homme peut maîtriser en lui tout ce qui doit l'être. Il doit réparer dans la création tout ce qui peut l'être. Après quoi, les enfants mourront toujours injustement, même dans la société parfaite. Dans son plus grand effort, l'homme ne peut que se proposer de diminuer arithmétiquement la douleur du monde. Mais l'injustice et la souffrance demeureront et, si limitées soient-elles, elles ne cesseront pas d'être le scandale[319].

Dans *La Peste*, Rieux est chargé de relayer cette conviction de la nécessité d'une action qui redresse le mal dans l'homme et dans le monde même si la victoire n'est que temporaire et que la peste – c'est-à-dire « la douleur », « l'injustice » et la « souffrance » – resurgit à chaque fois que l'homme baisse la garde et se laisse aller à approuver le mal et à y collaborer. Dans *Le Hussard sur le toit*, quand il est donné à Angelo de « réparer », il est placé par le romancier dans des situations où cette réparation est frappée d'inanité : laver des cadavres avec la nonne ou frictionner jusqu'à épuisement des cholériques dont aucun – à l'exception notable de Pauline – ne sera sauvé. Camus donne à ses personnages des

---

316 Christine Rannaud, *Giono philosophe*, Villeneuve d'Ascq, Presses du Septentrion, 2002, p. 33–34.

317 Titre que Camus donne à la deuxième partie de *L'Homme révolté*.

318 *L'Homme révolté*, *Essais*, p. 508.

319 *Ibid.*, p. 706.

possibilités réalistes de lutte contre le mal alors que Giono condamne son héros à l'impuissance en le poussant paradoxalement aux actions d'éclat.

En effet, les valeurs de noblesse d'âme et de comportement dont Angelo fait preuve se comprennent et se pratiquent à l'échelle individuelle et isolent le héros même si elles se répercutent positivement sur les autres personnages. Mais l'autre dans la difficulté reste pour le hussard une occasion offerte et tentante de se mettre en valeur et de ne pas déchoir à ses propres yeux. En effet, dans cet univers totalement réflexif, le héros ne se reconnaît pas dans l'autre mais se sert de lui comme d'un faire-valoir. Bien plus, cet autre n'importe que pour cela. Ce qui explique que sa souffrance soit instrumentalisée pour servir le bonheur du héros et que celui-ci arrive à penser qu'il n'a jamais été aussi heureux qu'au temps du choléra. C'est pourquoi la lutte contre le fléau, telle qu'il la mène, acquiert un caractère de prouesse ludique qui relègue à un plan secondaire la finalité qui, en temps de crise, est censée être première : soulager la souffrance des hommes. Pour ce faire, il aurait fallu qu'Angelo se sentît appartenir à la Provence souffrante. Or, le statut d'étranger qu'il ne cesse de revendiquer n'est pas seulement la protestation du voyageur qui se sent pris au piège d'un lieu soudainement isolé par la quarantaine mais la contestation de celui qui ne se reconnaît pas de point commun avec les groupes d'individus auxquels le hasard des circonstances l'oblige à se mêler. Contrairement à Rambert qui, dans *La Peste*, se trouve dans la même situation et qui se convainc de la nécessité de se joindre aux équipes de lutte sanitaire même s'il est étranger à la ville, le hussard continue de penser que le bonheur est en Italie, qu'il doit continuer sa route et qu'il n'y a pas de « honte à être heureux tout seul[320] ».

C'est ce sentiment de fraternité – présent dans *La Peste* et étranger au *Hussard sur le toit* – qui explique que certains hommes se sentent responsables d'autres hommes et offrent leur vie en sacrifice. Quand Tarrou propose à Rieux de constituer les équipes sanitaires, rien ne justifie son initiative sinon que, face au mal qui frappe indifféremment, il est du devoir de chacun de s'y opposer au nom de l'humanité qui est en tous. L'Histoire prouve que cet élan de solidarité qui naît de la reconnaissance de soi en l'autre se produit dans les temps de grande crise morale et politique quand l'homme se trouve menacé non seulement dans son existence propre – c'est-à-dire dans son corps – mais également dans son essence en tant qu'être humain. Bernard Sichère affirme :

> Toute insurrection sous le nazisme (le ghetto de Varsovie, et aussi bien les soulèvements à Auschwitz même) ou dans les camps staliniens [...] se mène au nom de l'idée

320 Rambert affirme en effet qu'« il y aurait de la honte à être tout seul. »

> très claire que chaque homme insurgé se fait alors de l'entièreté de l'espèce humaine, à laquelle il dédie sa mort presque certaine [...][321].

Philippe Svandra confirme : « Face au malheur et à la souffrance infligée à autrui, si le premier temps est celui de la compassion (vertu morale), le second doit être celui du courage de l'action (vertu pratique)[322]. » Si les personnages de Camus suivent effectivement cette trajectoire, Angelo agit sans compatir ne s'étant jamais senti responsable qu'envers soi-même. Il intervient, selon sa propre expression, dans un « sursaut d'orgueil » (615), en ne se mêlant pas aux autres, en ne se laissant pas contaminer par leur déchéance, dans le seul but de rester à la hauteur où lui-même s'est mis et ne pas déchoir à ses propres yeux. Dans l'univers de *La Peste*, au contraire, la finalité de la lutte est la construction d'un monde solidaire et fraternel. C'est dans ce sens qu'il faut parler d'une éthique camusienne conformément à la définition qu'en donne Paul Ricoeur : « Vivre bien, avec et pour l'autre, dans des institutions justes[323]. » Le fléau est envisagé comme une menace à ce qui constitue l'humanité en tant qu'entité homogène dans laquelle les hommes ne sont ni des héros – tels qu'Angelo rêve d'être – ni les êtres méprisables que montre le roman de Giono. Ils peuvent, certes, se montrer égoïstes mais l'égoïsme, dans *La Peste*, n'est pas le fléau – aussi redoutable que le choléra – que met en scène *Le Hussard sur le toit*. Le cas de Cottard est significativement un cas isolé. Hormis cette exception, l'univers voulu par Camus est centré autour de la conscience que chaque personnage a du devoir de solidarité. *La Peste* démontre, en effet, que combattre le mal consiste à réintroduire les jugements de valeur dans un monde où le règne de la mort épidémique a d'abord consisté à estomper la frontière entre ce qu'il est, en termes de morale, licite de faire et ce qui ne l'est pas. Sans grands discours, Rieux et Tarrou deviennent un exemple pour les autres personnages. Leur souci est de faire surgir en eux le bien dont ils sont capables : altruisme, générosité et courage, seules armes possibles pour contrecarrer le fléau. Car, en plus de faire respecter les mesures prophylactiques de lutte contre l'épidémie, les équipes sanitaires agissent de manière à donner à la résistance contre le fléau un sens éthique. Pour Camus et ses personnages, la réponse à apporter

---

321 Bernard Sichère, « Danger, détresse, salut : la pensée de haute mer », *L'Infini. Heidegger : le danger en l'être*, été 2006, n° 95, p. 94–112, p. 100.

322 Philippe Svandra, « Sauver les corps, pour que l'avenir demeure possible », *Présence d'Albert Camus*, n° 4, 2013, p. 25–26.

323 Paul Ricœur, *Lectures I. Autour du politique*, Seuil, coll. Points Essais, 1999, p. 260.

au mal – la seule qui soit concevable – est la constitution d'une communauté humaine fraternelle et soudée.

Dans la Préface aux *Thibault* de Roger Martin du Gard, Camus affirme : « La communauté des douleurs, des luttes et de la mort, existe ; elle seule fonde l'espoir d'une communauté de joie et de réconciliation[324]. » Même si cette joie est relative, même s'il est totalement irréaliste de croire pouvoir éradiquer le Mal, lutter pour un but commun instaure un monde de valeurs et une hiérarchie dans ces valeurs qui donne la première place à la responsabilité de chacun envers tous et fonde la communauté humaine. C'est ce qui explique la profession de foi de *L'Homme révolté* : « Je me révolte donc nous sommes. » Mais cet espoir mis dans l'homme ne procède pas d'un optimisme béat. Camus, on l'a vu, reconnaît : « Dans son grand effort, l'homme ne peut que se proposer de diminuer arithmétiquement la douleur du monde[325]. » Le romancier s'avoue et avoue l'homme partiellement vaincu puisque le constat sur lequel se clôt ce roman de la lutte est que le bacille de la peste ne meurt jamais. Mais il conserve, face à la persévérance dans la résistance au Mal, tout son respect et sa pitié pour l'homme. Giono, quant à lui, choisit de préserver son héros en le tenant au-dessus des hommes, sachant que ceux-ci bien trop contaminés par le mal et s'y complaisant, sont irrécupérables. C'est en cela que, dans le *Hussard sur le toit*, la réponse au mal est antagonique de celle illustrée dans *La Peste*.

Dans le contexte de l'épidémie commun aux deux romans, la figure du médecin est essentielle et peut être considérée comme significative de cet écart qui sépare la pensée des deux romanciers quant à la manière de réagir face au mal. Au fond, la question que Camus et Giono posent est de savoir s'il vaut ou ne vaut pas la peine de sauver l'homme. Dans *La Peste*, Rieux, entreprenant la narration des événements, parle de « l'immense colère qui vient à l'homme devant la douleur que tous les hommes partagent. » (1433) Son parti pris de narrateur est un parti pris de médecin. Pour cette raison, il place la lutte sur un plan pratique non philosophique et porte le débat sur la question la plus importante à ses yeux : la chair souffrante. Les spéculations spécieuses du père Paneloux concernant la rédemption par la souffrance[326] choquent en lui l'homme confronté à la douleur des corps et impuissant parfois à les soulager. Il est le type même du « révolté métaphysique » tel que le définit Camus puisqu'il refuse

324 « Roger Martin du Gard », *Essais*, p. 1155.

325 *L'Homme révolté, Essais*, p. 706.

326 Camus affirme : « Le médecin ennemi de Dieu puisqu'il lutte contre la mort. » *Carnets II*, p. 129.

de croire en un salut venant d'un ciel qui, s'il n'est pas vide, est occupé par un Dieu indifférent à ce qu'endure sa création. Il tranche sèchement la question : « [...] peut-être vaut-il mieux pour Dieu qu'on ne croie pas en lui et qu'on lutte de toutes ses forces contre la mort, sans lever les yeux vers ce ciel où il se tait. » (1323) Au contraire, il place sa foi en l'homme et en une action efficace et sans éclat, quotidienne et discrète. Lui-même parle peu comme trop occupé à accomplir une tâche surhumaine, harassé de devoir corriger, même en des proportions infimes, le mal fait aux hommes. Cette lutte menée avec l'espoir d'une victoire très relative, puisque toujours temporaire et toujours recommencée, n'en est que plus acharnée, même désabusée. Rieux l'avoue : le combat contre la peste est « une interminable défaite » (1324) mais il avoue aussi qu'il ne s'est « jamais habitué à voir mourir » (1323).

Le « petit médecin français » dans *Le Hussard sur le toit* non plus. Mais il est évacué tellement rapidement de l'action que son impact est dérisoire par rapport à celui du vieux médecin qui, lui, occupe tout le chapitre XIII du roman. Si le premier meurt inconsolé de n'avoir pu sauver aucun malade, le second se complait dans une retraite qui, non seulement le détourne de son métier de médecin mais également, selon l'expression de Rieux, de son « métier d'homme ». Par ses dissertations poétiques sur les ravages du choléra, il se désintéresse des corps souffrants et renonce à soulager la douleur des hommes. D'ailleurs l'intéresse-t-elle ? Point de compassion dans le discours qu'il tient à Angelo et à Pauline mais la fascination pour un mal qui devient attrayant parce qu'il sauve de l'ennui. La désinvolture qu'il montre le rend complice du choléra. Jean-Yves Laurichesse a bien raison de le qualifier d'« inquiétant » et de le tenir pour responsable de la contamination de Pauline :

> Il n'est plus à démontrer que le médecin, qui va révéler à Angelo et à Pauline les arcanes du choléra, est compromis avec la maladie. C'est sa daube tentatrice qui de toute évidence contaminera Pauline. Mais Angelo aussi est visé par ses entreprises, et les soins qu'il lui prodigue ne sont pas plus innocents que le plat qui mijote sous la cendre[327].

Clairement, la retraite de ce médecin très éloigné de la réalité des souffrances endurées n'est pas que professionnelle ; elle doit se comprendre comme un choix de vie qui témoigne d'une orientation de pensée : ne plus rien tenter pour l'homme, se tenir à distance, en observateur ironique et détaché. Il discrédite le

---

327 Jean-Yves Laurichesse, « Le grand désordre du vêtement dans *Le Hussard sur le toit* » in Alain Romestaing et Mireille Sacotte (dirs.), *Jean Giono. Le corps et ses habillages*, Paris, Presses Sorbonne Nouvelle, 2011, p. 63–72, p. 66–67.

jeune médecin considérant son dévouement comme une manifestation de son orgueil.

Dans *La Peste*, le même schéma est reproduit d'un médecin jeune et d'un autre nettement plus âgé. Mais « le vieux Castel » joint à l'efficacité du médecin dont l'expérience est longue et pour qui la peste n'est pas un mot abstrait – puisqu'il a exercé en Chine au temps où elle sévissait – la compassion de l'homme qui ne s'habitue pas à la souffrance. Le narrateur dit de lui qu'il « retournait à ses vieux livres et faisait de longues stations à la bibliothèque » (1267). De toute évidence, ses lectures ne sont pas celles du médecin-philosophe-poète de Giono que le sauvetage des vies n'intéresse plus et qui déclame du Hugo pour mettre encore plus de distance entre lui et les hommes que le choléra ne séduirait pas. Le docteur Castel est, au contraire, de plain-pied dans la lutte et finit par mettre au point un sérum efficace.

Les personnages de *La Peste* et ceux du *Hussard sur le toit* envisagent le mal et les explications de même que les solutions qui peuvent ou doivent lui être apportées de manières radicalement opposées. Si les Oranais s'évertuent à redonner au monde un visage humain dans lequel l'homme retrouve toute sa place, Angelo et le vieux médecin – chacun à sa façon et pour des raisons différentes – se satisfont du désordre introduit par le choléra et se tiennent en marge du commun des hommes comme pour les renier. Aussi magnifient-ils le fléau – le vieux médecin par ses métaphores et Angelo par les prouesses de bravoure avec lesquels il lui fait face – alors que Rieux et ses camarades le démythifient.

c. Mythification et démythification du Mal

Dans *La Peste*, le narrateur déclare : « Mais le narrateur est plutôt tenté de croire qu'en donnant trop d'importance aux belles actions, on rend finalement un hommage indirect et puissant au mal. » (1326) Dans *Noé*, Giono affirme : « Le choléra ou la peste, sont également des dieux en chair et en os[328]. » De l'aveu même de leurs auteurs, *Le Hussard sur le toit* mythifie le fléau quand *La Peste*, au contraire, le démythifie. Deux poétiques du Mal sont ainsi illustrées à partir d'une même configuration de départ : une maladie épidémique tue aveuglément et met les hommes à l'épreuve du mal métaphysique et moral. Selon qu'il éveille attraction ou répulsion chez les personnages, une image en est donnée qui fascine ou rebute.

328 *Noé*, *Œuvres complètes* III, p. 771.

Le choléra de Giono est fascinant. Jean Sarocchi affirme très justement : « Le choléra est disculpé d'être un mal si affreux par les effets qu'en tire une plume aux très fines barbelures[329]. » La maladie est transfigurée. Non qu'elle ne soit plus une épidémie de vomissements et de diarrhées – c'est-à-dire ce que l'on peut imaginer de plus éloigné du poétique – mais parce qu'au contraire, et par un paradoxe particulièrement frappant, elle est hyperboliquement une contagion irrépressible de coliques et de nausées. Le mal physique, la débâcle du corps ne sont plus une question de viscères atteints qui se vident mais un débordement hémorragique qui pousse les cholériques à des extrémités de contorsions, à des gestes et à des mimiques qui font du spectacle de la mort une représentation grotesque et fascinante. Le spectacle des vivants n'en est pas moins attrayant pour l'œil attentif d'Angelo traquant la défaillance morale : la peur, la cruauté, l'opportunisme, l'inhumanité. La Provence au temps du choléra est une scène à ciel ouvert où se joue une version hautement satirique de la triste comédie humaine. Le choléra en est l'habile orchestrateur. Tirant les ficelles des moribonds autant que des vivants, poussant les uns et les autres dans leurs derniers retranchements, il est effectivement « un dieu » tout puissant.

Dans *La Peste*, même si le fléau pèse sur Oran de tout son poids de calamité inévitable, il n'acquiert, à aucun endroit du roman, une telle énormité. Surtout, il n'a pas sur les hommes l'empire que Giono donne au choléra. Dolorès Lyotard constate :

> Jusqu'à plus soif, Camus croise le fer avec la geste épique, rabat la grandeur de l'Histoire autant que de la morale, désavoue la théâtralité sacrale du politique et de l'esthétique, leur cérémonie, les formes de leurs énoncés. L'enjeu est d'en ruiner le programme, rompre avec le bel héritage de la Littérature qui s'entend à sublimer les panoramas de l'horreur et de la cruauté[330].

Or, nous l'avons vu, ce sont ces « panoramas de l'horreur et de la cruauté » qui font tout le roman de Giono. Le parti pris de Camus est autre et totalement inverse. Il est celui d'un prosaïsme ostentatoire. Son horreur du mal est telle qu'il lui dénie toute grandeur même celle de la malfaisance. Personnages et fléau sont mesurés à une même échelle pour que le combat qu'ils se livrent se déroule justement à une échelle humaine. Ses personnages sont des hommes ordinaires à qui le narrateur n'accorde pas la qualité de héros. Une exception est néanmoins

---

329 Jean Sarocchi, « La mort noire de *La Peste*, la mort gaie du *Hussard sur le toit* » in Laurent Versini (dir.), *Les Écrivains devant la mort*, *op.cit.*, p. 451.

330 Dolorès Lyotard, « *La Peste*, ou d'un usage du malheur », *Revue des Sciences Humaines*, 3/2014, p. 117–139, p. 130.

à retenir : celle de Joseph Grand, vieil homme timide, fonctionnaire de mairie, homme de lettres à ses heures perdues, occupé à constamment réécrire la première phrase – à ses yeux toujours imparfaite – d'un roman qu'il a entrepris quand sa femme l'a quitté. Ainsi résumé, le personnage se rapprocherait plus de l'anti-héros que du héros et son patronyme serait presque comique tant il lui siérait peu si l'on se tient à l'acception traditionnelle du terme « héros » et à l'imagerie romanesque qui lui est communément attachée. En lui concédant ce statut, le narrateur souligne paradoxalement son « insignifiance » – caractéristique du personnage sur laquelle le narrateur revient avec insistance de façon récurrente dans le récit[331] :

> Oui, s'il est vrai que les hommes tiennent à se proposer des exemples et des modèles qu'ils appellent héros, et s'il faut absolument qu'il y en ait un dans cette histoire, le narrateur propose justement ce héros insignifiant et effacé qui n'avait pour lui qu'un peu de bonté au cœur et un idéal apparemment ridicule. (1331)

Mais le paradoxe n'est qu'apparent. Camus redéfinit l'héroïsme de manière à montrer que la vraie grandeur de l'homme est dans la résistance obstinée qu'il oppose au mal, à l'image de la persévérance têtue dans la recherche du mot juste pour la phrase parfaite avec laquelle Grand entend commencer son roman. En effet, le fléau ne peut être efficacement combattu que par les qualités d'acharnement, de discrétion, de méticulosité, de modestie et finalement d'efficacité et d'honnêteté qui sont celles de Grand. Par ailleurs, Grand est un homme « bon » et c'est cette bonté qui le préserve des atteintes de la peste, donc du mal. Il a l'évidence du Bien comme la peste a l'évidence du Mal et oppose à l'implacabilité du fléau une inébranlable sérénité, s'installant dans un hôpital « avec ses papiers, exactement comme il s'installait à sa table de la mairie, et dans l'air épaissi par les désinfectants et par la maladie elle-même, il agitait ses feuilles pour en faire sécher l'encre. » (1331) Rieux parle à son propos de « vertu tranquille » (1252) et le narrateur précise qu'il « était à mille lieux de la peste. » (1280) Il est logique donc que Camus place dans la bouche de Grand la réplique qui démythifie totalement la peste : « Il y a la peste, il faut se défendre, c'est clair. Ah ! si tout était aussi simple ! » (1328) Par cette attitude quelque peu lunaire, Grand rappelle Angelo. Tous les deux arrivent à s'abstraire des réalités brutales qui les entourent dans le même temps où ils accomplissent les tâches qu'ils pensent devoir assumer pour lutter contre l'épidémie.

De fait, le personnage de Giono évolue dans le choléra comme Grand dans la peste. Tout comme lui, il a su préserver un monde intérieur dans lequel il

331 Selon le narrateur, Grand a « toutes les mines de l'insignifiance. » (1253)

se retire et se tient hors de portée de l'épidémie – c'est-à-dire de la contagion morale. À l'image de Grand, il étonne par sa capacité à garder un fond d'ingénuité et d'obstination candide dans la poursuite d'un but qui pourrait sembler aussi ridicule ou désuet que celui du personnage de Camus. Aider le médecin français ou se mettre au service de la nonne sont des engagements temporaires dont il connaît l'inutilité. Mais ils lui offrent l'occasion de poursuivre son idéal de chevalerie tout aussi obstinément que le personnage de Camus poursuit l'adjectif juste et introuvable qui qualifierait son amazone dans les allées du bois de Boulogne. Pour Grand, lutter contre la peste n'est rien comparé aux difficultés insurmontables où le met l'écriture de sa première phrase. C'est cet acharnement à parfaire une phrase jamais assez parfaite qui le préserve de la peste. Et c'est tout naturellement que, tous les soirs, Grand passe des statistiques des morts de la peste à la réécriture de sa phrase. Le mal n'a pas de prise sur lui parce qu'il s'applique autant à trouver le mot juste qu'à dessiner la courbe la plus précise de l'évolution de l'épidémie. En accomplissant honnêtement tout ce qu'il entreprend, il s'acquitte de son « métier d'homme » et réussit ainsi à lutter dans la discrétion et l'efficacité contre le mal et la mort. Pour Angelo, le choléra n'est rien qu'un obstacle sur la route qui doit le conduire à la Révolution. Mais c'est aussi pour lui l'occasion de se prouver sa valeur. Le personnage de Camus et le héros de Giono poursuivent face au mal, et tout en luttant contre lui, un rêve de perfection inatteignable. Mais là s'arrête la ressemblance. Aucune commune mesure, par ailleurs, entre le vieil homme un peu ridicule de *La Peste* qui n'a nul besoin de se prouver qu'il ne démérite ni à ses yeux ni à ceux des autres – et le fringant hussard de Giono qui se tient dans une représentation constante. Car, si la démythification du Mal se fait, dans *La Peste*, par la démythification du héros, la splendeur du héros de Giono est voulue, au contraire, pour servir de pendant à la flamboyance du choléra.

En effet, la mythification du Mal est, pour partie, liée au fait que Giono crée, avec le choléra, un ennemi digne d'Angelo. Parlant des différents tâtonnements d'écriture qui l'ont conduit à concevoir ce personnage, il affirme :

> Il était pourtant tel qu'il me fallait, jeune, beau, noble, intrépide, généreux, naïf, impulsif, romanesque et limpide, mais il ne sonnait pas le bon aloi. Je ne me rendais pas compte que je ne le heurtais pas contre ce qu'il fallait[332].

Le romancier comprend que pour qu'Angelo se révèle dans toute sa perfection de héros, il lui faut créer un contraste manichéen entre ce personnage parfait

332 Giono, « Postface à *Angelo* », *Œuvres romanesques complètes* IV, p. 1169.

et un adversaire aussi laid qu'Angelo est beau, aussi mauvais qu'il est bon. Il invente alors le choléra comme un personnage aussi négatif que le hussard est positif et leur donne des dimensions cosmiques. Commentant l'incipit du *Hussard sur le toit*, Jacques Le Gall affirme avec raison :

> L'incipit du *Hussard sur le toit* se présente comme une cosmologie miniature. Angelo est revenu en arrière, à l'origine. Il recommence sa vie en un premier matin du monde. Héros solaire et soleil ascendant ne font qu'un, dont les rayons dorés s'opposeront aux flèches d'un choléra noir et blanc qui tombe du ciel comme dans les représentations populaires les plus traditionnelles[333].

Les qualités du personnage sont telles qu'elles imposent un ennemi à la hauteur dans le Mal de ce qu'Angelo est dans le Bien. Cette énormité dans le Mal conduit à la fascination et à la mythification. Giono lui-même appelle le choléra « mon infernal personnage[334] ». Il procède ainsi de façon opposée à Camus qui, selon Philippe Svandra, est « loin de la conception quasi esthétique d'un Leibniz qui accorde au mal le statut de l'ombre rehaussant la lumière d'un tableau [...][335]. » De fait, *Le Hussard sur le toit* est un tableau dans lequel la noirceur du choléra et de ses acolytes ressort par antithèse avec l'angélisme du héros. La grandeur dans le bien est contrebalancée par l'exorbitance dans le mal.

L'imaginaire gionien du Mal privilégie une poétique du gigantisme et du contraste ; celui de Camus, une poétique du minimalisme. Rieux explique : « C'est que rien n'est moins spectaculaire qu'un fléau [...]. » (1368) Camus fait de la peste un non-événement, c'est-à-dire un accident, une parenthèse, un engourdissement : « [...] et tout ce temps ne fut qu'un long sommeil. » (1368) Inversement, les cholériques de Giono sont des « impatients » que le choléra exalte et dont le corps exulte. Décrite par le vieux médecin, l'épidémie est une chance offerte aux plus audacieux de repousser les limites de l'humain, d'aller voir au-delà de la mort ce que la mort cache, de faire le grand voyage sans retour mais pour atteindre des terres étrangères et des délices inconnues. Le vieux médecin file la métaphore pour faire des passions le but de l'exploration et de ce voyage intérieur entrepris par le malade : « Je suis bien loin de vous faire un laïus ; il ne s'agit pas du tout d'anatomie. Il s'agit d'aller sur les lieux où s'élaborent les passions, les erreurs, le sublime et la frousse. » (611) Il

333 Jacques Le Gall, « Topoï d'ouverture dans les romans de Giono » in Mireille Sacotte (dir.), *Giono l'enchanteur*, Paris, Bernard Grasset, 1996, p. 125–138, p. 131.

334 Giono, « Postface à *Angelo* », *Œuvres romanesques complètes* IV, p. 1167.

335 Philippe Svandra, « Sauver les corps, pour que l'avenir demeure possible », *op. cit.*, p. 27.

utilise de façon récurrente, dans ses deux formes de substantif et d'adjectif, le mot « impatients » pour dire la précipitation des cholériques à se lancer dans l'aventure insolite de la maladie une fois qu'ils ont entraperçu les possibilités de jouissances infinies qu'elle leur offre. Ils quittent alors sans regret leurs proches les plus chers et la vie étriquée qu'ils ont menée jusque-là pour découvrir une dimension autre de l'existence, hors de l'existence, et qu'ils ne soupçonnaient même pas : « Le cholérique n'est pas un patient : *c'est un impatient*[336]. Il vient de comprendre trop de choses essentielles. Il a hâte d'en connaître plus. Cela seul l'intéresse […]. » (618)

Le narrateur de *La Peste* use du même terme. Il fait conclure à Rieux faisant l'inventaire des symptômes de la maladie :

> Oui, au bout de tout cela, on était pendu à un fil et les trois quarts des gens, c'est le chiffre exact, étaient assez impatients pour faire ce mouvement imperceptible qui les précipitait. (1249)

La mort est un gouffre. Le verbe « précipiter » ne prend pas la forme pronominale qui dit l'empressement des cholériques de Giono à partir à l'aventure. Le ton est plein de regrets et le commentaire de Rieux reste sobre contrairement à l'exaltation et à l'emphase dont fait preuve le médecin du *Hussard sur le toit*. Les propos du narrateur de Camus laissent comprendre son désarroi de médecin qui fait face à la souffrance et n'arrive pas toujours à la soulager. Le médecin de Giono peut philosopher à sa guise. Ayant renoncé à la pratique, la souffrance n'est plus pour lui qu'une lointaine abstraction et peut donner matière à rhétorique. Concrète, présente à l'esprit de Rieux par les tortures qu'elle inflige aux corps – « la stupeur et la prostration, les yeux rouges, la bouche sale, les maux de tête, les bubons, la soif terrible, le délire, les taches sur le corps, l'écartèlement intérieur » (1249) – la peste est détestable et ne peut être prétexte à citer du Hugo comme le choléra pousse le vieux médecin à le faire. Pour celui-ci les symptômes du choléra sont à interpréter autrement que ne le font les médecins ordinairement. Parlant du cholérique, il affirme :

> Qu'est-ce qu'il éprouve ? Banal : il a froid aux pieds. Il a les mains glacées. Il a froid dans ce qu'on appelle les extrémités. Son sang se retire. Son sang se précipite sur les lieux du spectacle. Il ne veut pas en perdre une bouchée. (619)

Les phrases sont courtes, le rythme est haletant et le vieux médecin donne l'impression d'être à bout de souffle comme le cholérique à la poursuite de ses chimères.

336 En italique dans le texte.

Pareillement, la longue et terrible agonie de Tarrou est comparée à un long naufrage :

> Cette forme humaine qui lui avait été si proche, percée maintenant de coups d'épieu, brûlée par un mal surhumain, tordue par tous les vents haineux du ciel, s'immergeait à ses yeux dans les eaux de la peste et il ne pouvait rien contre ce naufrage. (1457)

La métaphore rappelle celle des fonds marins et des explorations de ces malades aux longs cours que décrit Giono. Mais la portée signifiante du trope n'est pas la même. La finalité du texte camusien, à travers le regard désolé de Rieux assistant son ami dans ses derniers instants, est de montrer la mort pour ce qu'elle est : « une aventure horrible et sale[337] ». La mort est haïssable pour Camus et constitue le plus grand mal qui puisse être infligé à l'homme. Elle est fascinante pour Giono et les propos de son médecin laissent penser qu'elle est le dérivatif le plus puissant à cet autre mal qui ronge l'homme : l'ennui ; que pour cette raison, elle lui est préférable et qu'elle est mythifiée pour cela. Car la mélancolie – autre nom de l'ennui –

> [...] fait d'une certaine société une assemblée de morts-vivants, un *cimetière de surface*, si on peut dire ; elle enlève l'appétit, le goût, noue les aiguillettes, éteint les lampes et même le soleil et donne au surplus ce qu'on pourrait appeler un *délire de l'inutilité* qui s'accorde parfaitement d'ailleurs avec toutes les carences sus-indiquées et qui, s'il n'est pas directement contagieux, dans le sens que nous donnons inconsciemment à ce mot, pousse toutefois les mélancoliques à des *démesures de néant* qui peuvent fort bien empuantir, désœuvrer et, par conséquent, faire périr tout un pays[338]. (607)

Présenté ainsi, le choléra deviendrait presque attrayant.

En effet, Giono détourne le topos du fléau effrayant. Certes, son choléra réactualise le vieux mythe de l'épidémie ravageuse d'hommes puisque *Le Hussard sur le toit* déploie l'imaginaire apocalyptique de l'épidémie, les images obsédantes de morts par milliers, de cadavres livrés aux charognards, de survivants traqués, de villes abandonnées. Mais, si l'on en croit le vieux docteur, les malades consentent à mourir tant cette fin qui leur est offerte est jubilatoire. Camus, lui, se refuse à admettre une littérature qui exalte le mal par la complaisance qu'elle met à le décrire. Par le truchement de Rieux, esprit cartésien, il évacue de son récit cet imaginaire de la morbidité et du défaitisme. Le texte fonctionne à certains endroits sous le régime de la prétérition. Ainsi de cette réticence de Rieux à céder au vertige de l'évocation des légendes attachées aux grandes épidémies de l'histoire :

---

337 « Le vent à Djémila », *Noces*, *Essais*, p. 63.

338 Les italiques sont de Giono.

> Et une tranquillité si pacifique et si indifférente niait presque sans effort les vieilles images du fléau, Athènes empestée et désertée par les oiseaux, les villes chinoises remplies d'agonisants silencieux, les bagnards de Marseille empilant dans des trous les corps dégoulinants, la construction en Provence du grand mur qui devait arrêter le vent furieux de la peste, Jaffa et ses hideux mendiants, les lits humides et pourris collés à la terre battue de l'hôpital de Constantinople, les malades tirés avec des crochets, le carnaval des médecins masqués pendant la Peste noire, les accouplements des vivants dans les cimetières de Milan, les charrettes de morts dans Londres épouvanté, et les nuits et les jours remplis, partout et toujours, du cri interminable des hommes. (1249)

Camus ne retient de cette longue énumération – pour en faire le sujet de son roman – que ce « cri interminable des hommes » qui dissuade de glorifier le mal en mettant le lecteur aux prises avec la réalité des souffrances que la maladie et la mort font endurer aux hommes depuis qu'ils existent. Par ailleurs, il évacue de sa narration tout ce qui est de l'ordre de la fantasmagorie et du fantasme. Il place son récit dans le déni de la fascination pour la démesure que peut revêtir le mal : « Non, la peste n'avait rien à voir avec les grandes images exaltantes qui avaient poursuivi le docteur Rieux au début de l'épidémie. » (1365) L'adverbe de négation « non » donne l'impression de faire office d'apostrophe. Le narrateur interpelle le lecteur et détruit une idée reçue, un héritage littéraire, pictural et religieux de mythification du fléau épidémique. Rétrospectivement, et après avoir vu la peste à l'œuvre, il conclut :

> Dans le souvenir de ceux qui les ont vécues, les journées terribles de la peste n'apparaissaient pas comme de grandes flammes somptueuses et cruelles, mais plutôt comme un interminable piétinement qui écrasait tout sur son passage. (1365)

Comment mieux détruire le mythe qu'en le faisant fouler aux pieds ? Ou mieux encore, en le réduisant à un des faits banals du quotidien : « Au matin, ils revenaient au fléau, c'est-à-dire à la routine. » (1368)? Lutter contre la peste devient alors une chose, sinon aisée, du moins possible. De toute façon, de l'ordre du rationnel et du raisonnable[339]. Le narrateur en fait une question de bon sens :

> C'est pourquoi il était naturel que le vieux Castel mît toute sa confiance et son énergie à fabriquer des sérums sur place, avec du matériel de fortune. [...]. C'est pourquoi encore il était naturel que Grand, qui n'avait rien d'un héros, assurât maintenant une sorte de secrétariat des formations sanitaires. (1328)

---

339 « Toute la question était d'empêcher le plus d'hommes possible de mourir et de connaître la séparation définitive. Il n'y avait pour cela qu'un seul moyen qui était de combattre la peste. Cette vérité n'était pas admirable, elle n'était que conséquente. » (1327)

La reprise anaphorique de l'expression de la conséquence organise le texte autour de cette évidence et lui confère un caractère de truisme.

La contagion du Mal est circonscrite dans le roman de Camus parce que Rieux refuse de céder au « vertige[340] » de la peur autant qu'à celui de la fascination ; de même qu'il refuse, en tant que narrateur, de le transmettre au lecteur. Dans le roman de Giono, l'attrait du mal est aussi épidémique que le Mal lui-même parce que tout le récit est ce « vertige » face à la puissance du Mal et son pouvoir sur les hommes. Camus « détruit la légende de la grandeur du Mal[341] » – pour reprendre les termes employés par Hannah Arendt qualifiant sa propre démarche. À l'inverse, Giono célèbre cette grandeur et s'en tient à un héritage littéraire que le narrateur de Camus tient pour dépassé :

> À cet égard, le narrateur sait parfaitement combien il est regrettable de ne pouvoir rien rapporter ici qui soit vraiment spectaculaire, comme par exemple quelque héros réconfortant ou quelque action éclatante, pareils à ceux qu'on trouve dans les vieux récits. (1365).

De fait, au-delà de l'entrechoquement de deux imaginaires du Mal qui traduisent deux pensées de l'homme, l'étude comparée de *La Peste* et du *Hussard sur le toit* révèle deux conceptions de la littérature.

---

340 Le narrateur affirme : « Mais ce vertige ne tenait pas devant la raison. » (1250)

341 Dans un entretien télévisé, Hannah Arendt précise : « Lorsque j'ai écrit mon livre sur Eichmann à Jérusalem … un de mes principaux objectifs était de détruire la légende de la grandeur du Mal, de sa force démoniaque, de retirer aux gens l'admiration qu'ils ont pour de grands malfaiteurs comme Richard III… ». Cité par Edith Fuchs et Michelle-Irène Brudny, « Introduction » in Michelle-Irène Brudny et Jean-Marie Winkler (dirs.), *Destins de « la banalité du mal »*, Paris, Éditions de l'Éclat, coll. Bibliothèque des fondations, 2011, p. 5–9, p. 5. DOI : 10.3917/ecla.brudn.2011.01.0005. URL : http://www.cairn.info/destins-de-la-banalite-du-mal--9782841622283-page-5.htm Consulté le 30 juin 2017.

Chapitre Deuxième Deux conceptions de la littérature

a. Le romanesque « lazaréen » et le romanesque désinvolte

Que le traitement d'un même sujet – le Mal – sous la forme d'une allégorie – le fléau épidémique – par Albert Camus et Jean Giono aboutisse à deux romans si radicalement différents, pousse à s'interroger, au-delà des particularités d'écriture et d'imaginaire propres à chaque romancier, sur les raisons de ces différences d'autant que quatre années seulement séparent la publication de *La Peste* – 1947 – de celle du *Hussard sur le toit* – 1951 – . Paradoxalement, c'est cette extrême contemporanéité des deux romans qui pourrait expliquer leur irréductible différence si l'on considère qu'ils sont représentatifs de deux conceptions opposées de la littérature et qu'ils illustrent, d'une certaine manière, le débat qui eut lieu, dans l'immédiat après-guerre, autour de la nécessaire redéfinition de la littérature.

Après le déferlement d'horreurs – inédites à ce degré d'ampleur et de barbarie – que le monde connut pendant les années de la seconde guerre, la réflexion sur la littérature a dû intégrer des considérations d'ordre éthique. Il est vrai que littérature et éthique n'ont jamais été totalement étrangères l'une à l'autre. Vincent Jouve affirme : « La littérature a souvent été appréhendée d'un point de vue éthique[342]. » Mais la brutalité de l'Histoire, dans certains des visages qu'elle a pris, a imposé de redéfinir l'acte d'écrire par rapport au problème, devenu inévitable, du Mal. Si l'interrogation sur le Mal, ses origines, son incidence sur la question de l'existence de Dieu, sur celle de la liberté humaine a toujours été centrale en littérature, elle devient après 1945 sujet d'un débat qui remet en question la littérature elle-même. L'existence du « fait concentrationnaire » oblige à faire le deuil d'une certaine idée de l'innocence humaine. Ce que Hannah Arendt appelle « la banalité du mal » scelle la fin d'une croyance que le monstre est une exception et qu'il serait possible de le tenir loin des territoires de l'humanité ordinaire. Comment dès lors pouvoir – ne serait-ce qu'exceptionnellement, ne serait-ce que temporairement – oublier ce que l'homme est capable de faire à l'homme – et de l'homme – et vivre et écrire comme si ce

342 Vincent Jouve, « Valeurs littéraires et valeurs morales : la critique éthique en question. » https://f.hypotheses.org/wp-content/blogs.dir/1449/files/2014/03/LitVal_Jouve.pdf Consulté le 6 juillet 2017.

séisme qui a ébranlé la confiance de l'homme en l'homme et de l'homme en soi n'avait jamais eu lieu ? Comment pouvoir continuer à écrire dans le déni ou même dans l'oubli de ce qui fut ? Comment ne pas imprimer à la littérature, dans le choix des sujets, dans le phrasé même des textes, la conscience de l'abomination de ce qui fut entrepris dans les camps : la négation de l'homme dans sa chair et son essence ?

Déjà en 1941, sentant la montée des périls, Roger Caillois fait du roman un divertissement indécent à certaines périodes de l'Histoire :

> L'immoralité du plaisir romanesque tient en grande partie à son caractère divertissant ; le simple fait d'être absorbé dans la lecture suffit pour que l'on échappe à la tâche ou au souci présent. [...]. Dans les grands moments de l'histoire, il n'y a plus de place pour le roman car l'homme est alors détourné de sa vie intérieure[343].

Dans un article de 1949, Theodor W. Adorno lance son célèbre et terrible anathème : « Écrire un poème après Auschwitz est barbare [...][344]. »

Cette « crise de l'esprit » – pour emprunter le titre de Valéry qui qualifiait ainsi le monde issu de la première guerre – est due non seulement au fait que le tour pris par l'Histoire est inqualifiable mais également parce que les mots eux-mêmes ne sont pas faits pour dire l'innommable. Empreints de la banalité que leur donne l'utilisation qui en est faite dans des situations ordinaires, ils ne peuvent plus qu'édulcorer l'insoutenable. Ce qui advint aux hommes par la faute d'autres hommes n'est pas non plus de l'ordre de la rhétorique ordinaire ni de nature à être transposé donc transfiguré donc trahi par la littérature. Aussi n'y a-t-il plus de possibilité éthique de raconter l'inimaginable que celle du témoignage cru et nu. Plus de place au roman s'il n'est dépouillé de tous les oripeaux de ce qui s'est attaché à ce genre des siècles durant, quand la confiance de l'homme en l'homme et dans un monde toujours meilleur, permettait d'imaginer un romanesque sinon de l'innocence du moins de la réhabilitation de l'homme et du monde. Henri Godard affirme :

---

343 Roger Caillois, « Puissances du roman » in *Approches de l'imaginaire*, Paris, Gallimard, coll. Bibliothèque des sciences humaines, 1974, p. 154.

344 Theodor W. Adorno, *Prismes. Critique de la culture et société*, Paris, Payot, 1986, p. 26. Adorno nuancera ses propos : « Je suis prêt à concéder que, tout comme j'ai dit que, après Auschwitz, on ne pouvait plus écrire de poèmes – formule par laquelle je voulais indiquer que la culture ressuscitée me semblait creuse –, on doit dire par ailleurs qu'il faut écrire des poèmes, au sens où Hegel explique, dans l'*Esthétique*, que, aussi longtemps qu'il existe une conscience de la souffrance parmi les hommes, il doit aussi exister de l'art comme forme objective de cette conscience. » *Métaphysique. Concept et problèmes*, Paris, Payot, coll. Critique de la politique, 2006, p. 165.

> Dans les années qui suivent la Seconde Guerre mondiale, l'effet est [...] d'éloignement de la fiction et de réorientation du roman vers d'autres voies. Des réticences d'ordre littéraire n'étaient plus les seules à mettre en cause la fiction. Comment continuer à inventer des histoires alors que l'Histoire venait de prendre ce double visage d'une guerre totale et des camps d'extermination ? L'identité de ce mot d'histoire dans ces deux emplois suffisait à elle seule à dissuader de confronter la pseudo-réalité des romans à ces réalités paroxystiques[345].

Jean Cayrol, rescapé des camps, est le premier à formuler la théorie d'un romanesque « lazaréen » qu'il définit comme un « romanesque concentrationnaire créant [...] les personnages d'une nouvelle Comédie inhumaine[346] », « [...] un romanesque dans lequel tous les événements, même les plus familiers, nous demeurent incompréhensibles, répréhensibles, rebutants, irritants et si peu révélateurs pour le non-initié [...][347] », et qui « porte témoignage de la plus grande tuerie d'âmes de tous les temps[348]. » Il reconnaît en Camus le premier romancier lazaréen en parlant d'« un art qui a peut-être son premier historien et chercheur dans l'inquiet Albert Camus[349]. »

Des aspects de *La Peste* autorisent cette reconnaissance. Jacqueline Lévi-Valensi considère que ce roman est la « transposition la plus exacte, et la plus suggestive de [l'expérience concentrationnaire][350]. » Elle précise :

> La peste, comme la vie, est « naturelle » et « invraisemblable ». [...]. Les mêmes termes se retrouvent sous la plume de Jean Cayrol, pour définir ce qu'il appelle le « romanesque lazaréen », c'est-à-dire un romanesque des temps modernes, correspondant à l'expérience concentrationnaire[351].

345 Henri Godard, « Introduction » in *Le Roman modes d'emploi*, Paris Gallimard, coll. Folio essais, 2006, p. 25. Godard insiste p. 200 : « Face à cette Histoire, comment continuer à inventer comme si de rien n'était les petites histoires du roman ? »

346 Jean Cayrol, « Pour un romanesque concentrationnaire » in *Lazare parmi nous*, Neuchâtel/Paris, Éditions de la Baconnière/Seuil, 1950, p. 70.

347 *Ibid.*, p. 76.

348 *Ibid.*, p. 105.

349 *Ibid.*, p. 77. Cayrol cite *L'État de siège* : « Le temps de tailler un crayon comme dans *L'État de siège* et on supprime l'homme. » p. 83. Barthes, dans un article de novembre 1950 : « Un prolongement à la littérature de l'absurde » confirme cette filiation. *CF. Œuvres complètes*, tome I (1942–1965), Paris, Seuil, 1993, p. 105–108.

350 Jacqueline Lévi-Valensi, « *La Peste* » *d'Albert Camus*, *op.cit.*, p. 126.

351 *Loc.cit.*.

Marie-Christine Pavis, dans un article intitulé « Camus, écrivain lazaréen malgré lui[352] », démontre que si une œuvre de Camus peut être tenue pour lazaréenne, c'est *L'Étranger.* Mais elle considère avec raison que :

> En matière de littérature lazaréenne, c'est moins la lettre que l'esprit qui compte, moins un cahier des charges précis qu'une certaine retenue, une certaine manière oblique d'évoquer ce dont on n'arrive pas à parler mais qui obsède. Et de ce point de vue, Camus est un auteur résolument lazaréen[353].

De fait, la sobriété de l'écriture dans *La Peste*, le recours à l'allégorie qui est une « manière oblique » de parler du mal, la démythification du héros et du fléau que nous avons démontrés plus haut, confirment cette affirmation.

Aux antipodes de cette remise en question radicale de la littérature – et du rejet du romanesque de façon particulière –, des romanciers continuent d'écrire et de publier des œuvres dont la désinvolture tranche avec le tragique de l'Histoire. La légèreté de ton et de sujet se fait provocation et tiendrait presque lieu de manifeste littéraire, pour les Hussards par exemple.

Loin de toutes les mouvances, retranché à Manosque, mais ayant subi deux emprisonnements injustes, Giono enregistre les convulsions de l'Histoire et les doutes de la littérature et imprime à son œuvre un tournant qui poussera les critiques à parler d'un Giono première et deuxième manière. De la croyance idéaliste en un monde qu'il est possible de redresser, Giono évolue vers un scepticisme radical. Le choléra, allégorie du mal, est chargé de le signifier dans *Le Hussard sur le toit.* Mais il est traité comme la peste ne l'est pas par Camus : avec désinvolture et détachement c'est-à-dire faisant la part belle à l'ironie. Jean-Yves Laurichesse affirme : « Presque absente de l'œuvre de Giono avant la guerre, l'ironie y entre en force après 1945, comme l'antidote d'un romantisme que la réalité a meurtri[354]. » Cette « réalité » amère, il serait un peu court de penser qu'elle serait circonscrite aux mésaventures de la vie personnelle de Giono. Certes, l'injustice subie est à l'origine de la révélation de la part désabusée du romancier mais le déferlement d'horreurs que le monde a connu ne peut pas y être étranger. L'usage fait de l'ironie dans le roman – au-delà de l'amertume de l'homme Giono – doit être appréhendé aussi comme une réponse au tragique de l'histoire. Alexandre Gefen affirme :

---

352 Marie-Christine Pavis, « Camus, écrivain lazaréen malgré lui », *Revue d'Histoire Littéraire de la France*, 2013/4, p. 785–796.

353 *Ibid.*, p. 786.

354 Jean-Yves Laurichesse, *Giono et Stendhal, Chemins de lecture et de création, op.cit.*, p. 329

> Gianni Vattimo fait, on s'en souviendra, de l'ironie la forme d'expression propre à un monde post-apocalytique, où l'idée de progrès a été ruinée et où seule subsiste la solution « ironico-nostalgique » du retrait[355]. Cette ère historique sans innocence est ouverte par la crise fondamentale de l'humanisme littéraire européen qui a suivi la Seconde Guerre mondiale et qui impose à l'écrivain d'assumer les dangers internes et externes de toute prise de parole littéraire, perçue comme nécessairement politique et potentiellement coupable[356].

Même si Giono persiste à vouloir croire en la possibilité d'un retranchement hors de l'histoire, l'ironie dont il fait un usage si constant dans son roman n'est qu'une manière d'écriture qui ruse avec le tragique. Elle déroute vers une légèreté factice mais ne détourne le lecteur du sérieux du réel que pour l'y ramener plus sûrement. Le dérèglement des conduites et l'outrance des comportements mauvais et inhumains dans le roman sont un rappel – on ne peut plus réaliste – des dévoiements que le monde connaît dans ce mitan du XXème siècle.

De la même manière, le romanesque présent en abondance dans le roman – et presque de manière caricaturale tant Angelo peut paraître parodique dans son rôle de chevalier des temps modernes[357] – donne toutes les apparences de la gratuité. Cependant, il ne fonctionne pas sans une arrière-pensée de sérieux. La lecture du roman impose comme une évidence que toute cette dépense d'énergie stylistique mise à se positionner dans la continuité d'une littérature d'aventures, de prouesses et de grandeur romanesque a pour dessein de montrer, au-delà de ce rêve d'élection romantique, le visage grimaçant d'un réel loin de toute noblesse.

Le romanesque est, en effet, pour le romancier ce qui, par contraste, révèle la médiocrité d'une réalité étriquée[358]. Il devient alors la dimension dans laquelle

---

355 Gefen cite Gianni Vattimo, *La fin de la modernité. Nihilisme et herméneutique dans la culture postmoderne*, Seuil, 1987.

356 Alexandre Gefen, « Compassion et réflexivité : les enjeux éthiques de l'ironie romanesque contemporaine », *Fabula/Les colloques, Hégémonie de l'ironie ?* URL : http://www.fabula.org/colloques/document1030.php, page consultée le 28 novembre 2016.

357 La conception même du personnage d'Angelo témoigne de la propension de Giono à l'ironie. Marie-Anne Arnaud-Toulouse affirme : « À partir de 1945, le hussard Angelo entre dans l'œuvre sur son cheval noir, et pose d'une manière séduisante et ironique les questions de l'héroïsme et de l'exception individuelle […]. » « Héroïsme » in *Dictionnaire Giono, op.cit.*, p. 441–442, p. 441. Jean-Yves Laurichesse confirme : « Il entre de toute évidence dans la création d'un personnage aussi exceptionnel une part de jeu. » « Angelo » in *Dictionnaire Giono, op.cit.*, p. 49–51, p. 50.

358 Le romanesque est une nostalgie persistante chez Giono : « Mon but – peindre le Romanesque et les passions à des hommes qui n'ont plus que des passions sans Romanesque […]. » *Œuvres romanesques complètes* IV, p. 1136.

se déploient les qualités exceptionnelles d'Angelo mais également celle qui permet des situations elles-mêmes exceptionnelles donc romanesques telles que l'éblouissante apparition de Pauline tenant son chandelier[359] ou la rencontre de la préceptrice et des deux enfants qui semblent sortis d'un conte de fée[360]. À chaque fois, les personnages surgissent des ténèbres comme des apparitions miraculeuses, entrent dans un halo de lumière et sont dans un tel contraste avec les circonstances tragiques de leur irruption dans le texte que le narrateur prend soin de souligner leur caractère presque irréel. De plus, ces rencontres sont en radicale opposition avec d'autres rencontres – sinistres celles-là et bien plus nombreuses – faites par Angelo. Dans ces cas, le romanesque est conçu comme un dérivatif à la laideur du réel. Il en est aussi le révélateur par l'effet de dissonance et de disparité qu'il crée. Jean-Yves Laurichesse qualifie ce romanesque de « moderne[361] » pour dire sa portée signifiante et son absence de gratuité par opposition au pur romanesque de cape et d'épée. Il est à remarquer que Jacqueline Lévi-Valensi utilise l'expression de « romanesque contemporain » à propos de *La Peste* dans un sens assez proche pour dire l'inscription de la fiction camusienne dans une histoire qui a révélé sa monstruosité et qui impose de redéfinir le « territoire » du roman :

> La mythologie du réel n'est en rien une vue idéalisée de la réalité mais une approche de la vérité ontologique et morale de l'homme. En cela, et malgré sa singularité, l'œuvre romanesque de Camus est représentative d'un romanesque contemporain, au moins dans certains de ses aspects. À l'ambition d'une vue totalisante et dominatrice du réel, s'est substituée une sorte d'inventaire du territoire humain, d'un territoire désacralisé et, parfois même déshumanisé[362].

---

359 « Angelo était sur la vingt et unième marche, entre le second et le premier quand, en face de lui, une brusque raie d'or encadra une porte qui s'ouvrit. C'était une très jeune femme. Elle tenait un chandelier à trois branches à la hauteur d'un petit visage en fer de lance encadré de lourds cheveux bruns. » (374)

360 « Angelo aussitôt alluma son briquet et une femme sortit du bois. Elle tenait deux enfants par la main. [...]. Elle était jeune et habillée d'une façon si élégante pour l'endroit qu'elle parut tout d'abord irréelle entre ces troncs de pins que le briquet d'Angelo éclairait. Les enfants eux-mêmes étaient assez féeriques [...]. » (299–300).

361 Jean-Yves Laurichesse : « [...] ce romanesque qui, dans *Angelo*, tournait un peu à vide, est ici confronté à l'abjection absolue que représente le choléra. De cette confrontation naît un romanesque moderne. » « *Hussard sur le toit (Le)* » in *Dictionnaire Giono*, *op.cit.*, p. 455–458, p. 457.

362 Jacqueline Lévi-Valensi, *Albert Camus ou la naissance d'un romancier*, *op.cit.*, p. 541.

Face à l'Histoire et ses dévoiements, le rôle du romancier est de prêter ses mots – et les plus justes, les plus recueillis – pour témoigner non pour habiller de romanesque la tragédie. Le terme « chronique » – choisi par le narrateur pour spécifier la nature du récit qu'il fait des événements d'Oran – renvoie à une période de l'histoire littéraire qui cherche à redessiner le rapport entre histoire et littérature. Henri Godard, en retraçant cette période de l'après-guerre, montre que l'emploi de ce terme sert de caution morale au romancier autant qu'au lecteur et dédouane la fiction des accusations de frivolité et de fuite des responsabilités – dans le sens sartrien d'une littérature responsable – qui s'y attachent :

> [...] le mot devient, par l'ambiguïté de son emploi, l'expression d'une mauvaise conscience. L'histoire racontée, sans cesser, par l'indication de genre « roman » portée en page de titre, de se présenter comme inventée, au moins partiellement, s'abrite sous la protection de l'Histoire. Le romancier se retranche derrière sa qualité de témoin, ou même de simple collecteur de témoignages. Personne ne s'y trompe, mais il suffit que le lecteur entre dans le jeu pour ne pas avoir à se reprocher de se détourner du réel tragique de son temps en s'amusant à une fiction[363].

Telle semble être effectivement la charte d'écriture à laquelle se conforme Camus. Par le biais de son narrateur, il exprime ses réticences à fictionnaliser une histoire si récente et si douloureuse. Définissant la mission du chroniqueur, le narrateur de *La Peste* précise :

> Sa tâche est seulement de dire : « Ceci est arrivé », lorsqu'il sait que ceci est, en effet, arrivé, que ceci a intéressé la vie de tout un peuple, et qu'il y a donc des milliers de témoins qui estimeront dans leur cœur la vérité de ce qu'il dit. (1221)

Dans cette séquence, le lexique de la véridicité définit les prérogatives du narrateur mais Camus s'en sert aussi pour fixer des limites à la littérature. Si le recours à la fiction est inévitable, du moins doit-il se faire sans le recours au romanesque. Le narrateur est un témoin à charge dans un crime contre l'humanité[364]. Ses mots doivent sobrement donner forme à la souffrance de ceux que l'abomination a exterminés ou rendus muets, témoigner pour l'homme, son courage et sa dignité, dire le mal absolu[365]. Mais il est aussi une victime

363 Henri Godard, « Le recul devant la fiction » in *Le Roman modes d'emploi*, *op.cit.*, p. 215.

364 « Étant appelé à témoigner, à l'occasion d'une sorte de crime, il a gardé une certaine réserve, comme il convient à un témoin de bonne volonté. » (1468)

365 Rieux définit ainsi son rôle de chroniqueur : « donner une forme, aussi précise que possible, à ce que, la plupart du temps, ils ressentaient confusément. » (1469) ;

ayant partagé la souffrance des autres victimes car il n'est possible de témoigner que de ce qui fut effectivement vécu. Rieux pouvait mesurer la souffrance des amants séparés à l'aune de la sienne, de même qu'il pouvait exprimer leur chagrin de n'avoir pas su aimer, d'avoir laissé le temps faire et la peste séparer, pour avoir lui-même mal aimé. Sa souffrance l'a aidé à se faire le réceptacle de toutes les souffrances. Son récit est un témoignage sur l'histoire dans ses deux dimensions : collective et individuelle. Quelle place, en effet, dans ce contexte au romanesque ?

Giono, au contraire, fait du romanesque la matrice du cycle du Hussard et d'Angelo l'incarnation même de ce romanesque[366] pour mieux mettre en évidence la teneur du roman en aventures, en héroïsme et en dépaysement loin de l'Histoire[367]. C'est cette délocalisation de l'intrigue dans le temps et dans l'espace qui autorise le narrateur du *Hussard sur le toit* à appréhender le choléra avec désinvolture. Les événements de l'intrigue ne sont pas censés renvoyer aux réalités sombres de l'histoire récente. C'est ce qui justifie aussi que Giono ne crée aucune possibilité d'empathie entre Angelo étranger aux hommes et au drame qui les frappe comme il est étranger à la Provence qu'il ne fait que traverser pour rejoindre l'Italie. Porté vers un ailleurs qui est pour lui synonyme de romanesque, il ne voit dans les horreurs qui l'entourent que la possibilité de vivre par avance l'exaltation de ses prouesses futures. Aussi le choléra est-il pour lui un ennemi personnel à abattre. Leur confrontation est de l'ordre de l'affrontement physique. Elle se prête de ce fait à la transfiguration romanesque non à la réflexion métaphysique. Comment expliquer autrement que, occupé à laver les cadavres aux côtés de la nonne, Angelo s'exalte à donner à cette occupation – qui aurait pu l'inciter à des réflexions plus graves – un cadre romanesque qui le conforte dans sa mission qu'il ne veut envisager que d'un point de vue héroïque :

« témoigner en faveur de ces pestiférés, pour laisser du moins un souvenir de l'injustice et de la violence qui leur avaient été faites ». (1469)

366 Denis Labouret définit ce personnage comme un « sursaut du romanesque au lendemain de la guerre. » « Angelo ou le comble du Hussard » in Marc Dambre (dir.), *Les Hussards. Une génération littéraire*, Paris, Presses de la Sorbonne Nouvelle, 2000, p. 279–295, p. 292.

367 Pierre Citron : « Il donnait parfois à la grande œuvre le titre de *Romance*. […] Plus souvent il l'appelait *Romanesque*, titre proche du précédent et peut-être provisoire dans son esprit […]. « Le cycle du Hussard », in *Œuvres romanesques complètes* IV, *op.cit.*, p. 1117.

> Il est de fait que le bruit du bouchon de teille frottant ces peaux que le choléra avait rendues cartonneuses et sonores, tendues sur des corps aux chairs intérieurement calcinées, était assez difficile à supporter pour quelqu'un doué d'imagination. Il faut également convenir que la haletante flamme de la lanterne ne cessait pas de draper les ombres. Une âme romanesque pouvait trouver une certaine exaltation dans un combat avec ces choses cependant fort simples. (395)

Toute la séquence est structurée de façon à mettre en avant l'insouciance dont Angelo fait preuve à l'égard du réel. L'expression « quelqu'un doué d'imagination » entre en opposition avec « une âme romanesque » ; la première signifiant l'imagination de la mort et – sinon l'inquiétude métaphysique du moins l'angoisse existentielle – pour lesquelles Angelo est effectivement très peu « doué » ; et la seconde, l'aptitude à s'abstraire du réel sordide et à n'y voir qu'une possibilité de se distinguer donc de se hisser vers un idéal de perfection romanesque. Dans un tel conditionnement moral, la mort fait partie « de ces choses fort simples » qui n'inquiètent plus ; qui enthousiasment, au contraire et les morts peuvent être manipulés comme des objets anodins.

En fait de conditionnement moral, il serait plus approprié de parler à propos du personnage gionien de conditionnement littéraire. Tout *Le Hussard sur le toit* est porteur d'une double filiation. La première est proclamée et émaille tout le récit d'allusions directes à l'Arioste et au *Roland furieux* et plus généralement à la littérature italienne médiévale et de la Renaissance, à Dante et au Tasse[368] ; la seconde renvoie continûment à Stendhal par l'élaboration d'un univers du sublime, de la hauteur d'âme et de l'élection romantique en totale opposition avec le prosaïsme et la vulgarité des âmes ordinaires[369]. À la question de Madeleine Chapsal : « Dans Stendhal, que préférez-vous ? », il répond : « Je

368 Jean Decottignies : « L'Arioste, dans le langage gionien, est, comme texte, le lieu, comme poète, l'artisan du sublime. » *Écritures ironiques. Stendhal, Gombrowicz, Giono, Eco*, Presses Universitaires de Lille, coll. Objet, 1988, p. 128.

Christophe Pradeau : « La littérature italienne – l'Arioste et Le Tasse mais aussi Dante – incarne quelque chose comme la quintessence du romanesque. » *Jean Giono*, Paris, Ellipses, coll. Thèmes et Études, 1998, p. 93.

Alain Schaffner dit que Giono fait « référence à des modèles littéraires du romanesque (dont le *Roland Furieux* est un exemple particulièrement éclairant). » « "Il y a des guerriers de l'Arioste dans le soleil" : romanesque, réécriture et représentation chez Jean Giono » in Jean-Paul Engélibert et Yen-Maï Tran-Gervat (dirs.), *La Littérature dépliée. Reprise, répétition, réécriture*, Rennes, Presses universitaires de Rennes, coll. Interférences, 2008, p. 283–293, p. 284.

369 *Cf.* pour l'influence stendhalienne, l'incontournable ouvrage de Jean-Yves Laurichesse, *Giono et Stendhal, chemins de lecture et de création*, *op.cit.*

préfère tout. Tout, tout. […]. Et puis, il y a la grandiose naïveté de Stendhal ! C'est magnifique, les choses sont toujours devant des yeux éblouis ! C'est un type qui admire tout, même quand il dénigre[370]. »

Ces « yeux éblouis », Giono les donne à Angelo. C'est pourquoi même la laideur se trouve adoucie et comme esthétisée par un regard qui projette sur le monde extérieur la naïveté et la spontanéité de son monde intérieur. C'est également pourquoi la référence stendhalienne donne au récit « un certain détachement allègre, indispensable contrepoint des horreurs du choléra[371]. » Allégresse malgré tout, malgré le mal, malgré la mort, malgré la laideur, tel serait le parti pris romanesque de Giono qui use pour ce faire de tous les pouvoirs du romancier démiurge.

À l'inverse, Camus se soumet aux limites qu'impose le vraisemblable et bride la fiction pour ne pas en faire une échappatoire mais le lieu où l'homme réfléchit sur les limites de sa condition d'homme. Jacqueline Lévi-Valensi, dans « L'épilogue » de son étude sur *Albert Camus ou la naissance d'un romancier* résume les caractéristiques essentielles du roman tel qu'il le conçoit :

> […] refus du romanesque, qui va chez lui au-delà du renoncement à certains pouvoirs du romancier qu'illustrent ses choix narratifs : il exclut pratiquement le romanesque sentimental […] ; il recourt fort peu aux prestiges de l'aventure, refusant les facilités du romanesque d'évasion ; il ne crée pas de héros romanesques, au sens classique du mot. Sans se soumettre aux impératifs de la mimesis réaliste, sa création romanesque se définit par la fidélité au réel qui rappelle à l'homme sa condition, ne cesse de lui redire les frontières de son « royaume » et le lieu de son « exil ». Pour ce faire, elle crée son propre système de signes qui, tout à la fois, se soumettent au réel et le « transfigurent »[372].

Ces « refus » de Camus : du « romanesque sentimental », du « romanesque d'évasion », du romanesque héroïque sont, au contraire, les clés de voûte du roman de Giono qui, de ce fait, peut être considéré comme le roman de la réhabilitation du romanesque à une période où le roman en tant que genre est le plus violemment – et pour les raisons les plus diverses – contesté[373].

---

370 Entretien donné en mars 1960 à Madeleine Chapsal. Madeleine Chapsal, *Quinze écrivains*, Paris, Julliard, 1963, p. 71–72. Cité par Jean-Yves Laurichesse, *ibid.*, p. 305.

371 Jean-Yves Laurichesse, *Giono et Stendhal, chemins de lecture et de création*, *op.cit.*, p. 303.

372 Jacqueline Lévi-Valensi, *Albert Camus ou la naissance d'un romancier, op.cit.*, p. 532–543.

373 Mais également les autres romans du même cycle. Alain Schaffner dit : « La question du romanesque s'inscrit au cœur du projet de Giono dans le cycle du Hussard. » « Costume et romanesque » in Alain Romestaing et Mireille Sacotte (dirs.),

Cependant, *Le Hussard sur le toit* n'est pas un roman où l'amour trouve à se déployer comme la facture romanesque de l'œuvre le laisserait attendre. De même que dans *La Peste* – mais pour ce roman sans réelle surprise pour le lecteur – l'amour, tout en étant présent, est traité sur un plan secondaire et comme accessoire et même marginal par rapport à la thématique centrale : l'aventure dans le choléra et la lutte contre la peste. Jean-Yves Laurichesse[374] à propos du roman de Giono et Roger Quilliot[375] pour le roman de Camus utilisent un même adjectif : « paradoxal » pour dire cette résistance de l'une et l'autre œuvre à s'assumer comme roman d'amour.

Angelo fait preuve envers Pauline d'une camaraderie que celle-ci encourage par son aptitude à se montrer aussi courageuse et déterminée que lui à faire face au choléra et aussi résistante durant leurs longues chevauchées à travers la Provence infestée et quadrillée de quarantaines. Mais parce que le choléra est aussi ce « réactif » qui amène à la surface des êtres ce qu'en d'autres temps ils auraient gardé secret, Pauline doit être contaminée pour que l'amour puisse se déclarer[376]. Angelo retrouve, pour la soigner, les gestes que lui a appris « le petit Français » et qui n'ont guère sauvé puisque le médecin meurt définitivement inconsolé de n'avoir rien pu faire contre l'épidémie. Mais – et c'est en cela que se révèlent la puissance de l'amour et son rôle d'antidote au choléra – Pauline guérit et, d'une certaine manière, ressuscite pour pouvoir aimer. Angelo qui, lui non plus, n'a jamais pu sauver personne avec les mêmes gestes – mais sans amour il est vrai – devient plus perspicace et plus efficace quand il s'agit de disputer au choléra la femme aimée. Le narrateur amusé et ironique commente :

> Angelo se souvint de l'eau de maïs que Thérésa lui faisait prendre quand il était petit et qui sauvait de tout, paraît-il, et en particulier de la dysenterie. Il n'avait jamais plus

---

Jean Giono. Le corps et ses habillages, Paris, Presses Sorbonne Nouvelle, 2011, p. 53–62, p. 53.

374 Jean-Yves Laurichesse : « […] *Le Hussard* est un roman d'amour paradoxal. » *Giono et Stendhal, Chemins de lecture et de création, op.cit.*, p. 183. Dans le sens où il signifie l'amour d'Angelo pour Pauline et inversement sans jamais en parler de façon explicite.

375 Roger Quilliot : « Il ne serait paradoxal qu'en apparence de dire que *La Peste* est un roman d'amour. La femme, physiquement absente du roman, est constamment présente. […]. Dans cet univers abstrait de la peste guerrière, la femme dit la paix et la chair. » *La Mer et les prisons. Essai sur Albert Camus, op.cit.*, p. 184–185.

376 Pierre Citron dit que : « Le magnifique épisode du choléra de Pauline est l'équivalent à la fois du coup de foudre et de l'étreinte totale. » « *Le Hussard sur le toit.* Notice », *Œuvres romanesques complètes* IV, p. 1305–1370, p. 1346.

> pensé à l'eau de maïs depuis qu'il s'était consacré au combat pour le bien de l'humanité. Ce matin, tout en parlait : l'air, la lumière et le feu. (631)

« Le bien de l'humanité » n'a pas l'importance de l'amour de Pauline. Cependant – et c'est un « paradoxe » de plus de cet amour – aussitôt Pauline guérie, Angelo remet entre elle et lui la distance qu'il s'est toujours efforcé de garder et continue à la vouvoyer quand le tutoiement qu'elle emploie est une invite à laisser se faire ce qu'ils ont empêché. Une fois la marquise arrivée à son château de Théus, Angelo ne pense plus qu'à repartir, achète un cheval, anticipe sur le bonheur de galoper vers l'Italie, ronge son frein et s'efforce de tenir sa promesse de séjourner trois jours chez Pauline. Le chagrin de cette dernière n'est dit que dans les efforts faits pour le retenir : « Chaque soir, Pauline mit une robe longue. Son petit visage, que la maladie avait rendu plus aigu encore était lisse et pointu comme un fer de lance et, sous la poudre et les fards, légèrement bleuté. » (635) Pauline si fière implore :

– Comment me trouves-tu ?
– Très belle. » (635)

Le récit est laconique sauf sur le bonheur d'Angelo repris par ses rêves d'aventures, d'héroïsme et de révolution en Italie. Caracolant vers « les montagnes roses, si proches qu'il distinguait sur leurs flancs bas la montée des mélèzes et des sapins [...]. Il était au comble du bonheur. » (635). *Mort d'un personnage* raconte le deuil de Pauline, comme évidée de l'intérieur, calcinée, jamais consolée d'avoir perdu Angelo dont elle recherche les traits et la présence sur le visage d'Angelo III. L'existence de M. Pardi – fils d'Angelo et père d'Angelo III – raconte aussi ce que le texte du *Hussard sur le toit* ne veut pas dire : qu'Angelo ne fut pas totalement insensible aux charmes de Pauline. Cette histoire d'amour qui ruse pour ne pas se raconter ajoute au romanesque du *Hussard sur le toit*. Le non-dit du texte ouvre dans le récit une dimension de passion que les mots auraient peut-être édulcorée. C'est cette absence qui fait le « paradoxe » d'un roman d'amour où il ne s'agit presque jamais d'amour.

Dans *La Peste*, le thème de l'amour se développe en étroite combinaison avec celui de la séparation. Autant dire qu'il ne peut s'agir d'amour heureux. L'agencement des deux thèmes ne se fait pas à la façon dont il se fait dans le roman de Giono pour ajouter au romanesque de l'histoire mais, au contraire, pour neutraliser toute velléité de romanesque. Le romancier s'efforce de dépouiller son roman de ce qui aurait pu faire de *La Peste* un roman d'amour qui se serait donné à lire comme tel. Le narrateur prend le soin de souligner que seule la femme du vieux docteur Castel profite de la possibilité de rejoindre son mari à l'intérieur de la ville pestiférée quand les autorités assouplissent exceptionnellement la quarantaine. De tous les couples séparés, c'est le moins susceptible de romantisme et de romanesque qui défie le fléau. Il insiste :

> Au plus grave de la maladie, on ne vit qu'un cas où les sentiments humains furent plus forts que la peur d'une mort torturée. Ce ne fut pas, comme on pouvait s'y attendre, deux amants que l'amour jetait l'un vers l'autre, par-dessus la souffrance. Il s'agissait seulement du vieux docteur Castel et de sa femme, mariés depuis de nombreuses années. (1275)

Ce traitement si peu romantique de l'amour est de même nature que le traitement très peu romanesque de l'héroïsme dans le roman. L'amour de ce couple devenu une vieille habitude de vivre ensemble est de cette même nature de discrétion et d'efficacité que la lutte, elle aussi sans panache et sans éclat, que mènent les équipes sanitaires contre la peste. De la même manière, le thème de la solitude est traité de façon à servir à la démythification de l'amour. Le narrateur avoue contraint :

> Et c'est l'objectivité elle-même qui lui commande de dire que si la grande souffrance de cette époque, la plus générale comme la plus profonde, était la séparation, s'il est indispensable en conscience d'en donner une nouvelle description à ce stade de la peste, il n'en est pas moins vrai que cette souffrance elle-même perdait alors de son pathétique. (1365)

Le narrateur s'astreint à « l'objectivité » mais a scrupule à dire l'émoussement de l'amour comme pour ne pas avoir à porter de jugement sur le délitement des sentiments et la lassitude plus forte que la passion. Mais, homme de devoir – il parle de « conscience » –, il s'oblige à une totale exactitude dans le récit qu'il fait de ces jours malheureux quitte à attenter à cette idée – tenue pour vraie et devenue illusion – que l'amour survit au malheur. De même qu'il se livre à une démythification du mal en le réduisant à n'être que médiocrité et monotonie, Camus démythifie la passion. Le cas de Mme Castel, seule à braver la peste et à rejoindre son mari, le prouve également. Et de même que tout, en temps de peste, est morne, la souffrance d'être séparé n'est plus la brûlure des débuts de l'exil mais une contrainte qui s'ajoute à d'autres[377].

Par ailleurs, les personnages de « séparés » sont nombreux et le narrateur utilise de manière récurrente ce terme pour insister sur une souffrance qui s'ajoute à celle de se savoir menacé de contagion. Roland Barthes parle d'« un grand thème, pudique et fort, [qui] court à travers l'œuvre, le déchirement des amants

---

377 *Cf.* p. 1365–1366.

séparés, l'exil de l'amour[378]. » Le docteur Rieux – qui s'avèrera être le narrateur si sensible à la souffrance des « séparés » – connaît cette douleur de voir partir sa femme pour mourir dans un sanatorium lointain. Cependant, le dispositif narratologique pour lequel l'auteur opte et qui fait de Rieux un simple chroniqueur des faits, l'oblige à une réserve et à un anonymat qui vont étouffer la plainte. Ne pouvant parler de soi à la première personne, il ne s'autorise à parler de la douleur de la séparation qu'en s'intégrant au groupe particulier que constituent les Oranais « séparés ». En parlant de tous, Rieux parle aussi de soi mais en noyant sa souffrance dans la souffrance commune. L'expression d'une détresse intime est inconvenante et déplacée si elle n'est pas assimilable à celle que connaissent d'autres hommes et femmes placés dans la même situation. La confidence se fait par un biais détourné et le lecteur apprend que Rieux, trop préoccupé par son travail, a oublié de s'occuper de sa femme. La promesse de tout recommencer – qui ne sera pas tenue parce que la jeune femme mourra – se leste d'un pathétique bridé, comme toute expression du sentiment dans ce roman. Le thème de l'amour se trouve ainsi placé en second plan comme s'il ne devait servir qu'à mieux mettre en évidence la thématique première de *La Peste* : la solidarité qui unit les hommes et renforce le lien humain par-delà la souffrance de chacun. L'amour, thème de l'individuel par excellence, est traité de façon à ne pas empiéter sur cette thématique. C'est pourquoi il est comme mis en sourdine, habitant le texte, le hantant mais discret et laconique. À l'heure des bilans, le narrateur note : « Cottard, Tarrou, ceux et celle que Rieux avait aimés et perdus, tous, morts ou coupables, étaient oubliés. » (1473) La valeur du singulier « celle » est ici importante à souligner. « Celle » – qui renvoie à la femme de Rieux, « celle » dont la douleur de l'absence n'est évoquée qu'en secret comme si la perte d'un seul être, le plus cher des êtres, ne pouvait être dite que mêlée aux autres pertes, aux autres douleurs – celle-là rejoint la communauté des morts non que la peine collective puisse tempérer la douleur intime mais pour que soit préservée, plus forte même que la mort, la solidarité face au destin contraire. L'amour présent en creux dans le récit est dit par l'absence, l'exil, la séparation, la perte, le deuil et la souffrance. Dans *Le Hussard sur le toit*, l'amour fait oublier la lutte et Angelo arrive à sauver Pauline quand ses mêmes gestes – mais dépourvus d'amour – se révèlent impuissants appliqués à d'autres moribonds. Le roman de Giono scelle la puissance de l'intime et de l'individuel

---

378 Roland Barthes, « *La Peste*. Annales d'une épidémie ou roman de la solitude ? » in *Œuvres complètes*, tome I (1942–1965), *op.cit.*, p. 452–456, p. 453.

et fait évoluer Angelo et Pauline dans un monde qui n'est qu'à eux deux, préservés par la qualité de leur âme au milieu même des périls.

Alors que la solitude est un des maux dont souffrent les personnages de Camus, elle est un privilège que Giono accorde aux siens. De fait, ils sont seuls mais seuls à deux et d'une solitude volontaire et vécue comme signe d'élection et d'aristocratie de caractère et de comportement. Giono affirme avoir créé Pauline comme « alter ego » d'Angelo pour qu'ils connaissent la plénitude d'être deux et de se suffire à eux-mêmes[379]. C'est cette satisfaction de trouver auprès d'un être choisi la totalité d'être qui fait défaut qui manque à Rieux certes, mais également à Grand que sa femme a quitté, à Rambert pris au piège de la ville fermée, à Tarrou ascète à qui la lucidité sur l'homme ne laisse point de repos, à d'autres encore, Oranais anonymes.

Finalement, si dans *La Peste* l'amour est présent en creux c'est parce qu'habituellement il fait référence à des valeurs, une conduite, une exaltation donc à un romanesque que ne peut contenir le monde du fléau. Il requiert une dimension de plénitude étrangère à la frustration, à la laideur, à la peur qu'impose la peste. Or, Camus se fait un devoir en tant que romancier de ne pas occulter la réalité du Mal et de témoigner de la grandeur de l'homme qui lutte mais de dire aussi que, de même que cet homme n'est pas un héros dans l'action, il ne l'est pas non plus dans ses sentiments et qu'il arrive que l'amour fléchisse devant la peur de mourir. Cette imperfection de l'amour qui va à l'encontre des clichés romanesques est, pour Camus, une autre des manifestations de la grandeur humaine. Il note dans ses *Carnets* :

> Régénérer l'amour dans le monde absurde, c'est en fait régénérer le plus brûlant et le plus périssable des sentiments humains. [...]. C'est le plus humain des sentiments avec ce que le mot comprend à la fois de limitation et d'exaltation. C'est pour cela que l'homme ne se réalise que dans l'amour parce qu'il y trouve sous une forme fulgurante l'image de sa condition sans avenir (et non comme disent les idéalistes parce qu'il approche une certaine forme de l'éternel)[380].

Mais il est une raison encore plus profonde à cette réticence à laisser la passion amoureuse se faire une place dans le roman. En effet, raconter l'amour nécessite

---

379 Giono parle de la création de Pauline comme de « la nécessité [pour Angelo] d'avoir son alter ego, et c'est le cas pour Pauline, d'avoir quelqu'un à côté et peut-être d'aimer, par conséquent d'affranchir le personnage de toutes ses passions [...]. » « Une interview de Jean Giono – 4 avril 1968 », *Jean Giono. Bulletin n° 9*, Association des Amis de Jean Giono, Automne-Hiver 1977, p. 21–35, p. 22.

380 *Carnets II*, p. 75.

de permettre à l'écriture de revenir à des habitudes de lyrisme et d'insouciance avec lesquelles il serait indécent de renouer sachant les abîmes de monstruosité dans lesquels l'humanité s'est compromise et que le roman ne peut plus ignorer. Faisant de la peste l'allégorie du Mal, Camus ne pouvait décemment laisser libre cours à l'expression de l'amour dans Oran infestée. Certes le bonheur est la première des priorités pour les personnages mais il ne peut se concevoir sans honte s'il est égoïste et s'il détourne de la lutte solidaire. C'est pourquoi Rambert – pourtant le personnage le plus impatient de retrouver la femme qu'il aime et sa vie passée – ne s'autorise à parler de son amour que par euphémisme : « C'est que, dit Rambert sans crier gare, elle et moi nous sommes rencontrés depuis peu et nous entendons bien. » (1288) Il insiste en utilisant toujours la même expression comme s'il eut été indécent de prononcer le mot même d'amour quand la priorité est, pour les pestiférés, de seulement pouvoir échapper à la mort : « Peut-être ne vous rendez-vous pas compte de ce que signifie une séparation comme celle-ci pour deux personnes qui s'entendent bien. » (1289) Atténuer l'expression de la passion contribue également à charger le texte d'un pathétique qui naît de la douleur pour le personnage de ne pas se permettre la confidence. Rieux, également, ne parle de sa souffrance que de façon à l'étouffer. Un contraste apparaît dans le texte entre ce qu'il dit – en tant que narrateur – de la souffrance de la séparation et le résumé laconique d'un des nombreux télégrammes eux-mêmes laconiques qu'il envoie à sa femme : « Le soir, Rieux télégraphiait à sa femme que la ville était fermée, qu'il allait bien, qu'elle devait continuer de veiller sur elle-même et qu'il pensait à elle. » (1286) Un interdit frappe l'expression du sentiment et la seule pudeur ne saurait l'expliquer. Les personnages et le narrateur, respectueux du deuil et de la douleur, jugent déplacé de parler d'amour comme il était possible d'en parler avant le surgissement du fléau. Aussi, la passion dite par Rambert devient-elle une façon de « bien s'entendre », sans plus. Camus prête à ses personnages ses préventions contre un usage des mots qui bafouerait l'horreur vécue en continuant à parler et – pour lui-même en tant que romancier, à continuer à écrire – comme si l'humanité n'avait pas été ébranlée dans ses certitudes, dans un monde qui connut la Seconde Guerre et les pires horreurs.

Dans *Le Hussard sur le toit*, même si l'amour est également sacrifié, c'est volontairement parce que l'aventure est, pour Angelo, plus attrayante que la passion. La motivation est égoïste et le héros ne se soucie pas de la peine de Pauline – que le texte même occulte – de même qu'il n'a pas de scrupules à abandonner au choléra des hommes qu'il s'est acharné un temps à vouloir sauver ou même à apprêter pour un au-delà où ils apparaîtraient propres. Angelo n'obéit qu'à son bon plaisir et aux exigences de l'instant. Il est néanmoins guidé par un code de conduite qui lui impose de ne pas déchoir à ses propres yeux et de se montrer courageux quel que soit le péril à affronter. Aussi le romanesque de la passion est-il occulté par le romanesque de l'héroïsme.

Par ailleurs, à nul endroit du récit ne se fait sentir la contrainte qui pèse sur les personnages de Camus. Ce qui fait l'univers morne de *La Peste* (la maladie, la mort, la menace constante, la séparation) se transforme en un constituant de l'improbable et paradoxale légèreté dans l'univers romanesque du *Hussard sur le toit*. De plus, Giono n'a pas les préventions de Camus contre une littérature qui distrairait des réalités pesantes. Henri Godard dit qu'après-guerre, il « […] tiendra haut, au milieu de tous les vents contraires, le flambeau de la fiction[381]. » Comme pour se démarquer d'une époque qui rejette le romanesque pour des raisons éthiques mais également littéraires, Giono proclame son attachement au romanesque tant par goût[382] que par souci de se préserver des prosaïsmes d'une réalité sans grandeur[383]. À ses yeux, les techniques de dépouillement du roman – dont le rejet du romanesque – ne sont pas une orientation littéraire librement consentie mais un signe d'impuissance et de stérilité. Il est clair, par exemple, que cette charge contre la peinture abstraite vise aussi – et peut-être surtout – le Nouveau Roman :

> Aujourd'hui, la peinture a peur de son passé. Comme tous les arts terrifiés – voir par exemple la littérature –, elle se rue dans la rhétorique. Quand on n'ose plus raconter d'histoires, même pas celle d'une pomme sur une nappe, on use son temps à enfiler des mots comme des perles ; pour fuir *L'Angélus* de Millet, on tombe dans la toile cirée de Mondrian. Or, ce n'est pas l'anecdote qui est stérile : c'est l'anecdotier. S'il n'a rien à dire, ce n'est pas en réduisant son registre à l'essentiel qu'on le rendra éloquent, et, s'il l'est, il le sera avec n'importe quoi[384].

Le romanesque est « l'éloquence » de Giono dans *Le Hussard sur le toit*.

---

381 Henri Godard, « La mise en question du narrateur » in *Le Roman modes d'emploi, op. cit.*, p. 217. Il affirme également : « L'œuvre de Giono est dans son siècle une de celles où la fiction s'épanouit le plus naturellement et avec le plus de bonheur. » « L'autre pôle du roman » in *ibid.*, p. 170.

382 « J'ai toujours été féru de romanesque […]. » « Ma mère », *La Chasse au bonheur*, Paris, Gallimard, coll. Folio, 2006, p. 191.

383 Giono affirme dans « Le médecin de campagne » : « On objectera que c'était l'époque héroïque. Je répondrai qu'il est beau d'avoir "une époque héroïque" à laquelle on puisse se référer quand le cœur flanche. » *ibid.*, p. 99.

384 Dans « Le bonheur est ailleurs » in *La Chasse au bonheur, op.cit.*, p. 205.

De ce point de vue, le roman de Giono pourrait faire partie de cette littérature que conteste le narrateur de *La Peste* et qu'il désigne par « vieux récits[385] ». Cette expression, utilisée dans un sens péjoratif, désignerait-elle la littérature d'avant la Shoah, celle d'avant Auschwitz, « vieux » renvoyant à une insouciance désormais impossible? En tout cas, elle signifie l'empreinte de l'Histoire sans la dire explicitement. Camus a eu la prescience de ce qui allait révolutionner le roman sans avoir lu les textes qui allaient initier ce tournant de la littérature d'après-guerre. Il n'a pas lu Primo Levi[386] et Jean Cayrol ne publie « D'un romanesque concentrationnaire » dans *Esprit* qu'en 1949. Néanmoins, une note des *Carnets* datant de 1947 renvoie à des pages des deux ouvrages de David Rousset : *Les Jours de notre mort* et *L'Univers concentrationnaire*[387] et une autre cite encore Rousset pour dire la nécessité de s'incliner et de se taire devant l'indicible des camps[388]. Se taire c'est donc écrire différemment, comme *La Peste* est écrit, sans fioritures et dans la stricte observance des limites de la chronique et du témoignage, étrangers aux séductions du romanesque, dans une facture totalement différente de celle du *Hussard sur le toit*.

Paul Ricœur affirme : « [...] il n'est pas de récit éthiquement neutre. La littérature est un vaste laboratoire où sont essayés des estimations, des évaluations, des jugements d'approbation et de condamnation par quoi la narrativité sert de propédeutique à l'éthique[389]. » Giono et Camus inscrivent, en filigrane dans leur roman, une prise de position éthique en choisissant de se conformer à une tradition du roman qui fait, pour le premier, la part belle à l'invention, au rêve, au romanesque et qui tourne le dos à la laideur et au prosaïsme du réel et, pour le second, qui colle, au contraire, au réel, fait de sa platitude matière à roman et montre que la grandeur

---

385 « À cet égard, le narrateur sait parfaitement combien il est regrettable de ne pouvoir rien rapporter ici qui soit vraiment spectaculaire, comme par exemple quelque héros réconfortant ou quelque action éclatante, pareils à ceux qu'on trouve dans les vieux récits. » (1365)

386 Dolorès Lyotard affirme : « À la date où paraît *La Peste*, Camus ignore que Primo Levi vient d'achever son livre, ce *Si c'est un homme*, témoignage du fait concentrationnaire qui, non traduit de l'italien, restera pour de nombreuses années encore l'inentendu majeur de la scène des Lettres françaises. » « *La Peste*, ou d'un usage du malheur », *op.cit.*, p. 123.

387 *Carnets II*, p. 214.

388 « Rousset. Ce qui me ferme la bouche, c'est que je n'ai pas été déporté. Mais je sais quel cri j'étouffe en disant ceci. » *Ibid.*, p. 235.

389 Paul Ricœur, « L'identité personnelle et l'identité narrative » in *Soi-même comme un autre*, Paris, Seuil, coll. Points essais, 1990, p. 139.

de l'homme est de se mesurer à la quotidienneté du banal – même quand il s'agit du mal – et de l'affronter.

b. Esthétique et éthique

La Peste de même que *Le Hussard sur le toit*, parce qu'ils posent la confrontation de l'homme avec le Mal comme thématique centrale, imposent de réfléchir aux implications éthiques de l'acte d'écrire. Le romancier peut-il traiter du mal subi par l'homme – et de la mort de façon particulière – comme il traiterait d'un sujet anodin ? De même qu'il n'est aisé pour personne de parler de la mort parce que personne ne l'a expérimentée, il n'est pas non plus possible d'en parler sans que se posent des questions de l'ordre de ce que le Grand Siècle appelait la bienséance. Mais si le souci du XVIIème siècle était de convenance sociale et littéraire, celui de la littérature du XXème siècle – et de l'après-guerre de façon particulière – est – si l'on peut oser l'expression – de bienséance intellectuelle. De ce fait, il devient problématique de ne considérer que sous l'angle du *bien dire* des sujets tels que la mort, et particulièrement la mort épidémique et le symbolisme y afférent. Pour étudier la relation entre éthique et esthétique dans les deux romans, on conviendra qu'une conception éthique de la littérature considère que le critère du Beau ne peut être pris seul en considération dans l'étude d'une œuvre et qu'il est des sujets dont il ne peut être traité en faisant abstraction des notions de Bien et de Mal ; notions qu'une esthétique détournée de l'éthique pourrait, au contraire, rejeter comme vides de sens.

Dans *La Peste*, le narrateur confronté à l'irruption de l'épidémie, déclare qu'il ne peut « être de ceux qui se taisent » (1473) parce que ce serait participer au Mal que de ne pas le dénoncer. Il décide donc de se faire le chroniqueur de la vie dans Oran infestée et fermée. D'emblée, la question de la manière dont les évènements doivent être relatés est posée et l'incipit du roman en fait une question essentielle. Le narrateur affirme qu'il veut se tenir au plus près de la réalité des faits et choisit le genre de la chronique parce qu'il lui semble le plus approprié pour cela. Il veut que le récit de l'épidémie meurtrière soit mesuré afin de ne pas insulter la mémoire des morts, ne pas trahir ceux auxquels il prête ses mots et ne pas donner au mal des dimensions spectaculaires qui risqueraient de le rendre fascinant. Le narrateur de Camus a la conviction que ce qu'il appelle « les précautions de langage » (1222) sont nécessaires pour raconter le drame terrible vécu par les Oranais.

Encore une fois, la leçon viendra de Grand. À la fin de l'épidémie, rescapé de la peste, Grand déclare à Rieux qu'il « avait recommencé sa phrase » en supprimant « tous les adjectifs » (1472). Peut-être le souci de faire la chronique de la peste non de construire le mythe de la peste vient-il à Rieux à la suite de cette discussion avec ce personnage si scrupuleux en matière de langage. Après avoir donné l'exemple par son comportement face au fléau, Grand donne également une leçon d'écriture que Rieux en tant que narrateur s'empressera de mettre en application. Débarrasser la phrase du superflu est peut-être une façon d'astreindre la littérature à un devoir de réserve et de retenue qui lui impose de dire clairement et avec le plus d'exactitude l'indicible du mal – ce que l'homme peut subir et faire subir. C'est dans ce sens qu'il est nécessaire de parler d'un positionnement éthique du narrateur qui est clairement celui de Camus auteur.

Dans un article intitulé « L'éthique, la morale et la règle », Paul Ricœur convient de la complexité du concept d'éthique et affirme :

> Pour adopter une définition de travail, je dirai que parler éthique, c'est partir de la conviction qu'il existe une manière « meilleure » d'agir et de vivre. Une « vie bonne », pour reprendre les termes d'Aristote dans « L'Éthique à Nicomaque », mais aussi une manière de vivre bien et pour l'autre ; et j'ajouterai aussitôt : dans le cadre d'institutions justes[390].

Cette recherche d'une « manière meilleure de vivre pour soi et pour les autres » est ce qui peut résumer l'univers de *La Peste*. Que cherche à faire Rieux en exerçant la médecine sinon soulager les souffrances? Tarrou entend-il autre chose par la « sainteté sans Dieu » qu'une « manière meilleure d'agir et de vivre ensemble » ? En organisant les équipes sanitaires ne définit-il pas un exemple « d'institutions justes » œuvrant pour « une vie bonne » quand les conditions mêmes de la vie deviennent extrêmes ? Rambert ne comprend-il pas, au bout de ses tâtonnements et de sa révolte, qu'il y aurait de « la honte à être heureux tout seul » ?

À la fin de l'épidémie, quand il décide de raconter les événements vécus par ses concitoyens, le narrateur est lui aussi dans cet état d'esprit c'est-à-dire préoccupé par le souci de faire des événements passés un récit qui contribue à mettre en place cette « manière meilleure de vivre pour soi et pour les autres » qui consiste à tirer leçon du malheur vécu pour ne pas avoir à le revivre. En se faisant chroniqueur, Rieux continue son action de prophylaxie. L'écriture sauve à condition d'être au plus près de cette « vérité » que le narrateur ne veut pas trahir pour ne pas être traître à la souffrance des hommes. À ceux-ci, il soumet

390 Paul Ricœur, « L'éthique, la morale et la règle », *Autres Temps. Les cahiers du christianisme social*, n° 24, 1989, p. 52–59, p. 53. www.persee.fr/doc/chris_0753-2776_1989_num_24_1_1347 Consulté le 18 juin 2017.

son « témoignage » pour qu'ils « estim[ent] dans leur cœur la vérité de ce qu'il dit. » (1222)

Une écriture éthique est donc d'abord une écriture du mot juste. Rieux lui-même est toujours à la recherche de la nuance exacte : « Il ne serait pas tout à fait juste de l'affirmer. Il serait plus exact de dire [...] » (1365) sont des formules qui interviennent régulièrement dans sa relation des évènements pour ajuster le récit à la *réalité* vécue. Rieux affirme vouloir éviter « le ton d'épopée ou de discours de remise des prix. » (1331) Camus note de façon récurrente dans ses *Carnets* la nécessité de brider l'écriture : « Pour écrire, être toujours un peu en-deçà dans l'expression (plutôt qu'au-delà). Pas de bavardage en tout cas[391]. » Il confesse comme une faute son inclination au lyrisme : « Il y a eu en moi des résistances artistiques, comme il y a chez d'autres des résistances morales ou religieuses[392]. » André Meunier confirme : « Créer, pour Camus, ce fut d'abord vaincre en soi un tempérament généreux, lyrique, le conduisant tout droit vers un art de tendance baroque, fait d'outrances et de débordements, soumis à des rythmes impressifs, à des « tics » d'écriture [...][393]. » Ces principes d'écriture qui sont ceux de Camus romancier – et qu'il transmet à Grand et à Rieux dans la fiction – ont pour but de veiller à dire de la façon la plus simple – pour être la plus claire – ce que Maurice Weyembergh désigne comme les « quelques principes » sur lesquels Camus fonde sa morale : « la vie en général et la vie humaine en particulier est sacrée ; la condition humaine est telle qu'il ne faut rien ajouter au malheur des hommes ; il est inacceptable de tuer l'innocent et même [...] la peine de mort de celui qui est jugé coupable doit être abolie[394]. » C'est à la formulation claire de ces « quelques principes » que Rieux s'attache : la vie des Oranais menacée par la peste est, plus qu'à tout autre moment de leur existence et celle de leur cité, « sacrée » ; la mort épidémique fait apparaître avec une tragique acuité la fragilité et la finitude humaines et rend encore plus scandaleuse la souffrance de « l'innocent » ; pour dire cette vérité élémentaire « pour ceux qu'elle illumine », la litote convient plutôt que l'hyperbole. De fait, le récit dans

391 *Carnets I*, p. 118.

392 *Carnets II*, p. 297–298.

393 André Meunier, « Approches de l'art camusien » in *Albert Camus 2. Langue et langage, La Revue des Lettres Modernes*, n° 212–216, 1969, p. 9–33, p. 10.

394 Maurice Weyembergh, « L'analyse camusienne du terrorisme est-elle encore actuelle ? », *Albert Camus 22. Camus et l'Histoire*, Paris, Minard, coll. La Revue des Lettres modernes, 2009, p. 135–147, p. 138.

sa totalité est une litote et Camus atteint le but qu'il s'est fixé de faire de *La Peste* une œuvre représentative d'un « nouveau classicisme[395]. »

Il est fondé de penser que si Camus fait réagir si rapidement ses personnages en leur faisant prendre les mesures prophylactiques nécessaires pour contrer le fléau, c'est pour ne pas avoir à peindre cette déchéance humaine que l'énumération dans la séquence qui suit évoque sous la forme d'une éventualité dégradante aussi bien pour les malades qui mourraient dans cette déchéance mais également pour le narrateur qui aurait à la raconter :

> Il savait que si les statistiques continuaient à monter, aucune organisation, si excellente fût-elle, n'y résisterait, que les hommes viendraient mourir dans l'entassement, pourrir dans la rue, malgré la préfecture, et que la ville verrait, sur les places publiques, les mourants s'accrocher aux vivants avec un mélange de haine légitime et de stupide espérance. (1365)

Au contraire, dans *Le Hussard sur le toit*, les institutions sont absentes et les cholériques sont livrés à eux-mêmes pour que ce spectacle, que Rieux imagine et qui lui répugne, puisse se produire. Et de fait, dans le roman de Giono, « les hommes [viennent] mourir dans l'entassement, pourrir dans la rue » et « les mourants [s'accrochent] aux vivants dans un mélange de haine légitime et de stupide espérance. » Là réside une différence essentielle entre les deux romans. L'ivresse d'écrire et de décrire fait oublier à Giono qu'il pourrait y avoir des restrictions morales à l'art. *La Peste* fait primer l'éthique sur l'esthétique ; *Le Hussard sur le toit*, l'esthétique sur l'éthique. Ou alors faut-il définir autrement l'éthique.

Dans l'univers romanesque de *La Peste*, l'éthique consiste dans cette détermination – conforme à la citation de Paul Ricœur donnée plus haut – de définir et de pratiquer un ensemble de règles de conduite qui rendent « bonne » et « meilleure » la vie commune. Béatrice Bonhomme, pour sa part, montre que « le langage de la mort dans l'œuvre de Jean Giono » évolue et que le Giono « première manière » dit la mort différemment du Giono « deuxième manière », que celui-ci recourt à l'humour noir « comme dédramatiseur de la condition humaine[396] » quand le premier affectionnait les registres du pathétique et du

---

395 Camus écrit : « Du point de vue d'un nouveau classicisme, *La Peste* devrait être la première tentation de mise en forme d'une passion collective. » *Carnets II*, p. 175.

396 Béatrice Bonhomme, « L'évolution du langage de la mort dans l'œuvre de Jean Giono » in Jacques Chabot (dir.), *Les Styles de Giono, Roman 20–50*, *op.cit.*, p. 177–189, p. 180.

lyrique[397]. Elle utilise alors le terme « éthique » dans le sens de *posture philosophique* pour commenter l'attitude des personnages des œuvres d'après-guerre de Giono, essentiellement ceux des *Chroniques* :

> Le point de vue esthétique et éthique de Giono paraît s'être modifié, la mort n'est plus seulement quelque chose d'immense et de grandiose que l'homme subit, ce n'est plus simplement une destinée mais un choix volontaire librement consenti[398].

Évidemment ce « choix volontaire librement consenti » n'est pas celui des morts du choléra. Mais, par ailleurs, la mort par le choléra est particulièrement significative de « l'absurdité totale de la condition humaine » dont parle également Béatrice Bonhomme :

> Différence d'éthique puisque Giono devient alors véritablement conscient de l'absurdité totale de la condition humaine, condition dérisoire dont la mort se joue. [...]. L'homme devient le centre de l'écriture gionienne, il ne se plie plus devant les apocalypses, catastrophes naturelles, guerres ou épidémies, mais au contraire, loin de s'enfuir, il s'approche pour voir mieux, de plus près et pour en tirer des éléments de philosophie sur la marche du monde, après cela il peut même rire de cette énorme plaisanterie de l'univers, de cette gigantesque comédie [...][399].

Cette « énorme plaisanterie » fait effectivement rire Angelo et c'est même une expression qu'il emploie[400]. La fascination pour la mort, de « celui qui s'approche pour voir mieux, de plus près » est autant celle d'Angelo que celle du narrateur qui le suit pas-à-pas dans son périple au pays du choléra. Ce même frisson au contact de la mort comme sujet de roman, Michel Picard en parle dans *La Littérature et la mort*. Il développe l'idée que la mort a toujours été un sujet de prédilection de la littérature parce que, même devenue inoffensive par sa transposition dans la fiction, elle continue à susciter l'effroi :

> Ce brutal, agressif surgissement du non-culturel, du non-civilisé, du non-maîtrisé, insupportable dans la réalité (ce qui explique toutes les techniques de traitement

---

397 Béatrice Bonhomme : « Pour résumer, l'expression de la mort dans la première partie de l'œuvre gionienne est sérieuse, pathétique, voire lyrique ou grandiose. Simple quelquefois, elle confina alors, par sa simplicité même au pathétique. Ornée le plus souvent d'images, de métaphores ou de comparaisons, elle confère alors à la mort une dignité lyrique d'apothéose. » *Loc.cit.*

398 *Ibid.*, p. 181.

399 *Loc.cit.*

400 « Angelo se demanda tout à coup s'il n'y avait pas, quelque part, mêlée à l'univers, une énorme plaisanterie. » (296)

> du cadavre), ne peut que constituer un motif et un instrument majeurs dans la fiction – où l'on joue à se faire peur[401].

Peut-être Giono joue-t-il « à se faire peur » en focalisant sa narration sur les réalités brutales du corps. Camus, pour sa part, résout cette question de l'esthétisation de la mort en affirmant fermement : « On n'embellit que ce qu'on aime et la mort nous répugne et nous lasse[402]. »

Cependant, dans *Le Hussard sur le toit* comme dans *La Peste*, le récit s'éloigne parfois de la ligne esthétique dominante. Ainsi, ce que la flamboyance de l'écriture dans *Le Hussard sur le toit* ne laisse pas apparaître aisément, ce qu'elle étouffe – comme une note dominante cacherait une note mineure – c'est ce que Jean-Yves Laurichesse définit comme une « narration sèche de l'horreur[403] ». Certains passages racontent en effet l'horreur sobrement :

> Avant le soir, un homme mourut dans la grange. Très vite, il échappa tout de suite aux doigts et ne laissa pas une seconde d'espoir. Puis une femme. Puis un autre homme qui faisait sans arrêt les cent pas, s'arrêta, se coucha dans la paille, se couvrit lentement le visage de ses mains. Les enfants se mirent à crier. (308)

La sobriété de cette séquence dans laquelle n'apparaît pas un seul adjectif, où les mots sont choisis de façon à garder aux hommes qui meurent leur dignité et à cet instant de la mort sa solennité, cette stupeur de l'écriture sont tellement rares dans le texte du *Hussard sur le toit* qu'elles méritent d'être signalées comme une exception notable.

Au contraire, dans *La Peste*, Camus ne s'autorise à laisser poindre le lyrisme que dans la scène de l'agonie de l'enfant, et – dans une moindre mesure – dans celle de la mort de Tarrou. Alors seulement, la retenue d'usage dans le roman tolère la note pathétique – et même la force – pour dire l'insupportable et injuste souffrance de l'enfant et la douleur de perdre, si près de la victoire, un ami et un camarade de lutte. La résistance de Camus au pathétique ne cède que quand Rieux – pourtant habitué à voir souffrir et mourir – est confronté à ce qui rend la mort et la souffrance encore plus injustes et plus insupportables. L'auteur permet alors à son narrateur de baisser la garde. C'est alors que s'engouffrent dans le texte – pour le quitter d'ailleurs aussitôt – l'émotion, la colère et l'indignation.

---

401 Michel Picard, *La Littérature et la mort*, Paris, PUF, coll. Écriture, 1995, p. 90.

402 *Carnets II*, p. 168.

403 Jean-Yves Laurichesse, *Giono et Stendhal, Chemins de lecture et de création*, *op.cit.*, p. 319.

Cependant, le lyrisme dans *La Peste*, de même que la retenue dans *Le Hussard sur le toit*, sont exceptionnellement présents et, en produisant un effet de contraste avec le reste du récit, agissent en repoussoir pour mieux faire apparaître la sobriété de l'écriture de Camus et la diaprure de l'écriture gionienne.

Sobriété et diaprure entraînent à parler de couleur. De fait, l'utilisation que les deux auteurs font de la couleur – de même d'ailleurs que celle dont usent les critiques pour commenter leurs textes – pourraient aider à cerner un peu plus les deux esthétiques. Emmanuel Mounier ne parle-t-il pas à propos de *La Peste* d'« un livre gris et lourd[404] », Georges Bataille ne le considère-t-il pas comme le « plus terne des livres de Camus[405] » et l'expression « écriture blanche » que Barthes forge pour parler de *L'Étranger* et qu'il associe à la « neutralité[406] » ne pourrait-elle pas s'appliquer au récit de Rieux qui se veut un témoin objectif des événements ? Par ailleurs, Pierre Citron ne décrit-il pas *Le Hussard sur le toit* comme un roman « tout coloré de fantastique et de poésie[407] » ? De fait, le récit de Rieux est, à dessein, « terne » – et pourrait-on dire monochrome – alors que les couleurs abondent dans le roman de Giono (le blanc de la lumière violente, du ciel de craie et du vomi des cholériques, le bleu onyx des cadavres, le rouge de certains ciels) et produisent une narration polychrome qui tient à l'imagination un langage autrement plus attrayant que celui que s'impose le chroniqueur d'Oran.

En fait, l'enjeu de l'écriture est d'imposer une image du Mal qui induise une pensée du Mal. À propos de l'univers de *La Peste*, Peter Cryle dit :

> Le seul langage qui convienne ici est un langage sans emphase, voire sans éloquence. Car, pour écrire sous la peste, il faut une écriture qui accepte de renoncer « aux grandes images exaltantes » pour s'attacher au piétinement, à la monotonie. C'est au chroniqueur de la peste d'assumer sans provocation une certaine médiocrité de l'écriture[408].

Cryle a raison. Cependant, il ne s'agit pas seulement d'adapter l'écriture au sujet mais d'opter pour une écriture qui mette l'accent sur l'horreur de ce sujet. « Médiocrité de l'écriture » pour dire la médiocrité de la peste certes, mais

---

404 Emmanuel Mounier, « Albert Camus ou l'appel des humiliés » in *Malraux, Camus, Sartre et Bernanos : l'espoir des désespérés*, Paris, Seuil, coll. Points, 1970, p. 88.

405 Georges Bataille, « La morale du malheur : *La Peste* », *Critique*, juin–juillet 1947, p. 5.

406 *Cf.* Roland Barthes, « *L'Étranger*, roman solaire », *Bulletin du Club du meilleur livre*, avril 1954. Repris dans *Œuvres complètes*, Paris, Seuil, 2002.

407 Pierre Citron, « *Le Hussard sur le toit.* Notice », *Œuvres romanesques complètes* IV, p. 1366.

408 Peter Cryle, « Espace et éthique dans *La Peste* », *Roman 20–50*, *op.cit.*, p. 47–55, p. 53.

médiocrité de l'écriture pour que la peste n'apparaisse que médiocre aux yeux du lecteur. C'est pourquoi en ne faisant de cette « médiocrité de l'écriture » qu'un impératif esthétique, Jaques Chabot occulte lui aussi la portée éthique du roman quand il affirme :

> Décrire pour faire vrai, sans enjolivements ni fioritures, telle est sa manière. Il ne fétichise pas le texte, il ne fait pas du style une priorité de la forme pour elle-même, il se sert du langage comme d'un instrument de communication[409].

Or, ce n'est pas simplement pour coller à la réalité que Camus éteint son langage mais pour rester fidèle à sa conviction qu'enjoliver rend attractif et son devoir d'artiste et d'homme est, au contraire, de montrer le mal et le laid dans le Mal. Inversement, dans *Le Hussard sur le toit*, les choix d'écriture sont faits dans une optique essentiellement esthétisante. Giono ne se pose pas pour priorité de dénoncer le Mal. Il le peint avec les couleurs que son imagination fascinée lui prête. Camus vise à « corriger » la création, Giono entend créer pour montrer que le mal fait à l'homme et par l'homme est irréparable et qu'il n'est plus rien à corriger.

c. « La création corrigée » et la création désabusée

L'expression « création corrigée » apparaît de nombreuses fois dans les *Carnets* de Camus pour servir de titre à des notes ou pour accompagner des ébauches ou des essais, des bribes de roman auxquels l'auteur songe – dont certains seront finalement intégrés à *La Peste*. Dans « Remarque sur la révolte », Camus affirme : « Le but de l'effort artistique [est] une œuvre idéale où la création serait corrigée[410]. » À la Libération, Giono pour sa part se demande : « La vie va-t-elle revenir avec ses espérances et ses joies paisibles ? Que je me sens loin une fois de plus de toute lutte, de toute politique, sans ambition que celle de jouir du jour et de la vie[411]. » Les deux optiques sont différentes et, à « la création corrigée », il est possible d'opposer une création désabusée qui se tourne vers soi pour se détourner du monde.

Par « corrigée », Camus n'entend pas idéalisée. La fiction n'a pas à transfigurer le réel mais à montrer comment l'intervention humaine peut servir à le redresser. C'est ainsi qu'elle fait la part belle à l'homme sur qui Camus parie,

---

409 Jacques Chabot, *Albert Camus, « La pensée de midi »*, *op.cit.*, p. 89.

410 *Essais*, p. 1682–1697, p. 1696.

411 Note datée du 6 septembre 1944, « Journal de l'Occupation », *Journal, Poèmes, Essais*, Paris, Gallimard, Bibliothèque de la Pléiade, p. 483.

considérant qu'il est digne d'admiration parce que capable de résistance dans un monde où les raisons de désespérer sont innombrables mais où la ténacité de la révolte console de l'éternité du malheur : « La révolte bute inlassablement contre le mal, à partir duquel il ne lui reste qu'à prendre un nouvel élan. […]. Dans son plus grand effort, l'homme ne peut que se proposer de diminuer arithmétiquement la douleur du monde[412]. »

Le roman camusien, évoluant du cycle de l'absurde à celui de la révolte, devient le lieu de la célébration de la grandeur de la lutte contre le Mal quelle que soit sa nature. Camus fait de ce genre l'espace même de la révolte et son expression : « Le roman naît en même temps que l'esprit de révolte et il traduit, sur le plan esthétique, la même ambition[413]. » Significativement, *La Peste* montre des personnages qui essaient de réinvestir de sens un univers frappé par une épidémie, symbole même du non-sens et de la gratuité du mal. De fait, ce roman peut être considéré comme emblématique de la « création corrigée », l'expression pouvant figurer, dans le domaine de l'écriture ce que signifie, dans celui de l'action, l'impératif de Rieux : « lutter contre la création ». En menant son combat contre la peste, Rieux « fait son métier d'homme » c'est-à-dire sauve les corps pour que la vie continue et pour garder possibles les conditions du bonheur. De même, l'écrivain fait son métier d'artiste en disant la nécessité de croire dans les hommes qui, tels que Rieux et ses équipes sanitaires, rendent le monde vivable. Maurice Weyembergh a raison d'établir une relation entre l'action et l'écriture et de conclure que toutes deux sont « morales » quand elles servent à redresser le monde :

> La fonction de la morale correspond sur le plan de l'histoire et de la politique à celle du style sur le plan de l'art. La morale et le style ont en effet pour tâche de mettre le réel en forme : dans les deux cas, il s'agit de « corriger la création »[414].

Le roman, ainsi conçu, acquiert une dimension « métaphysique » sur laquelle insistent Jacqueline Lévi-Valensi[415] et Anne-Marie Amiot[416]. Et s'il est vrai,

---

412 *L'Homme révolté*, *Essais*, p. 705–706.

413 « Révolte et art », *L'Homme révolté*, *Essais*, p. 662.

414 Maurice Weyembergh, « L'unité, la totalité et l'énigme ontologique » in David H. Walker (dir.), *Albert Camus. Les extrêmes et l'équilibre.* Actes du colloque de Keele (25–27 mars 1993), Amsterdam-Atlanta, Rodopi, 1994, p. 33–48, p. 33.

415 Jacqueline Lévi-Valensi, « Ainsi la justification de la création romanesque est-elle d'ordre métaphysique ». *Albert Camus ou la naissance d'un romancier*, *op.cit.*, p. 536.

416 Anne-Marie Amiot, « Faut-il alors rappeler le sens et la portée éthiques et métaphysiques du roman camusien ? » « Si tu veux être philosophe… » in Anne-Marie

comme l'affirme Marie-Thérèse Blondeau, que « raconter des histoires, imaginer des aventures n'intéresse pas [Camus][417] », tel semble, au contraire, le credo esthétique de Giono. En effet, si Camus consacre *La Peste* à une lutte sans panache contre le Mal, Giono, au contraire, fait du *Hussard sur le toit* un roman d'aventure – presque une célébration du choléra – considéré comme une aventure comme une autre, une péripétie dans l'histoire riche en rebondissements du hussard piémontais qui le combat avec ni plus ni moins d'appréhension que n'importe quel autre obstacle le séparant de l'Italie des Carbonari. C'est dans ce sens que le roman de Giono est désabusé. Il déclare le mal au cœur du monde comme dans le cœur de l'homme mais ne s'en émeut aucunement.

À Jean et Taos Amrouche, Giono affirme : « Ce que j'essaie de faire maintenant dans *Le Hussard* et les livres qui suivront (dans le cycle) c'est de faire se dresser l'architecture en ruine dans laquelle notre monde actuel se trouve[418]. » Clairement, il ne s'agit pas de « corriger » le monde ni de le redresser mais d'imaginer un univers de substitution qui puisse oblitérer le réel. À propos de la trop grande perfection d'Angelo, Henri Godard affirme :

> On n'invente pas un personnage comme Angelo, que le lecteur ne pourra prendre qu'au second degré, vu à la fois les qualités dont il est pourvu et le nombre de souvenirs culturels qu'il laisse apercevoir par transparence, sans vouloir le faire servir par contraste à dire quelque chose qui vous tient à cœur[419].

En cela aussi se manifeste l'opposition de vues entre les deux romanciers. Rambert, dans *La Peste*, en affirmant préférer le bonheur à l'héroïsme, traduit d'une certaine manière ce que Camus ambitionne de faire du roman : un univers où des personnages évoluent, en tout point semblables à l'humanité commune, imparfaits et conscients de l'être, attachés seulement à rendre meilleur un monde où exister n'a de sens que si les hommes s'y trouvent heureux. Les actions d'éclat telles qu'Angelo les multiplie n'y sont pas admises. Dans une optique radicalement inverse du roman, Giono s'assigne la tâche de faire exister Angelo pour condamner le monde sans possibilité d'appel. C'est ainsi que

---

Amiot et Jean-François Mattéi (dirs.), *Albert Camus et la philosophie*, Paris, PUF, coll. Thémis philosophie, 1997, p. 21–33, p. 32.

417 Marie-Thérèse Blondeau, « Raconter des histoires, imaginer des aventures ne l'intéresse pas. Il veut créer du sens entre tous les hasards de l'aventure humaine et combattre ainsi l'absurde, le non-sens. » « *La Peste* : de Sisyphe à Prométhée », in Raymond Gay-Crosier et Agnès Spiquel-Coudille (dirs), *Camus*, Paris, Éditions de l'Herne, 2013, p. 247–251, p. 247.

418 *Entretiens avec Jean Amrouche et Taos Amrouche*, *op.cit.*, Entretien n° 22, p. 306.

419 Henri Godard, *D'un Giono l'autre*, Paris, Gallimard, 1995, p. 138.

Camus crée un monde égalitaire où il est donné à chacun de prouver qu'il est digne d'appartenir à une humanité qui n'est grande que par l'accumulation des qualités ordinaires d'hommes ordinaires et qui peut considérer le timide et modeste Grand comme un héros des temps modernes – temps de peste et de résistance –, alors que Giono peint un univers élitiste dans lequel il fait évoluer un personnage au sublime stendhalien et utilise la fiction pour signifier son aversion du réel. Étienne Barilier affirme à propos de la conception camusienne du roman : « Il ne s'agit donc jamais de corriger les créatures, mais bien de projeter la lumière du style sur l'imperfection du réel, afin d'en rendre visible l'ombre parfaite[420] ». Au contraire, Giono « corrige les créatures » qu'il élit – et Angelo plus qu'aucune autre – pour rendre encore plus flagrante « l'imperfection du réel » et, par cette correction désabusée, faire du roman l'instrument de son désenchantement. Il prend ses distances avec un réel dépourvu de magie et inscrit son roman dans le dégoût de ce qu'il charge le choléra de signifier : une époque sans noblesse. Camus, quant à lui, sait qu'il n'est de salut pour l'homme que dans la volonté mise à donner à ces temps de malheur une grandeur faite de vigilance et de ténacité dans un combat – jamais totalement gagné – contre toutes les pestes. Cependant, même s'ils assignent au roman des rôles opposés, les deux romanciers en font un commentaire du réel.

Se pose alors la question de la relation du roman avec l'histoire ou, pour inscrire les deux œuvres dans le contexte d'histoire littéraire qui les a vus naître, la question de l'engagement. Giono choisit de faire survenir le choléra dans un cadre spatio-temporel qui détourne – ou fait mine de détourner – le lecteur de l'actualité contemporaine. Camus, au contraire, inscrit les événements en « 194… ». Il serait aisé – et logique – de conclure que *Le Hussard sur le toit* et *La Peste* usent d'une même allégorie – un fléau épidémique – mais dans des visées différentes : de commentaire des temps actuels pour Camus et de fuite dans une histoire moins problématique pour Giono. Cependant, l'un et l'autre roman sont trop complexes pour être étiquetés l'un « engagé », l'autre « désengagé ».

Giono autant que Camus s'interrogent sur le rôle de la littérature et sur leur propre rôle en tant qu'artistes. Le premier affirme clairement dénier à la littérature toute dimension d'actualité historique et encore moins une implication à caractère militant : « On n'est pas le témoin de son temps, on n'est que le témoin de soi-même (ce qui est déjà très joli). On ne sert personne au surplus[421]. » Mais

420 Étienne Barilier, « La création corrigée », *Cahiers Albert Camus 5, Albert Camus : Œuvre fermée, œuvre ouverte?*, *op.cit.*, p. 140–141.

421 Giono, « Préface aux chroniques romanesques (1962) » in *Œuvres romanesques complètes III*, Gallimard, p. 1277.

il lui arrive de dire le contraire, notamment à propos de la rédaction d'*Angelo*[422]. Camus consigne dans ses *Carnets* cette note de 1945 : « Puis-je seulement être un témoin ? Autrement dit : Ai-je le droit d'être seulement un artiste ?[423] » L'utilisation qu'ils font du terme « témoin » prouve que le degré d'implication dans l'histoire auquel ils s'obligent est minimal pour Giono, et de loin plus astreignant pour Camus. Dans « Retour à Tipasa », ce dernier déclare :

> Élevé d'abord dans le spectacle de la beauté qui était ma seule richesse, j'avais commencé par la plénitude. Ensuite étaient venus les barbelés, je veux dire les tyrannies, la guerre, les polices, le temps de la révolte. Il avait fallu se mettre en règle avec la nuit[424].

La Peste opère cette mise en règle. *Le Hussard sur le toit* feint d'ignorer « les tyrannies, la guerre, les polices, le temps de la révolte » contemporains pour mieux y renvoyer, au contraire. Le roman de Giono se veut inactuel mais n'en est que plus inscrit dans le présent alors que celui de Camus s'annonce une chronique des années de guerre et n'en est que plus intemporel.

De fait, la confrontation des personnages avec le fléau, que le romancier l'appelle peste ou choléra, nazisme ou communisme, dans l'un ou l'autre cas, « fait apparaître la vérité, c'est-à-dire le non-sens de l'histoire[425] », de toute l'histoire, depuis que l'homme lutte pour forger sa destinée dans un corps à corps avec le mal métaphysique, moral ou historique. Le roman de Giono prend acte de l'universalité du mal et de la laideur des comportements humains et s'inscrit, de ce fait, dans une réalité morale beaucoup plus qu'historique. Il met en scène une nature humaine, toujours la même, que l'histoire se déroule au XIXème ou au XXème siècle. Raconter les hommes confrontés au choléra est donc un raccourci de toute l'histoire qui les a vus reproduire les mêmes comportements faits de peur, de lâcheté, d'égoïsme… Mais c'est à l'aune de l'histoire vécue que le romancier mesure les temps passés. Jean-François Durand affirme : « Le thème apocalyptique est […] intimement lié, chez Giono, à une méditation

---

422 « Ce qui importait c'était de décrire mon temps. » « Postface à *Angelo* », *ibid*. p. 1163.

423 *Carnets II*.

424 « Retour à Tipasa », *L'Été*, *Essais*, p. 870.

425 Giono : « […] J'accepte de passer volontiers pour un petit esprit, puisque je m'obstine à négliger les « mots d'ordre », à refuser la théorie ou la politique, quand elle prétend s'interposer entre la plume et le papier, entre le pinceau et la toile. Je ne comprends l'artiste que libre (il court déjà bien assez de risques dans cette situation). Il n'est ni pour ni contre quoi que ce soit, il fait simplement apparaître la vérité, c'est-à-dire le non-sens de l'histoire. » « Peinture et dessin », *La Chasse au bonheur*, *op.cit.*, p. 181–182.

sur l'essence des temps historiques, dont il importe de mesurer l'ampleur[426]. » Cependant, la légèreté avec laquelle le récit est mené et les fulgurances du style ont fait croire à de la désinvolture. Denis Labouret n'est pas loin de considérer *Le Hussard sur le toit* comme un roman-manifeste contre la littérature engagée :

> […] il prend part de toute évidence à ce mouvement de réhabilitation d'auteurs et de thèmes proscrits au lendemain de la guerre, à ce regain du romanesque qui réagit au « roulement de bottes » de la métaphysique existentialiste et de la « littérature de magisters », pour reprendre les formules lancées par Julien Gracq à la même époque[427].

Une affirmation qui fait du choléra « une maladie terrible et surtout laide » peut, en effet, par cette hiérarchisation des deux adjectifs, faire penser qu'il s'agit pour Giono de décrire cette laideur de façon à en faire du Beau en dehors de toute préoccupation pour le Bien.

Jean Sarrochi impute au sérieux de *La Peste* les raisons qui font du *Hussard sur le toit* une lecture plus attractive :

> Dans *La Peste*, ce n'est pas la peste qui est responsable de la raideur, voire (selon les détracteurs) de l'empesé, c'est l'idéologie subreptice, insinuante que le fléau camoufle en la symbolisant. Celle-ci […] ne subsiste chez Giono qu'à l'état de traces : il a compris qu'on ne pouvait être un virtuose de l'écriture qu'en (re)mettant la politique au râtelier[428].

Il confirme ainsi que non seulement le positionnement éthique impose une esthétique mais que la gratuité de l'œuvre serait un garant de sa réussite en tant qu'œuvre d'art : « Le souci de légiférer ne fige-t-il pas le flux romanesque ? Ne durcit-il pas la fiction en leçon[429] ? » et il conclut : « *La Peste* est un traité de morale costumé en fiction romanesque[430]. » Jacques Chabot se réfère à Antonin Arthaud pour comparer les deux romans :

> *Le Hussard sur le toit* et *Le Théâtre de la peste* sont des œuvres esthétiquement supérieures, mais d'un autre ordre, hors de toute morale collective et publique, de l'ordre

---

426 Jean-François Durand, « L'Apocalypse et le sublime. À propos de *Promenade la mort* » in Laurent Fourcaut (dir.), *Jean Giono 6. Giono et son apocalypse*, Paris, Lettres Modernes, 1995, p. 99–106, p. 99.

427 Denis Labouret, « Angelo ou le comble du Hussard » in Marc Dambre (dir.), *Les Hussards. Une génération littéraire*, *op.cit.*, p. 279–295, p. 280.

428 Jean Sarocchi, « La mort noire de *La Peste*, la mort gaie du *Hussard sur le toit* », in Laurent Versini dir., *Les Écrivains devant la mort*, *op.cit.*, p. 450.

429 Jean Sarocchi, « D'une peste l'autre. Pour un parallèle entre les deux versions de *La Peste* », *Roman 20–50*, *op.cit.*, p. 65.

430 *Ibid.*, p. 66

> d'un égotisme artiste plus habile à jouir des voluptés du mal transfiguré par l'art qu'à le combattre dans une lutte commune[431].

Il ne serait donc pas question de comparer la valeur des deux œuvres qui appartiennent à deux « ordres » différents mais les finalités que leurs auteurs se fixent. En racontant l'horreur d'un fléau qui s'abat sur les hommes, Camus, contrairement à Giono, ne cherche pas à « transfigurer le mal par l'art ». Un épisode le montre dans les deux romans : la représentation *d'Orphée et Eurydice* à Oran et le concert improvisé sur une colline en Provence. Si la musique arrive à transporter les auditeurs et à leur faire oublier, le temps de la représentation, la maladie, la peur et la laideur du choléra[432], la peste terrasse sur scène un des acteurs[433]. Pour Giono, le salut peut se faire par l'art. Pour Camus, le théâtre est contaminé dès lors que toute la ville l'est. Giono rend possible la fuite du réel par l'art. Camus considère que toute fuite est lâche et que la réalité rattrape l'art qui n'a, dès lors, que le choix d'en tenir compte.

Cependant, même si, par comparaison avec le roman de Giono, la prise de position dans *La Peste* est ferme et ne prête pas à confusion, elle fut considérée, par certains critiques à la publication du roman, comme peu énergique. Dolorès Lyottard rapportant certaines des critiques[434] qui furent faites au roman conclut : « En un mot, c'est aussi bien l'usage insuffisant de l'allégorie face au réel de l'Histoire que la pauvreté de l'option morale et politique qu'on incrimine dans *La Peste*[435]. » Paradoxalement, Roland Barthes intitule son article de février 1955 : « *La Peste.* Annales d'une épidémie ou roman de la solitude[436]? » Le titre interloque, le roman étant celui de la solidarité. Il conclut sur ce reproche : « Le monde de Camus est un monde d'amis, non de militants. Les hommes de Camus ne peuvent s'empêcher d'être bourreaux ou complices des bourreaux qu'en acceptant d'être seuls, et ils le sont[437]. » Comment dire plus clairement

---

431 Jacques Chabot, *Albert Camus, « la Pensée de midi »*, *op.cit.*, p. 132.

432 « Tous les visages étaient tournés vers l'organiste. Angelo apercevait de beaux profils. [...]. Avec ces visages, les grands feux et la profondeur des bois, la musique créait un monde sans politique où le choléra n'était plus qu'un exercice de style. » (424–425)

433 Tarrou et Cottard qui assistaient à la représentation « restaient seuls en face d'une des images de ce qui était leur vie d'alors : la peste sur la scène sous l'aspect d'un histrion désarticulé et, dans la salle, tout un luxe devenu inutile sous la forme d'éventails oubliés et de dentelle traînant sur le rouge des fauteuils. » (1382)

434 *Cf.* Dolorès Lyotard, « *La Peste*, ou d'un usage du malheur », *RSH*, 3/2014, p. 117–139.

435 *Ibid.*, p. 122.

436 Roland Barthes, « *La Peste*. Annales d'une épidémie ou roman de la solitude ? », Œuvres *complètes*, tome I (1942–1965), *op.cit.*

437 *Ibid.*, p. 455.

que le monde de *La Peste* est un monde exemplaire non un monde réaliste ? Si utopisme il y a, il est dû à la trop haute idée que Camus a de l'homme ou tout au moins à un espoir indéracinable que l'homme est perfectible. En ce sens, Giono serait plus réaliste en peignant les hommes – exception faite d'Angelo – tels qu'ils sont non tels qu'ils devraient être. Ainsi donc, il se confirme que ce qui sépare Camus et Giono ce n'est pas seulement deux conceptions opposées du roman mais deux conceptions différentes de l'homme que le roman sert à dire.

Rieux se définit comme « […] un homme lassé du monde où il vivait, ayant pourtant le goût de ses semblables et décidé à refuser, pour sa part, l'injustice et les concessions. » (1227) C'est ce « goût de ses semblables » qu'Angelo n'a pas et dont l'absence est à l'origine de l'acuité du regard impitoyable que Giono, par le biais de son personnage, pose sur l'homme. Jean-François Durand a raison de parler d'un « certain antihumanisme gionien des textes des années cinquante[438]. » Outre les *Chroniques* qui appartiennent à cette période de la production romanesque et qui sont une variation autour de la thématique de la méchanceté humaine, le cycle du Hussard aussi décline un sévère scepticisme quant à l'homme. En revanche, Camus définit avec *La Peste*, un nouvel humanisme qui consiste à se placer du côté de l'homme accepté dans sa faiblesse de même que dans sa grandeur et qui, tenant compte des leçons de la guerre, sait que de même que le monstre est banal, le héros l'est aussi ; que finalement, il n'y a ni monstre ni héros mais une humanité moyenne dans le bien comme dans le mal et qu'il faut accepter comme telle. C'est ainsi que non seulement Camus montre la « banalité du mal » mais il illustre la banalité du bien et prouve que l'histoire est un cheminement difficile parce que la frontière entre le mal et le bien est ténue et qu'il faut une vigilance de tous les instants pour ne pas ajouter au mal quand on pense agir pour le bien. Il semble que l'engagement que Camus prend en écrivant *La Peste* est d'arriver à persuader l'homme que : « […] sa seule vertu sera, plongé dans les ténèbres, de ne pas céder à leur vertige obscur ; enchaîner au mal, de se traîner obstinément vers le bien[439]. » Camus accepte l'homme dans sa faiblesse de même qu'il le célèbre dans sa grandeur. La « création corrigée », loin des archétypes de l'héroïsme romanesque, érige les faiblesses et les failles des personnages comme le signe de leur humanité. Les Carnets de Tarrou se ferment sur la constatation qu'« il y avait toujours une heure de la journée et de la nuit où un homme était lâche et que [Tarrou] n'avait

438 Jean-François Durand, *Giono. Le jeu du condottiere*, Aix-en-Provence, Édisud, 2007, p. 223.

439 *L'Homme révolté*, *Essais*, p. 689.

peur que de cette heure-là. » (1450) Quant à Rieux, il livre toute sa vulnérabilité à la mort de son ami qui précède d'une nuit le télégramme qui lui apprend la mort de sa femme. Il se rend compte alors de tous ses rendez-vous manqués avec le bonheur et fait le triste constat qu'il avait eu « la légèreté de compter sur le temps » (1467), qu'il ne trouvera jamais les mots pour dire à sa mère qu'il l'aime ni elle non plus, que son ami est mort « sans que leur amitié ait eu le temps d'être vraiment vécue » (1459), que sa femme est morte seule au loin et que la promesse faite sur le quai de la gare ne pourra pas être tenue[440]. Rambert, pour sa part, « voulait faire comme tous ceux qui avaient l'air de croire, autour de lui, que la peste peut venir et repartir sans que le cœur des hommes en soit changé » (1463) mais, pour avoir vu souffrir et mourir, une amertume lui reste qui le laissera à jamais changé[441]. Nul ne survit indemne à la peste.

Au choléra de Giono, si. Quelle leçon Angelo retient-il de son séjour infernal en Provence ? Aucune en tout cas qui soit amère si l'on en juge par l'allégresse avec laquelle le héros, « au comble du bonheur » (635), se dirige, à la fin du roman, vers la frontière italienne, laissant derrière lui, sans regrets et du même cœur léger, Pauline aussi bien que tous ceux auxquels il eut à faire au temps du choléra, comme tournant une page ni plus ni moins marquante de son aventureuse existence. En créant son personnage insouciant et léger, Giono veut illustrer une conception de la littérature attachée au plaisir et à la gratuité contre toutes les austérités d'un roman qui se veut responsable et bascule dans le didactisme. Dans *Jean le Bleu*, le narrateur montre l'enfant qu'il fut conscient de l'horreur de « la cour des moutons » – où les bêtes attendent d'être menées à l'abattoir et qui concentre toutes les misères des laissés pour compte du quartier pauvre – mais également conscient que la tache de moisissure qu'il appelle la « dame du mur » lui offre la possibilité de fuir par l'imagination et de transfigurer un réel qu'il ne cherche pas à contester. Il n'est pas absurde de considérer qu'à l'origine de son attitude de romancier, il y a la disposition de l'enfant Giono à se créer un ailleurs du temps et de l'espace qui permet de ne plus tenir compte de la réalité. La misère est là mais l'art aussi qui permet de s'évader. C'est en ce sens que *Le Hussard sur le toit* enregistre la présence du mal dans l'homme et dans le monde, en témoigne mais donne à son héros la possibilité d'un ailleurs ; finalement un *alibi* pour ne considérer le choléra que comme un obstacle à

440 « Tout ira mieux quand tu reviendras. Nous recommencerons. » (1225)

441 « Il avait changé, la peste avait mis en lui une distraction que, de toutes ses forces, il essayait de nier, et qui, cependant, continuait en lui comme une sourde angoisse. » (1462)

écarter ponctuellement de la route qui mène à l'Italie. Aussi ne s'investit-il dans la lutte contre le mal que temporairement. La laideur du réel qu'Angelo réussit à esquiver dans *Le Hussard sur le toit*, finira par le rejoindre – et définitivement l'atteindre – dans *Le Bonheur fou*.

Giono, plus pessimiste, abdique devant le mal en ne faisant que constater sa virulence ; Camus, plus pugnace, proteste pour essayer de réparer. Mais bien des choses ne se réparent pas ; la mort de l'enfant par exemple. *La Peste* incite alors à ne pas ajouter au mal métaphysique un mal imposé par les hommes. C'est en quoi la littérature devient une arme de lutte pour Camus et un moyen de diversion, de divertissement – dans le sens pascalien – pour l'auteur du *Hussard sur le toit*. C'est dans ce sens aussi que ce roman, malgré la légèreté de ton qui le caractérise et le héros sublime qui le porte, est un roman désabusé. Alors que Camus charge le roman de dire sobrement la difficile condition métaphysique et historique de l'homme, Giono fait du *Hussard sur le toit* le roman du panache dans l'action et de la flamboyance de l'écriture pour décrire une condition tout aussi difficile. Mais, dans l'un et l'autre cas, le roman témoigne – à charge ou à décharge pour l'homme –, s'implique et est, de ce fait, porteur d'une vision du monde et de l'homme dans le monde. Qu'il veuille « corriger la création » et illustre ainsi une conception engagée de la littérature ou qu'il feigne de se détourner d'une époque qu'il méprise, le romancier avoue l'impossibilité pour une œuvre de se garder à l'abri et à distance des remous du siècle. Si Camus assume la responsabilité qui incombe au romancier et multiplie les déclarations des personnages pour une lutte solidaire contre toutes les pestes, Giono voile le sérieux de sa réflexion en faisant caracoler Angelo dans une presque insouciance du choléra mais ne peut faire que cette insouciance interloque et donc fasse réfléchir le lecteur sur l'inhumanité de temps qui exacerbent l'inhumanité de l'homme. Les deux romanciers font ainsi œuvre de moralistes et le recours à l'allégorie ancre le récit dans la fable qui, dans le cas de *La Peste* prend une tournure « pédagogique[442] » et, dans celui du *Hussard sur le toit*, le ton léger et badin d'une leçon qui se défend de passer pour telle.

442 Jacques Chabot affirme : « À l'opposé de tout hermétisme ou du culte de l'art pour l'art (variante esthétiquement distinguée du soi pour soi), Camus pratique une façon pédagogique de s'exprimer pour bien se faire comprendre » *Albert Camus, « La Pensée de midi »*, *op.cit.*, p. 90.

Conclusion

Parlant de Camus, Rachel Bespaloff le définit comme un « poète moraliste non [un] romancier poète[443] ». Tout dans *La Peste* en effet le confirme. Le « romancier poète » c'est Giono dans *Le Hussard sur le toit*. La poétique du Mal qu'ils mettent en œuvre de même que la conception du roman qui en résulte le montrent.

Les mises en scène de la mort par les descriptions qui en sont faites mettent en évidence deux esthétiques opposées. À la complaisance du narrateur de Giono qui parle si légèrement de la mort, décrivant les affres des cholériques comme autant de scènes carnavalesques, s'oppose la circonspection avec laquelle Rieux, médecin-narrateur, raconte la déchéance des corps pour dénoncer l'inadmissible souffrance des hommes. Dans *La Peste*, la mort est consternante et, de ce fait, réduit le texte sinon au silence du moins à une expression minimale. Dans *Le Hussard sur le toit*, les descriptions abondantes des vomissures, des déjections, des convulsions désordonnées et comiques sont la preuve que Giono traite la mort et l'homme avec désinvolture. Les séquences de description de la mort, nombreuses, présentent des constantes et des récurrences comme si l'auteur reproduisait un prototype de description macabre destiné à donner de la mort une image tout à la fois choquante et banalisante parce que répétitive. Mais il est douteux que la légèreté de la narration – paradoxalement alliée à la précision du détail – arrive à dédramatiser ce drame absolu que représente la fin d'un être humain.

La réponse au Mal que Giono apporte est une évocation litanique des indignités auxquelles les hommes se livrent au temps du choléra. Le roman se lit alors comme une défense et illustration de la conviction que le mal subi est amplement mérité et que l'homme est définitivement irrécupérable. L'ironie a une portée corrosive et est employée par Giono pour ruiner l'idée de l'homme et pour saper les fondements des relations humaines dans leur portée politique et sociale autant qu'individuelle. S'il est une leçon à retenir du *Hussard sur le* toit c'est que rien ne sert de lutter contre le mal car rien ne saurait redresser l'humaine perversion. Camus fait agir ses personnages dans un sens totalement opposé. Il les fait se liguer contre le mal dans la croyance que le bien peut le neutraliser ou au moins le contrebalancer. La croyance en une communauté

443 Rachel Bespaloff, « Le monde du condamné à mort », *Esprit*, n° 163, 1950, p. 3. Reproduit par Jacqueline Lévi-Valensi, *La Peste d'Albert Camus*, *op.cit.*, p. 182.

soudée fait que même si ni la mort ni le malheur ni la souffrance ne peuvent être définitivement éradiqués, lutter contre le fléau est l'occasion de refonder la communauté humaine et de réaffirmer sa foi en l'humanité.

C'est ainsi que Camus démythifie le mal en lui ôtant son pouvoir puisque les personnages ne s'avouent pas vaincus comme dans le roman de Giono. Mais également parce qu'ils ne cèdent pas non plus à la séduction qu'il pourrait opérer sur eux. Semblable à la précision nette du geste chirurgical, l'écriture est à ce point maîtrisée qu'elle ne laisse aucune latitude aux extravagances imaginatives du lecteur. Prévenu contre l'effet mystificateur d'une littérature complaisante envers le mal, Rieux démythifie le fléau par l'usage du mot juste. Son rôle est d'assainir les imaginations autant que soigner les corps afin que la fascination pour le mal ne fasse pas revenir le bacille de la peste. Giono, au contraire, détourne le topos de l'épidémie tueuse d'hommes et reconfigure l'imaginaire du fléau destructeur en évacuant du roman la gravité traditionnellement de rigueur à l'évocation de la souffrance et de la mort. Le vulgaire et le prosaïque des manifestations physiques de la maladie de même que l'effrayant de la mort se transforment, par l'effet de l'écriture de Giono, en sujets hautement poétiques. Il en résulte que le choléra ouvre au malade des horizons infinis comme l'affirme le vieux médecin et au lecteur une dimension inattendue et infernale du Beau. Que le choléra se trouve associé à la beauté froide et bleue du corps magnifique et sans vie de la jeune femme morte contaminée est significatif de la collusion du Mal et du Beau, du grotesque et du sublime à la manière dont la splendeur marmoréenne de la morte bleue se partage l'espace du texte avec les cadavres souillés et puants du commun des cholériques et dont Angelo et Pauline coexistent avec des personnages que la peur du choléra a conduits aux actions les plus basses.

Deux poétiques du mal aussi éloignées l'une de l'autre induisent deux conceptions du roman et du romanesque. Avant que le débat autour de la manière dont la littérature doit répercuter l'événement sidérant des camps de concentration ne devienne une question de l'actualité littéraire et philosophique de l'après-guerre, avant que Jean Cayrol ne définisse le « romanesque concentrationnaire », Camus publie *La Peste* et fait réfléchir son narrateur sur la façon dont des faits aussi graves que ceux survenus à Oran doivent être racontés. Il lui fait employer les termes qui deviendront les mots-clés de la littérature des camps : « témoin », témoignage », « vérité », « chronique », « chroniqueur », « historien ». Le rejet des enjolivements de l'écriture annonce la facture épurée de ces récits. Le Mal est un sujet bien trop grave pour n'être traité ni légèrement ni même pompeusement. Camus se méfie du romanesque et du lyrisme, de tout dévoiement de la pensée lucide du mal vers un pathos finalement lénifiant.

Giono, tournant délibérément le dos à une histoire qui ne le rattrape que pour lui nuire, reste au contraire attaché au romanesque. Le titre qu'il donne à son roman renvoie aux Hussards et à leur désinvolture en une période de l'histoire littéraire où le sérieux du roman, son utilité, sa responsabilité, son engagement n'étaient pas à discuter. La création du personnage d'Angelo – héros hyperboliquement romanesque – peut être interprétée comme une provocation – mais une provocation aussi à réfléchir à la décadence de temps qui, selon Giono, n'ont plus rien de romanesque.

Le traitement qui est fait du choléra est ainsi significatif du paradoxe d'un roman qui, dans le temps même où il ne se prend pas au sérieux, réfléchit son époque pour mieux l'examiner. Le diagnostic est sévère et le traitement l'est tout autant. Le mal règne et il est pour Giono un sujet dans lequel ses talents de romancier trouvent à se déployer. Il le traite comme il traiterait de n'importe quel autre sujet, comme s'il ne s'agissait ni de mort ni de souffrance ni de dignité humaine. Quand la chronique de Rieux s'entoure de précautions éthiques pour dire la mort, le narrateur de Giono emprunte une voie autre qui le conduit non à la litote et au silence consterné et douloureux face à la souffrance mais au détail morbide et avilissant, aux descriptions bavardes et complaisantes de ce que la maladie peut faire du corps et de la manière dont le mal réduit et soumet l'homme. Respectueux de l'homme au contraire, Camus impose des limites à l'écriture, s'interdit de banaliser le mal en le considérant comme un sujet comme un autre, le traite sobrement et engage le roman dans la voie d'un « classicisme moderne ».

Camus « corrige » la création en écrivant un monde où l'homme n'est pas un héros mais l'homme ordinaire conscient de la tâche qui lui incombe : juguler le mal pour que les conditions du bonheur restent possibles. Giono crée un héros parfait mais déclare le Mal au cœur du monde comme dans le cœur de l'homme et donne l'impression de ne pas s'en émouvoir par la légèreté qu'il met à le faire. Mais la désinvolture laisse entrevoir le désabusement d'un romancier qui donne à son personnage ce qu'il ne lui est pas permis à lui : être « au comble du bonheur » en plein choléra. Giono subit l'histoire dont il émancipe temporairement son personnage puisqu'elle finit par le rattraper en Italie – ainsi que la désillusion. À la « création corrigée » de Camus s'oppose la création désabusée de Giono.

Conclusion générale

Tous deux récits du tragique de la condition humaine, tous deux racontant la maladie semant la mort, *La Peste* d'Albert Camus et *Le Hussard sur le toit* de Jean Giono sont d'une radicale étrangeté l'un par rapport à l'autre. L'écriture du mal y est si différente que le lecteur peine à croire que les deux romanciers traitent une même thématique.

Giono fait du *Hussard sur le toit* le roman de nombreux paradoxes. Le temps du choléra y devient propice à l'exaltation et au bonheur pour Angelo. La légèreté avec laquelle le thème de la maladie mortelle est traité, au lieu de déprécier le fléau en minimisant sa portée, lui donne les dimensions du mythe. Le registre du fantastique instaure une étrangeté qui accroît le sentiment de la toute puissance du choléra. La maladie devient poétique jusque dans ses aspects les plus prosaïques par l'effet d'une écriture qui démesure le laid autant qu'elle le fait du beau qui atteint le sublime. Le topos du fléau est détourné et le roman acquiert un caractère de transgression qui lui vient de la réhabilitation d'un mal rendu bizarrement séduisant par tous les désordres qu'il produit et les excès auxquels il conduit. Au contraire, si le topos est détourné dans *La Peste*, c'est dans le sens de la sobriété et de la retenue. Point de grandiloquence ni de pathos. Le mal est quelque chose qui advient auquel il est naturel de s'opposer. L'écriture ne cherche pas à le transfigurer. Le registre est réaliste pour en minimiser le pouvoir sur les hommes. Les mots cherchent à dire avec justesse le refus et la condamnation. La peste est un événement scandaleux mais qu'il serait encore plus scandaleux de démultiplier par une rhétorique gratuite. Camus fait de *La Peste* le roman de la nécessaire humilité de la littérature face au mal. En décrivant le choléra, Giono laisse la fantasmagorie se faire. Il crée un mal monstrueux et flamboyant. Il fait preuve de désinvolture, traite le mal comme un sujet comme un autre, continue de croire que la littérature ne doit pas se laisser affecter par les convulsions de l'Histoire et crée son personnage le plus hyperboliquement romanesque.

Le Hussard sur le toit est le roman d'Angelo. Celui-ci est porté par ce que Malraux appelle, dans *L'Espoir*, « l'illusion lyrique » qu'il définit comme « le phénomène psychologique de joie qui accompagne l'action révolutionnaire […][444]. » Le hussard qui se mêle du choléra est un carbonaro porté par

---

444 André Malraux, « Entretien-préface in Georges Soria : *Guerre et révolution en Espagne 1936-1939* (1975) ». https://malraux.org/

l'enthousiasme de rejoindre au plus vite l'Italie afin d'y continuer la lutte pour la liberté. La disposition d'esprit où il se trouve au temps du choléra, sans lui masquer la réalité violente du fléau, l'en tient comme à distance et l'en préserve. Il est un intervenant non impliqué, temporaire et enthousiaste dans la Provence infestée devenue l'espace-temps de l'épidémie et, pour lui, de l'aventure. Une caractéristique essentielle du narrateur de *La Peste* est, au contraire, la responsabilité. Dans une note de ses *Carnets*, Camus écrit : « Poser la question du monde absurde, c'est demander : "Allons-nous accepter le désespoir, sans rien faire." Je suppose que personne d'honnête ne peut répondre oui[445]. » Rieux, en tout cas, ne l'accepte pas. Tout le roman est le récit de ce refus du malheur, de ses raisons et de ses implications. Chacun des deux romanciers fait le choix d'un personnage focal qu'il charge de signifier une vision de l'homme dans un monde où un fléau peut surgir pour tout détruire, et d'abord le sens que les hommes peinent à donner à leur existence.

Giono transmet à son personnage la certitude qu'aucun redressement ni de l'homme ni du monde n'est possible. Angelo finit par tourner le dos au choléra et est de ce fait, dans la posture contraire du révolté qui, si l'on s'en tient à l'étymologie, devrait se retourner pour faire face au mal[446]. Or, tout se passe dans le roman comme s'il avait essayé d'y remédier – sans trop y croire d'ailleurs – avant de renoncer et de tourner bride vers les « montagnes roses » (635) de l'Italie. De ce fait, il atteste d'un état désastreux du monde et l'entérine même s'il quitte le choléra pour faire la révolution. Mais l'aventure italienne tant espérée – et qui fait de l'épisode provençal un intermède – ne sera pas à la hauteur de l'attente. Le parallèle établi par le narrateur du *Hussard sur le toit* entre choléra et révolution l'annonce déjà et anticipe sur la désillusion du héros que racontera *Le Bonheur fou*. La révolution non plus ne pourra rien contre la perversion de l'homme. Camus, quant à lui, anime ses personnages en leur donnant la foi en l'homme qui est la sienne quand il affirme avec conviction : « Ce qui équilibre l'absurde c'est la communauté des hommes en lutte contre lui[447]. » En les armant de lucidité face à la peste, il les maintient dans une disposition de pensée et d'action qui est celle de « l'homme révolté ». La lutte redonne à leur existence le

---

e1975-andre-malraux-entretien-preface-andre-malraux-in-georges-soria-guerre-revolution-espagne-1936-1939-t-i/ [Consulté le 10.6.2018]

445 *Carnets II*, p. 116.

446 Camus revient à l'origine du mot dans *L'Homme révolté* : « Le révolté, au sens étymologique, fait volte-face. Il marchait sous le fouet du maître. Le voilà qui fait face. » *Essais*, p. 424.

447 *Carnets II*, p. 162.

sens que la peste lui a ôté. Une des oppositions essentielles entre les deux univers du tragique que sont *La Peste* et *Le Hussard sur le toit* est la place accordée à la lutte. Camus construit tout le récit autour du combat mené contre le fléau, considérant que dans la persévérance dans le refus du mal réside la grandeur de l'homme. Giono fait de la résistance au choléra un divertissement temporaire pour Angelo.

C'est dans ce sens qu'Alexis Lager est fondé de parler de « narration éthique[448] » à propos du roman de Camus parce qu'il dépasse l'absurde pour la révolte. La narration de Giono est, par opposition, nihiliste parce qu'elle dresse l'inventaire des turpitudes humaines et s'en délecte comme pour donner raison au mal qui s'acharne sur les hommes. De fait, l'auteur réussit à occulter la dimension morale de la fable qu'il raconte. Le choléra est pourvu d'une démesure telle dans les bouleversements qu'il introduit dans la nature et dans la cruauté et la vilenie qu'il éveille dans les hommes que, par cette énormité racontée avec tous les enjolivements du style, il revêt une attraction dont ni Angelo, ni le lecteur ne se sentent coupables. Camus, lui, est attentif à donner du mal l'image qu'impose sa conviction que rien de ce qui nuit à l'homme ne mérite que l'art le sublime. À ses yeux, la peste n'est pas « un dieu » et tout le travail de l'écriture a consisté à lui dénier ce statut. Giono, au contraire, reconnaît dans le choléra un « dieu en chair et en os[449] » et s'évertue à le montrer en soumettant les hommes à ses lois et en chargeant le médecin-philosophe de faire son dithyrambe. Considérer – comme ce dernier l'interprète – que le choléra est le suprême divertissement à l'ennui d'exister est l'aveu que la condition humaine ne donne pas à espérer. Dans la séduction que la mort revêt se lit également le nihilisme du romancier. Finalement, cette fuite dans la mort à la recherche d'une délivrance est de même nature que le départ du héros vers l'Italie : l'abdication face au mal auquel la Provence reste livrée. Dans l'impossibilité de refonder un ordre pour remédier au désordre introduit par le fléau se révèle aussi la négation à l'œuvre dans le roman. Oran, à la fin du récit, est en liesse parce que la peste est vaincue et le bonheur à nouveau possible ; mais aussi parce que l'ordre humain est rétabli dans la cité. L'homme peut à nouveau affirmer sa souveraineté même si elle reste fragile, même si « le bacille de la peste ne meurt ni ne disparaît jamais. » (1474) La clausule montre une ville unie dans le bonheur comme elle le fut dans

---

448 « L'œuvre camusienne, un miroir éthique et existentiel » in Ève Morisi (dir.), *Camus et l'éthique*, Paris, Classiques Garnier, coll. Rencontres 95, 2014, p. 195–214, p. 205.

449 Giono affirme : « Le choléra ou la peste sont des dieux en chair et en os. » *Noé, Œuvres romanesques complètes* III, p. 771.

la peine. *L'excipit* du roman de Giono en livre véritablement le sens : le bonheur est solitaire et le malheur aussi. L'homme n'a pas besoin de son prochain, au contraire il s'en méfie.

Dans *Le Renouveau du grotesque dans le roman du XXe siècle. Essai d'anthropologie littéraire,* Alexandre Astruc après avoir rappelé l'histoire monstrueuse du XXème siècle affirme : « Ces preuves de la folie et de la démesure humaines débouchent sur la prise de conscience planétaire du danger que l'humanité représente pour elle-même[450]. » Il conclut : « À partir de ce moment, le lien de l'individu à la société donne l'impression d'être définitivement brisé. L'humanisme qui était devenu une valeur de plus en plus suspecte est alors entièrement discrédité[451]. » Si *Le Hussard sur le toit* est une parfaite illustration de ce désabusement du roman, la gageure pour Camus est que l'humanisme ne soit pas une « valeur suspecte ». *La Peste* est le lieu de la réhabilitation du lien humain, ce que Camus appelle « le long dialogue des hommes[452] ». Prise au pied de la lettre, l'expression est illustrée par le souci de Rieux de rapporter les conversations qu'il a avec les autres personnages, de citer les carnets de Tarrou, de faire parvenir au lecteur des points de vue divers qui donnent à sa chronique une polyphonie comprise non au sens strict de pluralité des voix narratives mais d'une convergence d'efforts pour réparer la désolation que le mal introduit dans leur vie. L'univers de Giono se situe à l'extrême opposé de cette conception d'une altérité nécessaire et salvatrice. Roman de la solitude comprise comme préservation de soi pour un héros qui ne craint la contagion que morale, occupé à se prouver à lui-même sa valeur, d'un héroïsme conçu comme une qualité qui élit et éloigne, *Le Hussard sur le toit* est le roman d'un aristocratisme dédaigneux de l'autre. L'ironie qui le gouverne est significative de la rupture du dialogue entre les hommes. Alexandre Gefen, réfléchissant sur les enjeux de l'ironie dans le roman contemporain, a bien raison de dire : « Ce qu'il faut comprendre, je crois, c'est que l'ironie contemporaine, est donc d'abord ce saccage de l'échange et de la communication conforme à la définition de Maurice Blanchot de la littérature comme " fidélité à la mort " de la parole par un "langage qui se fait ambiguïté " [...][453]. » Giono brouille effectivement la donne. Il situe son roman dans un « au-delà du bien et du mal » en faisant le choléra aussi fascinant qu'Angelo.

450 Alexandre Astruc, *Le Renouveau du grotesque dans le roman du XXe siècle. Essai d'anthropologie littéraire*, *op.cit.*, p. 134.

451 *Ibid.*, p. 135.

452 Camus, « Le siècle de la peur », *Combat*, 1948.

453 Alexandre Gefen, « Compassion et réflexivité : les enjeux éthiques de l'ironie romanesque contemporaine », *Fabula/Les colloques*, *Hégémonie de l'ironie?*,

Dans *Le Hussard sur le toit* « s'accomplit une traversée des catégories dichotomiques du Pur et de l'Impur, de l'Interdit et du Péché, de la Morale et de l'Immoral[454] » à quoi Julia Kristeva reconnaît « la littérature de l'abject » et la fascination de l'écrivain par son sujet. Dans *La Peste*, point de fascination ni d'ambiguïté parce que Camus veut croire en l'homme et en une littérature qui serait ce que la chronique de Rieux veut être : un témoignage du désastre mais un hymne clair à l'homme qui sait lui faire face et le vaincre – même d'une victoire provisoire.

URL : http://www.fabula.org/colloques/document1030.php, [page consultée le 28 novembre 2016].

454 Julia Kristeva, *Pouvoirs de l'horreur. Essai sur l'abjection,* Paris, Le Seuil, coll. Tel Quel, 1980, p. 23.

Bibliographie

Sur Albert Camus et sa pensée

A. Ouvrages :

Amiot Anne-Marie et Mattéi Jean-François (dirs.), *Albert Camus et la philosophie*, Paris, PUF, coll. Thémis philosophie, 1997.

Chabot Jacques, *Albert Camus, « la pensée de midi »*, Aix-en Provence, Édisud, 2002.

Corbic Arnaud, *Camus, l'absurde, la révolte, l'amour*, Paris, Les Éditions de l'Atelier/Éditions ouvrières, 2003.

Faes Hubert et Basset Guy (dirs.), *Camus, la philosophie et le christianisme*, Paris, Les Éditions du Cerf, 2012.

Gay-Crosier Raymond et Spiquel-Coudille Agnès (dirs), *Camus*, Paris, Éditions de l'Herne, 2013.

Guérin JeanYves (dir.), *Dictionnaire Albert Camus*, Robert Laffont, coll. Bouquins, 2009.

Guérin JeanYves, *Albert Camus. Littérature et politique*, Paris, Champion Classiques, coll. Essais 18, 2013.

Lévi-Valensi Jacqueline, « *La Peste* » *d'Albert Camus*, Paris, Gallimard, coll. Foliothèque 8, 1991.

Lévi-Valensi Jacqueline, *Albert Camus ou la naissance d'un romancier*, Paris, Gallimard, coll. Les Cahiers de la NRF, 2006.

Lévi-Valensi Jacqueline et Spiquel Agnès (dirs.), *Camus et le lyrisme*, Paris, SEDES, 1997.

Lyotard Dolorès (dir.), *Albert Camus contemporain*, Villeneuve d'Ascq, Presses Universitaires du Septentrion, coll. Objet, 2009.

Mattéi Jean-François, *Citations de Camus expliquées*, Paris, Éditions Eyrolles, 2013.

Mélançon Marcel J., *Albert Camus, analyse de sa pensée*, Fribourg, Les Éditions Universitaires, coll. SEGES n° 22, 1976.

Meunier Jean-Louis (dir.), *Albert Camus, le temps, la peur et l'Histoire*, Paris, éd. A. Barthélémy, 2012.

Morisi Ève (dir.), *Camus et l'éthique*, Paris, Classiques Garnier, coll. Rencontres n° 95, 2014.

Paillet Anne-Marie (dir.), *Albert Camus, l'histoire d'un style*, Louvain-la-Neuve, Académia-L'Harmattan, coll. Au cœur des textes 29, 2013.

Palud Aurélie, *La contagion des imaginaires : lectures camusiennes du récit d'épidémie contemporain*. Thèse pour obtenir le titre de Docteur de l'université de Rennes 2, juillet 2014.

Literature. Université Rennes 2, 2014. French. <NNT: 2014REN20016>. <tel-01077943>

Quilliot Roger, *La Mer et les prisons. Essai sur Albert Camus,* Paris, Gallimard, coll. NRF, 1956.

Walker David H. (dir.), *Albert Camus. Les extrêmes et l'équilibre*, Amsterdam-Atlanta, Rodopi, 1994.

Werner Eric, *De la violence au totalitarisme*, Paris, Calmann-Lévy, 1972.

B. Articles et chapitres d'ouvrages :

Abbou André, « Du goût de l'innocence à l'attente du supplice » in Lévi-Valensi Jacqueline et Spiquel Agnès (dirs.), *Camus et le lyrisme*, Paris, SEDES, 1997, p. 51–64.

Alluin Bernard, « *La Peste* » in Guérin JeanYves (dir.), *Dictionnaire Albert Camus,* Robert Laffont, « Bouquins », 2009, p. 663–669.

Audin Marie-Louise, « La condensation furieuse de l'image ou le double lyrisme camusien » in Lévi-Valensi Jacqueline et Spiquel Agnès (dirs.), *Camus et le lyrisme*, SEDES, 1997, p. 22–34.

Barthes Roland, « *La Peste*. Annales d'une épidémie ou roman de la solitude ? », *Œuvres complètes, tome I (1942–1965)*, Paris, Seuil, 1993, p. 452–456.

Barthes Roland, « Réponse de Roland Barthes à Albert Camus (lettre du 11 janvier 1955) », *Œuvres complètes, tome I (1942–1965)*, Paris, Seuil, 1993, p. 479.

Barilier Étienne, « La création corrigée », *Albert Camus : Œuvre fermée, œuvre ouverte ? Cahiers Albert Camus 5*, Actes du colloque du Centre Culturel International de Cerisy-la- Salle, Juin 1982. Paris, Gallimard, « NRF », 1985, p. 135–150.

Bespaloff Rachel, « Le monde du condamné à mort », *Esprit*, n° 1, pp. 1–26. Article reproduit par Lévi-Valensi Jacqueline, *La Peste d'Albert Camus*, Paris, Gallimard, « Foliothèque » 8, 1991, p. 180–182.

Blondeau Marie-Thérèse, « Notes pour une édition critique de *La Peste* », *Roman 20–50*. Revue d'études du roman du XXème siècle. Spécial Camus, *La Peste*. Études réunies par Jacqueline Lévi-Valensi, n° 2, décembre 1986, p. 69–91.

Blondeau Marie-Thérèse, « *La Peste*, roman de la Résistance ? », *Camus et l'Histoire. Albert Camus 22*. Textes réunis et présentés par Raymond Gay-Crosier et Philippe Vanney, Paris, Minard, coll. La Revue des Lettres modernes, 2009, p. 41–65.

Blondeau Marie-Thérèse, « *La Peste* : de Sisyphe à Prométhée », in Gay-Crosier Raymond et Spiquel-Coudille Agnès (dirs), *Camus*, Paris, Éditions de l'Herne, 2013, p. 247–251.

Bolouque Sylvain, « Société » in Guérin JeanYves (dir.), *Dictionnaire Albert Camus*, Robert Laffont, coll. Bouquins, 2009, p. 843–845.

Clayton Alan J., « Sur une filiation littéraire : Giono et Camus », *Sources et influences. Albert Camus 4*. Textes réunis et présentés par Brian T. Fitch, Paris, *La Revue des Lettres Modernes* n° 264–270, 1971, p. 87–96.

Comte-Sponville André, « L'absurde dans *Le Mythe de Sisyphe* » in Amiot Anne-Marie et Mattéi Jean-François (dirs.), *Albert Camus et la philosophie*, Paris, PUF, coll. Thémis philosophie, 1997, p. 159–171.

Cryle Peter, « Espace et éthique dans *La Peste* », *Roman 20–50*. Revue d'études du roman du XXème siècle. Spécial Camus, *La Peste*. Études réunies par Jacqueline Lévi-Valensi, n° 2, décembre 1986, p. 47–55.

Cryle Peter, « *La Peste* et le monde concret : étude abstraite », *Camus romancier, « La Peste ». Cahiers Albert Camus 8*. Textes réunis par Brian T. Fitch, Paris, Minard, coll. La Revue des Lettres modernes, 1977, p. 9–25.

Davis Colin, « Camus et la dimension du quotidien », *Camus et l'Histoire. Albert Camus 22*. Textes réunis et présentés par Raymond Gay-Crosier et Philippe Vanney, Paris, Minard, coll. La Revue des Lettres modernes, 2009, p. 9–25.

Doudet Sophie, « Faire mal et faire le Mal. Les "méchants" chez Camus » in Morisi Ève (dir.), *Camus et l'éthique*, Paris, Classiques Garnier, coll. Rencontres 95, 2014, p. 103–108.

Fitch Brian T., « Un texte qui se désigne », *Camus romancier, « La Peste ». Cahiers Albert Camus 8*. Textes réunis par Brian T. Fitch, Paris, Minard, coll. Lettres modernes, 1977, p. 53–71.

Forest Philippe, « Albert Camus et l'infanticide » in Lyotard Dolorès (dir.), *Albert Camus contemporain*, Villeneuve-d'Ascq, Presses Universitaires du Septentrion, coll. Objet, 2009, p. 77–89.

Gassin Jean, « De Tarrou à Camus : le symbolisme de la guillotine », *Camus romancier, « La Peste ». Cahiers Albert Camus 8*. Textes réunis par Brian T. Fitch, Paris, Minard, coll. Lettres modernes, 1977, p. 73–102.

Gay-Crosier Raymond, « La révolte génératrice et régénératrice », *Albert Camus : Œuvre fermée, œuvre ouverte ?* Actes du colloque du Centre Culturel

International de Cerisy-la- Salle, Juin 1982, *Cahiers Albert Camus 5*, Paris, Gallimard, coll. NRF, 1985, p. 113–134.

Gay-Crosier Raymond, « De *l'homo faber* à *l'homo ludens* » in Lyotard Dolorès (dir.), *Albert Camus contemporain*, Villeneuve d'Ascq, Presses Universitaires du Septentrion, coll. Objet, 2009, p. 29–44.

Grouix Pierre, « Peste » in Guérin JeanYves (dir.), *Dictionnaire Albert Camus*, Paris, Robert Laffon, coll. Bouquins, 2009, p. 662–663.

Guérin JeanYves, « Jalons pour une lecture politique de *La Peste* », *Roman 20–50*. Revue d'études du roman du XXème siècle. Spécial Camus, *La Peste*. Études réunies par Jacqueline Lévi-Valensi, n° 2, décembre 1986, p. 7–25.

Guérin JeanYves, « Camus, philosophe pour classes terminales ? » in Amiot Anne-Marie et Mattéi Jean-François (dirs.), *Albert Camus et la philosophie*, Paris, PUF, coll. Thémis philosophie, 1997, p. 85–99.

Guérin JeanYves, « De la peste et du choléra. Roman, histoire et épidémie » in Laisney Vincent (dir.), *Le Miroir et le chemin : l'univers romanesque de Pierre-Louis Rey*, Paris, Presses Sorbonne Nouvelle, 2006, p. 235–245.

Leenhardt Jacques, « Essai sur la morale d'*Actuelles* », *Cahiers Albert Camus 5. Albert Camus : Œuvre fermée, œuvre ouverte ?* Actes du colloque du Centre Culturel International de Cerisy-la- Salle, Juin 1982. Paris, Gallimard, coll. NRF, 1985, p. 331–344.

Le Marinel Jacques, « Héros » in Guérin JeanYves (dir.), *Dictionnaire Albert Camus*, Robert Laffont, coll. Bouquins, 2009, p. 372–373.

Lévi-Valensi Jacqueline, « La relation au réel dans le roman camusien », *Cahiers Albert Camus 5. Albert Camus : Œuvre fermée, œuvre ouverte ?* Actes du colloque du Centre Culturel International de Cerisy-la- Salle, Juin 1982. Paris, Gallimard, coll. NRF, 1985, p. 153–185.

Lévi-Valensi Jacqueline, « Temps et récit dans *La Peste* », *Roman 20–50*. Revue d'études du roman du XXème siècle. Spécial Camus, *La Peste*. Études réunies par Jacqueline Lévi-Valensi, n° 2, décembre 1986, p. 27–45.

Lévi-Valensi Jacqueline, « Roman, mesure et démesure » in Walker David H. (dir.), *Albert Camus. Les extrêmes et l'équilibre*. Actes du colloque de Keele (25–27 mars 1993), Amsterdam-Atlanta, Rodopi, 1994, p. 245–259.

Lévi-Valensi Jacqueline, « Si tu veux être philosophe… » in Amiot Anne-Marie et Mattéi Jean-François (dirs.), *Albert Camus et la philosophie*, Paris, PUF, coll. Thémis philosophie, 1997, p. 21–33.

Lévi-Valensi Jacqueline, « Entre La Palisse et Don Quichotte » in Lévi-Valensi Jacqueline et Spiquel Agnès, *Camus et le lyrisme*, SEDES, 1997, p. 35–42.

Lund Hans-Peter, « Camus dans les convulsions de son temps : autour de *La Peste* » in Meunier Jean-Louis (dir.), *Albert Camus, le temps, la peur et l'Histoire*, Avignon, Éditions Barthélémy, 2012, p. 57–73.

Lyottard Dolorès, « *La Peste*, ou d'un usage du malheur », *Revue des Sciences Humaines*, 3/2014, p. 117–139.

Mathieu-Job Martine, « Écriture blanche » in Guérin JeanYves (dir.), *Dictionnaire Albert Camus*, Robert Laffont, « Bouquins », 2009, p. 239–241.

Mathieu-Job Martine, « Petit abécédaire algérien de l'œuvre d'Albert Camus », periodicals.narr.de/index.php/Lendemains/article/download/72/56 consulté le 6 février 2017.

Meunier André, « Approches de l'art camusien », *Langue et langage, Albert Camus 2. La Revue des Lettres Modernes*, n° 212–216, 1969, p. 9–33.

Morisi Ève, « Albert Camus, la morale et l'éthique » in Morisi Ève (dir.), *Camus et l'éthique*, Paris, Classiques Garnier, coll. Rencontres 95, 2014, p. 9–29.

Pascal Georges, « Albert Caus ou le philosophe malgré lui » in Amiot Anne-Marie et Mattéi Jean-François (dirs.), *Albert Camus et la philosophie*, Paris, PUF, coll. Thémis philosophie, 1997, p. 173–188.

Pavis Marie-Christine, « Camus, écrivain lazaréen malgré lui », Revue d'histoire littéraire de la France, 2013/4, p. 785–796.

Picon Gaëtan, « Remarques sur *La Peste* » in *L'Usage de la lecture*, Paris, Mercure de France, 1960. Article reproduit par Jacqueline Lévi-Valensi, "*La Peste*" *d'Albert Camus*, Paris, Gallimard, « Foliothèque », 1991, p. 177–179.

Prouteau Anne, « L'enjeu sacré de la littérature : une entreprise de correction et de réparation du réel » in Faes Hubert et Basset Guy (dirs.), *Camus, la philosophie et le christianisme*, Paris, Les Éditions du Cerf, 2012, p. 257–268.

Quilliot Roger, « Albert Camus ou les difficultés du langage », *Langue et langage. Albert Camus 2. La Revue des Lettres Modernes*, n° 212–216, 1969, p. 77–101.

Quilliot Roger, « Lumières et ambiguïtés de la trajectoire camusienne » in Amiot Anne-Marie et Mattéi Jean-François (dirs.), *Albert Camus et la philosophie*, Paris, PUF, coll. Thémis philosophie, 1997, p. 189–204, p. 190.

Rabaté Dominique, « Roman » in Guérin JeanYves (dir.), *Dictionnaire Albert Camus*, Robert Laffont, coll. Bouquins, 2009, p. 800–803.

Reggiani Christelle, « Le blanc, le neutre, le classique : les déterminations historiques du style de Camus » in Paillet Anne-Marie (dir.), *Albert Camus, l'histoire d'un style*, Louvain-la-Neuve, Académia-L'Harmattan, coll. Au cœur des textes n° 29, 2013, p. 55–73.

Rey Pierre-Louis, « Militants amoureux chez Camus » in Guérin JeanYves (dir.), *Fiction et engagement politique. La représentation du parti et du militant dans le roman et le théâtre du XXème siècle*, Paris, Presses Sorbonne Nouvelle, 2008, p. 169–177.

Sarocchi Jean, « D'une peste l'autre. Pour un parallèle entre les deux versions de *La Peste* », *Roman 20–50*. Revue d'études du roman du XXème siècle. Spécial Camus, *La Peste*. Études réunies par Jacqueline Lévi-Valensi, n° 2, décembre 1986, p. 57–68.

Sarocchi Jean, « La mort noire de *La Peste*, la mort gaie du *Hussard sur le toit* » in Versini Laurent (dir.), *Les Écrivains devant la mort, Travaux de Littérature XXV*, Genève, Droz, 2012, p. 443–460.

Spiquel-Coudille Agnès, « Albert Camus, le choix de la solitude » in Brun Catherine et Schaffner Alain (dirs), *Des écritures engagées aux écritures impliquées. Littérature française (XX–XXIème siècles)*, Dijon, Éditions Universitaires de Dijon, coll. Écritures, 2015, p. 87–96.

Svandra Philippe, « Sauver les corps, pour que l'avenir demeure possible », *Présence d'Albert Camus*. Revue publiée par la Société des Études camusiennes, n° 4, 2013, p. 23–36.

Weyemberg Maurice, « L'obsession du clos et le thème des camps », *Albert Camus : Œuvre fermée, œuvre ouverte ? Cahiers Albert Camus 5*. Actes du colloque du Centre Culturel International de Cerisy-la- Salle, Juin 1982. Paris, Gallimard, coll. NRF, 1985, p. 361–375.

Weyemberg Maurice, « L'unité, la totalité et l'énigme ontologique » in Walker David H. (dir.), *Albert Camus. Les extrêmes et l'équilibre*. Actes du colloque de Keele (25–27 mars 1993), Amsterdam-Atlanta, Rodopi, 1994, p. 33–48.

Weyemberg Maurice, « Camus et le génie du consentement » in Amiot Anne-Marie et Mattéi Jean-François (dirs.), *Albert Camus et la philosophie*, Paris, PUF, coll. Thémis philosophie, 1997, p. 117–132.

Weyemberg Maurice, « L'analyse camusienne du terrorisme est-elle encore actuelle ? », *Camus et l'Histoire. Albert Camus 22*. Textes réunis et présentés par Raymond Gay-Crosier et Philippe Vanney, Paris, Minard, coll. La Revue des Lettres modernes, 2009, p. 135–147.

Weyemberg Maurice, « Mal » in Guérin JeanYves (dir.), *Dictionnaire Albert Camus*, Robert Laffont, coll. Bouquins, 2009, p. 496–499.

Weyembergh Maurice, « Morale » in Guérin JeanYves (dir.), *Dictionnaire Albert Camus*, Robert Laffont, coll. Bouquins, 2009, p. 568–571.

Weyemberg Maurice, « Philosophie » in Guérin JeanYves (dir.), *Dictionnaire Albert Camus*, Robert Laffont, coll. Bouquins, 2009, p. 675–682.

Weyemberg Maurice, « L'énigme du temps et le mystère de l'Histoire » in Meunier Jean-Louis (dir.), *Albert Camus, le temps, la peur et l'Histoire*, Paris, éd. A. Barthélémy, 2012, p. 11–27.

Weyemberg Maurice, « Camus et le problème du sacré » in Faes Hubert et Basset Guy (dirs.), *Camus, la philosophie et le christianisme*, Paris, Les Éditions du Cerf, 2012, p. 55–70.

C. Conférence :

Murat Michel, « La peste comme analogie » (conférence en ligne sur Canal U), Colloque « Albert Camus : littérature, morale, philosophie », ENS ULM, 12 novembre 2007. http://www.canal-u.tv/video/ens_paris/la_peste_comme_analogie.3135[Consulté le 16.12.2016]

D. Numéros spéciaux de revues :

Albert Camus 2. Langue et langage. Textes réunis par Brian T. Fitch, *La Revue des Lettres Modernes*, n° 212–216, 1969.

Albert Camus 4, Sources et influences. Textes réunis et présentés par Brian T. Fitch, *La Revue des Lettres Modernes* n° 264–270, 1971.

Albert Camus 8, Camus romancier : La Peste. Textes réunis et présentés par Raymond Gay-Crosier, *Revue des lettres modernes*, n° 479–483, 1976.

Albert Camus 22. Camus et l'Histoire. Textes réunis et présentés par Raymond Gay-Crosier et Philippe Vanney, Paris, Minard, coll. La Revue des Lettres modernes, 2009.

Cahiers Albert Camus 5, Albert Camus : Œuvre fermée, œuvre ouverte ? Actes du colloque du Centre Culturel International de Cerisy-la- Salle, Juin 1982, Paris, Gallimard, coll. NRF, 1985.

Roman 20–50. Revue d'études du roman du XXème siècle. Spécial Camus, *La Peste.* Études réunies par Jacqueline Lévi-Valensi, n° 2, décembre 1986.

Sur Jean Giono et sa pensée

A. Ouvrages :

Bonhomme Béatrice, *La Mort grotesque chez Giono*, préface de Jacques Chabot, Paris, Nizet, 1996.

Chabot Jacques, « *Noé* » *de Giono ou le Bateau-Livre*, Paris, PUF, coll. Le texte rêve, 1990.

Chabot Jacques, *Giono L'Humeur belle*, Aix-en-Provence, Presses Universitaires de Provence, 1992.

Chabot Jacques, *Giono, Beau fixe*, Aix-en-Provence, Publications de l'Université de Provence, 2001.

Citron Pierre, *Giono*, Paris, Seuil, coll. Écrivains de toujours, 1995.

Decottignies Jean, *Écritures ironiques. Stendhal, Gombrowicz, Giono, Eco*, Lille, Presses Universitaires de Lille, coll. Objet, 1988.

Durand Jean-François, *Les Métamorphoses de l'artiste. L'esthétique de Jean Giono. De « Naissance de L'Odyssée » à « L'Iris de Suze »*, Aix-en-Provence, Presses Universitaires de Provence, 2000.

Durand Jean-François, *Giono. Le jeu du condottiere*, Aix-en-Provence, Édisud, 2007.

Fourcaut Laurent (dir.), *Jean Giono 6. Giono et son apocalypse*, Paris, Lettres Modernes, 1995.

Godard Henri, *D'un Giono l'autre*, Paris, Gallimard, 1995.

Laurichesse Jean-Yves, *Giono et Stendhal, Chemins de lecture et de création*, Préface de Jacques Chabot, Aix-en-Provence, Publications de l'Université de Provence, 1994.

Laurichesse Jean-Yves et Vignes Sylvie (dirs.), *Giono. La mémoire à l'œuvre*, Toulouse, Presses Universitaires du Mirail, coll. Essais de littérature, 2009.

Maucuer Maurice, *« Le Hussard sur le toit ». Giono*, Paris, Hatier, coll. Profil d'une œuvre, n° 178, 1995.

Morzewski Christian (dir.), *« Le Hussard sur le toit » de Jean Giono*. Actes du colloque d'Arras du 16 et 17 novembre 1995, Arras, Artois Presses Université, coll. Cahiers scientifiques de l'Université d'Artois 1/1996, 1996.

Pradeau Christophe, *Jean Giono*, Paris, Ellipses, coll. Thèmes et Études, 1998.

Rannaud Christine, *Giono philosophe*, Villeneuve d'Ascq, Presses du Septentrion, 2002.

Romestaing Alain et Sacotte Mireille (dirs.), *Jean Giono. Le corps et ses habillages*, Paris, Presses Sorbonne Nouvelle, 2011.

Sacotte Mireille et Laurichesse Jean-Yves (dirs.), *Dictionnaire Giono*, Paris, Classiques Garnier, coll. Dictionnaires et Synthèses 9, 2016.

B. Articles et chapitres d'ouvrages :

Arrouye Jean, « Les divertissements d'Auld Reekie ou l'infra-texte gionien » in *Jean Giono. Imaginaire et écriture*, Actes du colloque de Talloires (4, 5, 6 juin 1984), Aix-en Provence, Édisud, 1985, p. 141–154.

Bonhomme Béatrice, « Le langage de la mort dans *Le Hussard sur le toit* », *Jean Giono, Bulletin n° 25*, Association des Amis de Jean Giono, Association des Amis de Jean Giono, Printemps-été 1986, p. 50–63.

Chabot Jacques, « Le choléra c'est la littérature », *Jean Giono. Bulletin* n° 6, Association des amis de Jean Giono, Automne-Hiver 1975, p. 98–128.

Chabot Jacques, « " L'écossais : la fin des héros " et la finalité de l'écriture » in *Jean Giono, Imaginaire et écriture.* Actes du colloque de Talloires (4, 5, 6 juin 1984), Aix-en Provence, Édisud, 1985, p. 55–65.

Chabot Jacques, « Rondeur du roman » in Sacotte Mireille (dir.), *Giono l'enchanteur.* Actes du colloque du Centenaire de Giono, 2–3–4 octobre 1995, Paris, Bernard Grasset, 1996, p. 139–152. Repris dans *Giono, Beau fixe*, Aix-en-Provence, Publications de l'Université de Provence, 2001, p. 239–264.

Chabot Jacques, « Mourir à Venise, à Marseille, à Toulon, à Manosque… » in *Giono, Beau fixe*, Aix-en-Provence, Publications de l'Université de Provence, 2001, p. 117–150.

Citron Pierre, « Notice générale » in *Jean Giono. Œuvres romanesques complètes IV*, Paris, Gallimard, coll. Bibliothèque de la Pléiade, 1977, p. 1113–1151.

Citron Pierre, « *Mort d'un personnage.* Notice », *Jean Giono. Œuvres romanesques complètes IV*, Paris, Gallimard, coll. Bibliothèque de la Pléiade, 1977, p. 1241–1269.

Citron Pierre, « *Le Hussard sur le toit.* Notice », *Jean Giono. Œuvres romanesques complètes IV*, Paris, Gallimard, coll. Bibliothèque de la Pléiade, 1977, p. 1305–1370.

Clayton Alan J., « Sur une filiation littéraire : Giono et Camus », Brian T. Fitch (dir.), *Sources et influences. Albert Camus 4*, Paris, Revue des Lettres Modernes n° 264–270, 1971, p. 87–96.

Decottignies Jean, « L'écriture et la connaissance. Giono philosophe. » in *Jean Giono, Imaginaire et écriture.* Actes du colloque de Talloires (4, 5, 6 juin 1984), Aix-en Provence, Édisud, 1985, p. 109–123.

Decottignies Jean, « Le système des grosses têtes » in *Écritures ironiques. Stendhal, Gombrowicz, Giono, Eco,* Presses Universitaires de Lille, coll. Objet, 1988, p. 125–145.

Durand Jean-François, « L'Apocalypse et le sublime. À propos de *Promenade de la mort* », Fourcaut Laurent (dir.), *Giono et son apocalypse, Jean Giono* 6, Paris, Lettres Modernes, 1995, p. 99–106.

Fourcaut Laurent, « Giono (Jean). 1895–1970 », *Encyclopaedia Universalis,* Paris, 1990, p. 471–474.

Fourcaut Laurent « *Prélude de Pan*. Une apocalypse païenne en noir et blanc », in Laurent Fourcaut (dir.), *Jean Giono 6. Giono et son apocalypse*, Paris, Lettres Modernes, 1995, p. 45–74.

Guérin JeanYves, « De la peste et du choléra. Roman, histoire et épidémie » in Laisney Vincent (dir.), *Le Miroir et le chemin : l'univers romanesque de Pierre-Louis Rey*, Paris, Presses Sorbonne Nouvelle, 2006, p. 235–245.

Godard Henri, « *Angelo*. Notice », *Œuvres romanesques complètes IV*, Paris, Gallimard, coll. Bibliothèque de la Pléiade, 1977, p. 1193–1220.

Imbert Henri-François, « Le Hussard et l'épidémie. Une expérience de beylisme », *Jean Giono*. Bulletin n° 8, Association des Amis de Jean Giono, printemps-été 1977, p. 57–65.

Labouret Denis, « Angelo ou le comble du Hussard » in Marc Dambre (dir.), *Les Hussards. Une génération littéraire*, Paris, Presses de la Sorbonne Nouvelle, 2000, p. 279–295.

Laurichesse Jean-Yves, « Giono et le moraliste imaginaire », *Fabula/Les colloques*, Les moralistes modernes, URL: http://www.fabula.org/colloques/document1333.php

Page consultée le 02 janvier 2017.

Laurichesse Jean-Yves, « Le grand désordre du vêtement dans *Le Hussard sur le toit* » in Romestaing Alain et Sacotte Mireille (dirs), *Jean Giono. Le corps et ses habillages*, Paris, Presses Sorbonne Nouvelle, 2011, p. 63–72.

Laurichesse Jean-Yves, « Choléra » in Sacotte Mireille et Laurichesse Jean-Yves (dirs.), *Dictionnaire Giono*, Paris, Classiques Garnier, coll. Dictionnaires et Synthèses 9, 2016, p. 203–205.

Le Gall Jacques, « Topoï d'ouverture dans les romans de Giono » in Sacotte Mireille (dir.), *Giono l'enchanteur*. Actes du colloque du Centenaire de Giono, 2-3-4 octobre 1995, Paris, Bernard Grasset, 1996, p. 125–138.

Morello André-Alain, « Dans la mémoire heureuse d'Angelo » in Laurichesse Jean-Yves et Vignes Sylvie (dirs.), *Giono. La mémoire à l'œuvre*, Toulouse, Presses Universitaires du Mirail, 2009, p. 97–110.

Morello André-Alain, « Pavie ou l'écriture du désastre » in Chabot Jacques (dir.), *Les Styles de Giono, Roman 20–50*, Lille, 1990, p. 159–175.

Neveux Marcel, « Le romanesque de Giono » in *Giono romancier*, Aix-en-Provence, Publications de l'Université de Provence, 1999, p. 393–399.

Pierrot Jean, « *Le Poids du ciel*, Fugue baroque » in *Jean Giono, Imaginaire et écriture*. Actes du colloque de Talloires (4-5-6 juin 1984), Aix-en Provence, Édisud, 1985, p. 127–139.

Ricatte Robert, « *Le Bonheur fou* ». Notice », *Jean Giono. Œuvres romanesques complètes IV*, Paris, Gallimard, coll. Bibliothèque de la Pléiade, 1977, p. 1473–1561.

Ricatte Robert, « Notice de *Noé* », *Jean Giono. Œuvres romanesques complètes III*, Paris, Gallimard, coll. Bibliothèque de la Pléiade, 1974, p. 1396–1443.

Sarocchi Jean, « La mort noire de *La Peste*, la mort gaie du *Hussard sur le toit* » in Versini Laurent (dir.), *Les Écrivains devant la mort, Travaux de Littérature XXV*, Genève, Droz, 2012, p. 443–460.

Schaffner Alain, « “ Il y a des guerriers de l'Arioste dans le soleil” : romanesque, réécriture et représentation chez Jean Giono » in Engélibert Jean-Paul et Tran-Gervat Yen-Maï (dirs.), *La Littérature dépliée. Reprise, répétition, réécriture,* Rennes, Presses universitaires de Rennes, coll. Interférences, 2008, p. 283–293.

Schaffner Alain, « Costume et romanesque » in Romestaing Alain et Sacotte Mireille (dirs), *Jean Giono. Le corps et ses habillages*, Paris, Presses Sorbonne Nouvelle, 2011, p. 53–62.

C. Conférence :

Laurichesse Jean-Yves, « Imaginaire et savoir : le savoir du choléra dans *Le Hussard sur le toit* de Giono »

[http://www.canalu.tv/video/universite_toulouse_ii_le_mirail/imaginaire_et_medecine _le_savoir_du_cholera_dans_le_hussard_sur_le_toit_de_jean_giono_jean_yves_lauric hesse.9911 Consulté le 10.10.2016].

D. Numéros spéciaux de revues :

Jean Giono. Bulletin n° 6, Association des amis de Jean Giono, Automne-Hiver 1975.

Jean Giono. Bulletin n° 8, Association des Amis de Jean Giono, printemps-été 1977.

Jean Giono. Bulletin n° 9, Association des Amis de Jean Giono, Automne-Hiver 1977.

Jean Giono, Bulletin n° 25, Association des Amis de Jean Giono, Association des Amis de Jean Giono, Printemps-été 1986.

Jean Giono 6, *Giono et son apocalypse.* Textes réunis par Laurent Fourcaut, Paris, Minard, Lettres Modernes, 1995.

Roman 20–50, *Les Styles de Giono.* Textes réunis par Jacques Chabot, Lille, 1990.

Divers

A. Sur le roman :

A.1. Ouvrages :

Astruc Rémi, *Le Renouveau du grotesque dans le roman du XXe siècle. Essai d'anthropologie littéraire*, Paris, Éditions Classiques Garnier, 2010.

Astruc Rémi, *Vertiges grotesques. Esthétiques du « choc » comique*, Paris, Honoré Champion Éditeur, coll. Unichamp-Essentiel, 2012.

Bachelard Gaston, *La Poétique de l'espace*, Paris, PUF, coll. Quadrige, 2005.

Barthes Roland, *Le Degré zéro de l'écriture*, suivi de *Nouveaux essais critiques*, Paris, Seuil, 1972.

Godard Henri, *Le Roman modes d'emploi*, Paris, Gallimard, coll. Folio essais, 2006.

Mitterand Henri, *Le Discours du roman*, Paris, Presses Universitaires de France, 1980.

Raimond Michel, *Le Roman*, Paris, Armand Colin, 1989.

Sartre Jean-Paul, Qu'est-ce que la littérature ?, Paris, Gallimard, coll. Folio Essais, 1993.

Schaeffer Jean-Marie, *Pourquoi la fiction ?*, Paris, Éd. du Seuil, coll. Poétique, 1999.

A.2. Articles :

Camus Audrey, « Espèces d'espaces : vers une typologie des espaces fictionnels » in Camus Audrey et Bouvet Rachel (dirs.), *Topographies romanesques*, Rennes, Presses universitaires de Rennes, coll. Interférences, 2011, p. 33–44.

Chevalier Anne, « La peur et le désir du romanesque » in Goulet Alain (dir.), *Le Stéréotype. Crise et transformations*, Caen, Presses universitaires de Caen, coll. Colloques de Cerisy, 1994, p. 153–164.

B. Sur l'allégorie :

Dubois Claude-Gilbert, « Symbole et mythe » in Chauvin Danièle, Siganos André et Walter Philippe (dirs.), *Questions de mythocritique. Dictionnaire*, Paris, Éditions Imago, 2005, p. 331–348.

Gardes-Tamine Joëlle et Pellizza Marie-Antoinette, « Pour une définition restreinte de l'allégorie », in Gardes-Tamine Joëlle (dir.), *L'Allégorie corps et âme. Entre personnification et double sens*, Aix-en-Provence, Publications de l'Université de Provence, 2002, p. 9–28.

Parussa Gabriella, « Allégorie » in Aron Paul, Saint-Jacques Denis, Viala Alain (dirs), *Le Dictionnaire du littéraire*, PUF, coll. Quadrige Dicos Poche, 2006.

Toudoire-Surlapierre Frédérique et Surlapierre Nicolas, « Introduction » in Toudoire-Surlapierre Frédérique et Surlapierre Nicolas (dirs.), *Des pouvoirs visionnaires de l'allégorie*, Éditions L'improviste, 2012, p. 7–31.

Vandendorpe Christian, « Allégorie et interprétation », *Poétique*, n° 117, février 1999, p. 75–94. https://arts.uottawa.ca/lettres/personnes/vandendorpe-christian Consulté le 19 octobre 2018.

C. Sur la littérature et le mal :

C.1. Ouvrages :

Bataille Georges, *La Littérature et le mal*, Paris, Gallimard, coll. Idées, 1957.

Blanchot Maurice, *L'Écriture du désastre*, Paris, Gallimard, 1980.

Casta Isabelle, *Nouvelles mythologies de la mort*, Paris, Honoré Champion, coll. Bibliothèque de littérature générale et comparée, 2007.

Jacquin Gérard (dir.), *Le récit de la mort. Écriture et Histoire*, Rennes, Presses Universitaires de Rennes, coll. Interférences, 2003.

Kristeva Julia, *Pouvoirs de l'horreur. Essai sur l'abjection*, Paris, Le Seuil, coll. Tel Quel, 1980.

Picard Michel, *La Littérature et la mort*, PUF, coll. Écriture, 1995.

C.2. Articles ou chapitres d'ouvrages :

Brémondy François, « *Le Très-Haut* est-il un roman religieux ? » in Milon Alain (dir.), *Maurice Blanchot, entre roman et récit*, Nanterre, Presses universitaires de Paris Ouest, coll. Littérature française, 2014, p. 235–257.

Chardel Pierre-Antoine, « L'épreuve du mal ou l'injonction éthique de l'écriture : lecture de Maurice Blanchot et d'Emmanuel Lévinas » in Hoppenot Éric et Milon Alain (dirs.), *Emmanuel Lévinas-Maurice Blanchot, penser la différence,* Nanterre, Presses universitaires de Paris Ouest, coll. Littérature française, 2008, p. 251–263.

Chauvin Danièle, « Le mythe est une force qui contrebalance l'histoire » : Le *Dies Irae* (*Oratorio d'Auschwitz*) de Penderecki in Sylvie Paeizet (dir.), *Lectures politiques des mythes littéraires au XXème siècle,* Nanterre, Presses universitaires de Paris Ouest, coll. Littérature française, 2009, p. 177–190.

Courtieu Marc, « L'expérience concentrationnaire du chaos. Pour un récit éclaté ou un récit continu ? », *Trans* Revue de Littérature générale et comparée, Dossier *Écriture et chaos*, n° 6, 2008. URL : http://trans.revues.org/253 [consulté le 20 décembre 2016].

Gefen Alexandre, « Compassion et réflexivité : les enjeux éthiques de l'ironie romanesque contemporaine », *Fabula/Les colloques*, Hégémonie de l'ironie?, URL : http://www.fabula.org/colloques/document1030.php, [page consultée le 28 novembre 2016].

Parent Anne Martine, « Trauma, témoignage et récit : la déroute du sens », *Protée*, vol. 34, n° 2–3, 2006, p. 113–125.
URL : http://id.erudit.org/iderudit/014270ar consulté le 2/12/2016.

D. Sur le mal :

D.1. Ouvrages :

Antelme Robert, *L'Espèce humaine*, Paris, Gallimard, 1957.

Arendt Hannah, *Le Système totalitaire*, Paris, Seuil, coll. Points Essais, 2005.

Brudny Michelle-Irène et Winkler Jean-Marie (dirs.), *Destins de « la banalité du mal »*, Paris, Éditions de l'Éclat, coll. Bibliothèque des fondations, 2011.

Jankélévitch Vladimir, *La Mort*, Paris, Flammarion, coll. Champs Essais, 1977.

Revault d'Allonnes Myriam, *Ce que l'homme fait à l'homme. Essai sur le mal politique*, Paris, Flammarion, coll. Champs essais, 1999.

Todorov Tzvétan, *Mémoire du mal, tentation du bien. Enquête sur le siècle*, Paris, Robert Laffont, 2000.

D.2. Articles :

Belhaj Kacem Mehdi, « Quand l'ani-Mal sort de sa tanière », *Philosophie magazine, Le Mal*, Hors-série n° 37, 2018, p. 59–60.

Barilier Étienne, « L'homme est-il merveilleux ou terrible ? », *Études de lettres*, 1–2, 2010, p. 61–80.

Guest Gérard, « Heidegger censuré ! » in *Heidegger à plus forte raison*, Paris, Fayard, 2007, p. 277–422.

Ricoeur Paul, « Le Scandale du mal », *Esprit*, juillet –août 1988 http://www.esprit.presse.fr/article/ricoeur-paul/le-scandale-du-mal-7737 consulté le 18 juin 2017

Ricoeur Paul, « L'éthique, la morale et la règle », *Autres Temps. Les cahiers du christianisme social*, n° 24, 1989, p. 52–59, p. 53. www.persee.fr/doc/chris_0753-2776_1989_num_24_1_1347 consulté le 18 juin 2017

Theis Robert, « Dieu éclaté. Hans Jonas et les dimensions d'une théologie philosophique après Auschwitz », *Revue philosophique de Louvain*, volume 98, année 2000, p. 341–357. http://www.persee.fr/doc/phlou_0035-3841_2000_num_98_2_7303# [consulté le 30 novembre 2016].

Zimra Georges, « Le bien, une idée du mal », *Topique*, *Le Mal* T.2, 3/2005 (no 92), p. 7–27. URL : http://www.cairn.info/revue-topique-2005-3-page-7.htm

E. Ouvrages cités :

Adorno Theodor W., *Prismes. Critique de la culture et société*, Paris, Payot, coll. Petite bibliothèque Payot, 1986.

Adorno Theodor W., *Métaphysique. Concept et problèmes*, Paris, Payot, coll. Critique de la politique, 2006.

Aragon Louis, *Le Musée Grévin*, *Œuvres poétiques complètes I*, Paris, Gallimard, coll. Bibliothèque de la Pléiade, 2007.

Caillois Roger, *Approches de l'imaginaire*, Paris, Gallimard, coll. Bibliothèque des sciences humaines, 1974.

Marzano Michela, *La philosophie du corps*, Paris, Presses Universitaires de France, coll. Que sais-je ?, 2009, URL : http://www.cairn.info/la-philosophie-du-corps--9782130575573-page-3.htm Consulté le 19 juin 2016

Ricœur Paul, *Le Conflit des interprétations*, Paris, Seuil, 1969.

Ricœur Paul, Soi-même comme un autre, Paris, Seuil, coll. Points Essais, 1990.

Ricœur Paul, *Lectures I. Autour du politique*, Seuil, coll. Points Essais, 1999.

Russell Bertrand, *Autobiographie (1872–1967)*, Paris, Les Belles lettres, coll. Le goût des idées n° 30, 2012.

STUDIEN ZU DEN ROMANISCHEN LITERATUREN UND KULTUREN

Band 1 Mariá Fernanda de Abreu: Cervantes y los mares. En los 400 años del *Persiles*. In memoriam José María Casasayas. 2019.

Band 2 Antonio Rivero Machina, Guadalupe Nieto Caballero, Ismael López Martín y Alberto Escalante Varona (eds.): La mirada ibérica a través de los géneros literarios. 2019.

Band 3 Berit Callsen (ed.): Escrituras del yo en la obra de Miguel de Unamuno. 2019.

Band 4 Emanuele La Rosa: Impegno metonimico, impegno esplicito: poetiche della Neoavanguardia a confronto. Elio Pagliarani, Edoardo Sanguineti, Adriano Spatola. 2019.

Band 5 Dorothea Kraus: Das *auto sacramental* Calderóns zwischen Tridentinum und Theatralität. 2019.

Band 6 Johanna Pumb: Dokumentarfilm als Medium der Erinnerungspolitik in Spanien. 2019.

Band 7 Guadalupe Nieto Caballero: Francisco Valdés en sus libros. Estudio de la obra de un autor olvidado de la Edad de Plata. 2020.

Band 8 José Manuel Goñi Pérez, Ricardo de la Fuente Ballesteros (eds.): Poesía y Traducción en el Siglo XIX Hispánico. 2020.

Band 9 Clara Marías: Conversaciones en verso. La epístola ética del Renacimiento y la construcción del yo poético. 2020.

Band 10 Paloma Gracia / Alejandro Casais (eds.): Le roman arthurien du Pseudo-Robert de Boron en France et dans la Péninsule Ibérique. 2020.

Band 11 Alfredo Rodríguez López-Vázquez / Arturo Rodríguez López-Abadía (eds.): El *Lazarillo de Tormes* y sus continuadores. 2020.

Band 12 Carmen F. Blanco Valdés (Ed.): Vida de Dante Alighieri. Tratado en honor de Dante Alighieri florentino, poeta ilustre. 2020.

Band 13 Claudio Castro Filho / Simon Kroll (eds): El *Theatro de los dioses*. Herencia clásica y nuevas mitografías en el campo cultural hispánico. 2021.

Band 14 Senda Souabni Jlidi: De la Poétique du mal à l'Écriture de l'épidémie dans *La Peste* d'Albert Camus et *Le Hussard sur le toit* de Jean Giono. 2021.

Band 15 Daniela Santonocito: Gonzalo Argote de Molina, editor de textos medievales. 2020.

www.peterlang.com

www.ingramcontent.com/pod-product-compliance
Lightning Source LLC
Chambersburg PA
CBHW060756310726
48980CB00002B/122

* 9 7 8 3 6 3 1 8 3 1 8 3 0 *